好玩的 生物学

陪中学生一起阅读生命

张 超 赵 奂 林祖荣/编著

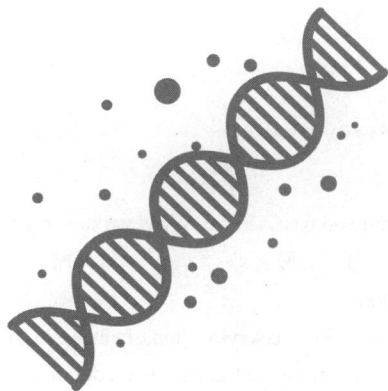

清华大学出版社

北京

内 容 简 介

本书是一本适合全学段中学生进行严肃阅读的生物学科普读物。全书以"系统""适应""进化"三个角度作为切入点，针对中学低年级、中年级、高年级三个学段学生的阅读特点与需求，多角度、多维度地将生物学知识进行体系化构建，通过系统且有趣的描述将读者带入一个美妙的生物世界。

本书可以作为中学生生物学学习的重要课外读物，具有极高的科普及学习辅助价值。

图书在版编目（CIP）数据

好玩的生物学：陪中学生一起阅读生命 / 张超，赵奂，林祖荣编著 . —北京：清华大学出版社，2020.9（2025.9重印）

ISBN 978-7-302-56413-3

Ⅰ．①好…　Ⅱ．①张…　②赵…　③林…　Ⅲ．①生物课－课堂教学－中学－教学参考资料　Ⅳ．① G633.913

中国版本图书馆 CIP 数据核字（2020）第 170387 号

责任编辑：杜春杰
封面设计：刘　超
版式设计：文森时代
责任校对：马军令
责任印制：刘　菲

出版发行：清华大学出版社
　　　　网　　　址：https://www.tup.com.cn，https://www.wqxuetang.com
　　　　地　　　址：北京清华大学学研大厦 A 座　　　　邮　　编：100084
　　　　社 总 机：010–83470000　　　　邮　　购：010-62786544
　　　　投稿与读者服务：010-62776969，c-service@tup.tsinghua.edu.cn
　　　　质量反馈：010-62772015，zhiliang@tup.tsinghua.edu.cn
印 装 者：三河市天利华印刷装订有限公司
经　　销：全国新华书店
开　　本：185mm×260mm　　　印　　张：15.5　　　字　　数：318 千字
版　　次：2020 年 9 月第 1 版　　　印　　次：2025 年 9 月第17次印刷
定　　价：58.00 元

产品编号：083820-01

序　言

　　这本书是我们师徒三人合作的作品，林祖荣老师是我和赵奂的师父。我们三个人都是北京师范大学附属实验中学的生物教师。

　　"生物学"教学于我们而言，并非单纯工作那么简单，在生物学的学习和教授过程中，其宏博的方法与思想、精谨的逻辑与体系、深广的内涵与外延，无时无刻不在影响着我们的思维，使我们在生物学的海洋中畅游时惊喜不断、收获连连；使我们面对纷繁复杂的世界时能够从容不迫、鲜疑少惑。

　　正是因为我们对生物学的喜爱，也是因为我们对生物学教学的喜欢，更是因为我们希望通过努力将这份生物学中的美妙带给更多的孩子，所以我们决定编写一本既有趣又适合中学生严肃阅读的书籍。基于这种想法，就有了你手中的这本书。

　　你手中这本有关生物学的书籍是有趣的，与只是知识概念罗列的课本相比，这本书不但告诉你"其然"，还会告诉你"其所以然"，把你从的死板的概念中解脱出来，每一个概念的来龙去脉、每一个知识点的前因后果都跃然纸上，让你在不知不觉的"好玩"过程中理解生物学的本真。

　　你手中这本有关生物学的书籍是严肃的，其中的每一个生物学概念、思想、方法都是经历了很多学者细致严谨的科学研究而获得的。作为编写者的我们并不是这些科学结论的研究者，我们能承诺给大家的是书中的每一个知识点都有更为专业的生物学研究作为保障，也有更为专业的生物学专著或论文作为支持，有兴趣的同学可以按照本书最后部分的"主要引用参考文献"进行更为专业且深入的阅读。

　　为了让处于中学阶段的同学能够从更多角度认识更为完整的生物学，本书的编写采用了右图的结构。

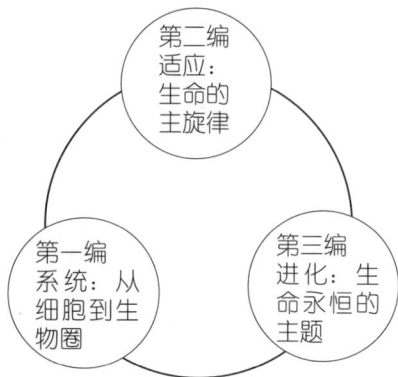

第二编
适应：
生命的
主旋律

第一编
系统：从
细胞到生
物圈

第三编
进化：生
命永恒的
主题

全书由三编组成，从系统、适应、进化这三个生物学中最核心的主题出发，分别以每一个主题为基点来生发出一套完整的生物学系统。你可以把这三编内容看作三个独立的生物学系统，也可以把这三编内容看作一个相互补充的协调整体。

为了适合中学各阶段不同年龄同学的阅读，本书编写时在材料选取、写作风格和知识难度上做了细致的分工与调配。赵奂老师负责编写第一编，适合初学生物学的初中同学进行严肃阅读，相信通过第一编的阅读，每位同学都可以跟着赵老师神奇、有趣的文字，在不知不觉中对生物学有一个系统而全面的了解；林祖荣老师负责编写第二编，适合有一定生物学基础的初中高年级和高中低年级同学进行严肃阅读，相信通过第二编的阅读，每位同学都可以通过林老师提供的奥妙、丰富的材料，感受到生物学的瑰丽与奇妙；张超老师负责编写第三编，适合高中高年级同学进行拓展式严肃阅读，相信通过第三编的阅读，每位同学都能和张老师一起沿着生物学精到、严谨的研究与逻辑，探索出属于自己的科学思考。

本书的编写首先要感谢的是学习生物学的同学们，正是你们的需求给予了我们灵感，正是你们的勤奋给予了我们动力；接下来要感谢的是和我们一样热爱生物学的生物组老师们，与你们并肩作战是一种荣幸和幸福；再要感谢的是为本书的编写提供了素材的生物学专业研究者们，我们只是站在巨人的肩膀上做了一件力所能及的事情，在编写期间，我们有幸联系到了王立铭教授和朱钦士教授，他们的慷慨令我们感动不已，还有更多我们没有联系到的研究者（详见"主要引用参考文献"），在此一并表示感谢；还要感谢北京师范大学附属实验中学，是这个和睦的大家庭让我们师徒三人有机会相遇、相知……此书的完成需要感谢的人太多，难免挂一漏万，在此向所有帮助过我们的人表达我们的敬意。

由于能力有限，书中难免有疏漏之处，欢迎大家交流、指正。

张　超

2020 年 4 月 16 日

目　录

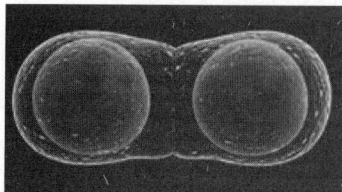

第二编　适应：生命的主旋律

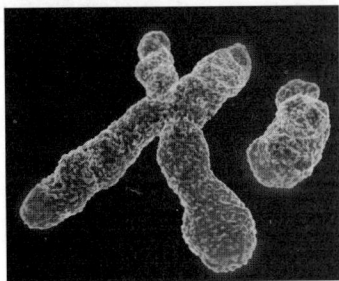

第三编　进化：生命永恒的主题

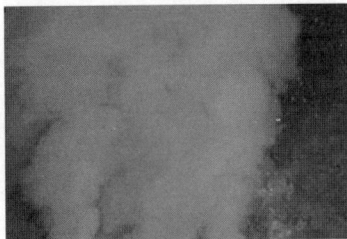

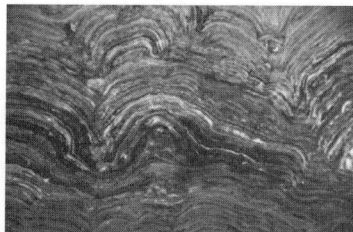

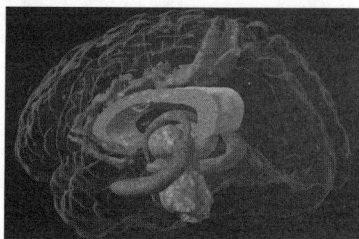

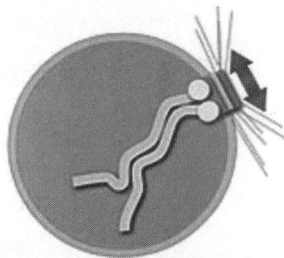

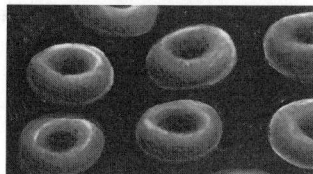

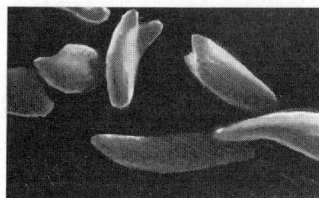

第一编
系统：从细胞到生物圈

引言　生命是一个高度有序的系统

每个人头脑中都会有一个关于生命体的概念，生命体有很多共同特征，如繁殖和适应，但在这一编中，主要强调生命是一个高度有序的系统，区别于周围的环境。

什么是系统呢？系统由相对独立又彼此联系的元素构成。元素按照特定结构形成的系统是高度有序的。这种系统能够完成的功能大于所有元素独立功能的总和。打个比方，复仇者联盟是一个系统，虽然每个超级英雄都很厉害，但是他们简单组合的力量无法战胜灭霸，但是通过团队协作，每一位成员发挥自己的特长，相互配合，最终形成的联盟总能完成无法想象的任务。为什么元素有序组合与混乱排布形成的集合有这么大的区别呢？下面以汽车为例说明这个问题。汽车可以被看成一个高度有序的系统，如果把汽车拆解开，可以得到一万多个零件。这一万多个零件所组成的集合与一辆汽车在物质上是完全相同的，但是所有零件在离开它本来的结构后都失去了原有的功能：发动机的气缸失去封闭结构就无法产生动力，变速箱的一个齿轮也无法完成动力的传送，火花塞没有电源无法点火，方向盘不与轮胎连接就不能控制方向……在这个例子中，我们看到系统的结构保证每个元素之间相互关联，关联后每个元素的简单功能就能相互配合。

生命体就像汽车一样，是一个高度有序的系统，只是要比汽车复杂得多，组成一个细胞的分子就要以亿来计算，更不要说一个个体。细胞是一个系统，拆开这个系统比拆开一辆汽车容易，如把一个橙子放进榨汁机，启动榨汁程序，一会儿就可以把橙子分成橙汁和一些残渣两部分，这些物质加起来与组成橙子细胞的物质没有差异，但是细胞结构被破坏后，原来细胞的功能就无法完成，其中的原因与汽车零件无法在公路上行驶一样。个体是一个系统，以人为例，人体中不同器官具有特定的功能，这些器官只有相互配合才能维持人体正常的生命活动。比如呼吸，人体细胞进行呼吸作用，细胞内的葡萄糖被氧化分解，在宏观上表现为细胞吸收 O_2 释放 CO_2，细胞需要的 O_2 来自于血液中的红细胞，血液在流经肺泡时会与肺泡中的空气进行气体交换，完成肺泡中空气的换气过程还需要肋间肌帮助胸廓运动，肋间肌的非自主运动又受到延髓呼吸中枢的控制，血液中 CO_2 的浓度可以通过延髓呼吸中枢调整胸廓运动的强度……十几个组织的精密配合完成的还只是我们几乎意识不到的"小事"。一个区域所有的生命体也可以看作一个系统，其中的每种生命体就是组成系统的元素。与细胞和个体系统相比，这个系统的元素特别容易分离，而且似乎分离后并不会直接影响其他生命体，但事实并非如此，在一个稳定的生态系统中，没有哪一个物种是可有可无的，在后面的例子里，大家会看到去除任何一个物种都会牵一发而动全身。

细胞、个体和生态系统都具有能够联系所有元素的结构，是高度有序的系统。系统的有序性常用熵这个概念衡量，有序性越大，熵值越小；相反，混乱程度越大，熵值越大。我们平时看到墨水在水中出现扩散的现象就是一种熵增。墨水分子在水中一直在做随机热运动，结果是墨水分子集中在一起的概率极小。用一个宏观现象模拟上述过程，把一些灰球放在一个装满黑球的玻璃杯里，灰球代表墨水分子，黑球代表水分子。用力摇晃玻璃杯，灰球和黑球做类似于分子热运动的随机运动，最终结果是灰球仍然集中在一起的概率是有的，但是极低，如图 0-1 所示。熵反映的就是粒子通过热运动分布状态的概率，混乱程度大的概率相对高，在一个系统中熵增过程会自发进行，所以我们会发现生命是一个低熵系统，而生命系统之外的环境却是一个高熵系统。

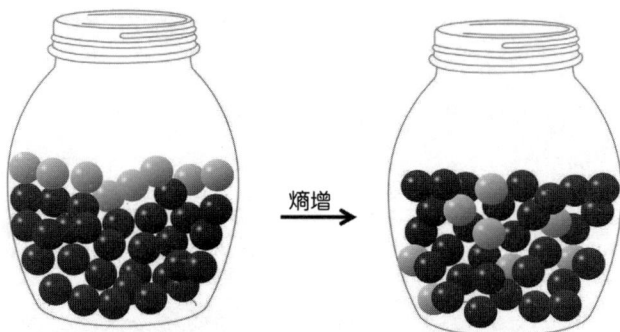

图 0-1　熵增

在这一编中，我们将看到生命系统有序性的意义、生命系统有序性的形成条件、生命系统的演化规律以及系统最终溃散的规律。

第一章　生命是一个低熵系统

一、生物系统像一座围城

"婚姻是一座围城，城外的人想进去，城里的人想出来。"《围城》这部小说的主题也许是引起了很多人的共鸣，所以被不断提起。但是，如果把这句话改写成"生命系统像一座围城，城外的物质想进去，城里的物质想出来"，那也一样是非常合理的。

一个人体细胞，细胞内 K^+ 浓度高，细胞外 Na^+ 浓度高。任何一个生命体，有机物的含量都高于它生活的环境。沙漠中的绿洲，有机物含量和水含量都高于周围沙漠。当我们把生命与周围环境看成一个系统时，会发现这个系统的物质分布极不均匀。根据引言中提到过的熵增原理：物质有自动分布均匀的趋势。这让我们不得不思考：这个系统的低熵状态是怎样形成的？

回答这个问题有两个方向：一是物质分布不均的原因是什么；二是系统如何维持物质分布不均。关于物质分布不均的原因是后面要探究的问题，这里主要解释系统是如何维持物质分布不均的，可以归纳为两个方面：一是系统边界的阻碍作用；二是系统内部物质的内聚作用。

如图 1-1 所示，在一个细胞中，细胞膜是细胞的边界，细胞膜的骨架是脂双层构成的油层，离子是不能通过油层的，所以离子被细胞膜这座"城墙"阻隔，不能随意进出细胞。但对于水分子来说，细胞膜的阻碍作用就弱得多，一是脂双层无法完全阻止水的进出，二是多数细胞的细胞膜上都有水通道蛋白，这种蛋白是一种只供水分子通过的 VIP 通道，这样一来，细胞膜完全无法阻碍水的进出，但是细胞中的亲水大分子和离子具有吸引水分子的能力，这使得细胞在水环境中比简单的磷脂膜包裹的系统更容易吸水、保水。

一个个体也有明显的边界，如人体的皮肤、植物叶片的蜡质层、昆虫的外骨骼等都可以看作这些系统的边界，如图 1-2 所示。皮肤最外层的角质层由富含角蛋白的死细胞构成，植物叶片表皮细胞外侧还有一层蜡质层，昆虫外骨骼主要由几丁质组成。组成系统边界的物质有很大差异，但这些物质却都有一种相同的功能——保水。细胞有一定的吸水、保水能力，但是如果细胞暴露在空气环境中，在周围水分子含量极低的条件下，细胞中的水分仍然会很快散失。细胞需要生活在水环境中，这就给陆生生物出了一个难题。而陆生生物的解题方法就是打造一套隔水的系统边界，减少水从体内逃逸，为细胞制造一个稳定的水环境。但是，最外层的边界又为什么不离开这个系统呢？人的角质层细胞每分钟都在脱落，同时每分钟也在形成，新形成的角质层细胞与皮肤细胞之间仍然存在连接；叶片表面的蜡质层是叶片表皮细胞分泌的一种脂质，难溶于水，也难挥发，只能吸附在叶片表面；几丁质是单糖聚合形成的多糖，几丁质链之间相互交错，形成网状结构，在外观上看是一个完整的壳。可以看出：一个个体的边界是通过吸附或聚合的作用保留于系统外侧的。个体内部的细胞和物质之间也一样存在吸附或聚合的关系。

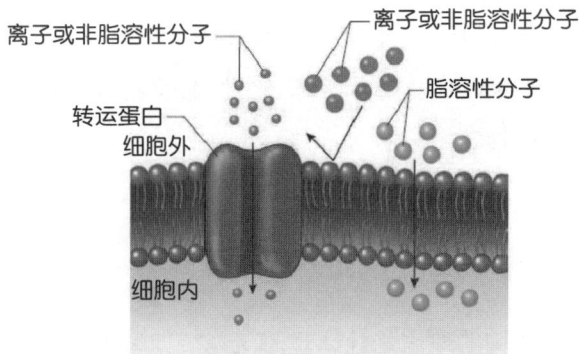

图 1-1　细胞膜结构

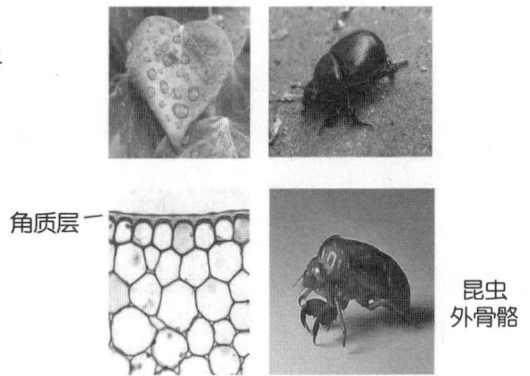

图 1-2　叶片和甲虫的边界

对于一个特定的生态系统而言，地理上的山川、河流可能作为边界对生物的移动起到阻碍作用，这使得生物无法自由迁徙到该生态系统以外的区域。同时，一个生态系统内部通过长期进化形成了稳定的物种之间相互依存的关系，这也让某种生物难以离开它所在的生态系统。例如，珊瑚礁生态系统是海洋中最活跃的生态系统，地位类似于陆地生态系统中的热带雨林。珊瑚虫外骨骼的化学成分是 $CaCO_3$，随着珊瑚虫的繁殖和死亡，它们的外骨骼堆积形成了珊瑚礁。珊瑚虫就像海底的建筑工，它们建造的珊瑚礁建筑群连接起来，甚至可以形成岛屿。珊瑚礁为软体动物、多孔动物、棘皮动物和甲壳动物等提供了栖息场所，也吸引了众多捕食者。这样，这些生物体的有机物聚集在珊瑚礁周围，虽然与周围海域没有边界阻隔，但不管是生物种类数量还是有机物的含量都比周围海域高得多。

生命系统就像一座围城，有时依赖"城墙"把物质围在系统内，有时又通过"城市凝聚力"聚集这些物质。

二、细胞膜上的麦克斯韦妖

"麦克斯韦妖"是在物理学中假想的妖，可以看作对熵增定律的质疑。

熵增定律指出，一个系统的熵增是自发进行的。但是，1871年，英国物理学家麦克斯韦提出一种质疑。他将一个系统分隔成两部分，两部分中间有一条通道，通道由一种智能生物把守，被称为麦克斯韦妖。麦克斯韦妖能够识别分子的种类，图1-3中灰球和黑球分别代表两种分子，灰球代表的分子可以进入装置的右侧，但是进入左侧却被这个妖怪禁止。妖怪对黑球代表分子的作用恰好相反。在这个装置中，灰色分子最终聚集在装置右侧，黑色分子集中在装置左侧，也就是出现熵值降低的现象。这与熵值自发增加的过程是相反的。麦克斯韦妖假设在当时具有巨大的应用前景，如果装置两侧开始阶段分子总数相同，但是灰球总量大于黑球总量，那么通过麦克斯韦妖的工作，装置右侧灰球数量将大于左侧黑球，装置右侧的压强就会大于装置左侧，右侧分子再次进入左侧时就可以做功了，利用这个模型就可以设计出一种永动机，就是说麦克斯韦妖能凭空制造能量出来。但是能量守恒定律指出，能量并不能被凭空制造，哪怕妖怪也不行。能量守恒定律是现代科学界公认的，今后也很难被推翻的科学理论，这个永动机的问题出在哪呢？问题在于麦克斯韦妖在识别分子时需要消耗能量。要制造这种永动机，需要饲养一只麦克斯韦妖，而这只妖怪消耗的能量比产生的能量更大。从另一个角度看，麦克斯韦妖可以通过消耗能量降低系统熵值。而生命体的低熵状态就是这样形成的。

对一个人体细胞而言，细胞内外 Na^+ 和 K^+ 浓度是不同的。细胞外的 Na^+ 浓度是细胞内的十多倍，K^+ 在细胞内外的分布正相反，细胞内 K^+ 的浓度比细胞外高得多。当我们把细胞和它所处环境看作一个系统时会发现，这个系统与图1-3中的系统极其相似。细胞膜就是两个格子中间的隔板，Na^+ 和 K^+ 不能随意穿过细胞膜，就好像装置中的灰球和黑球不能穿过隔板一样。如此一来，要解释 Na^+、K^+ 在细胞内外分布不均就要在细胞膜上找到那只麦克斯韦妖。

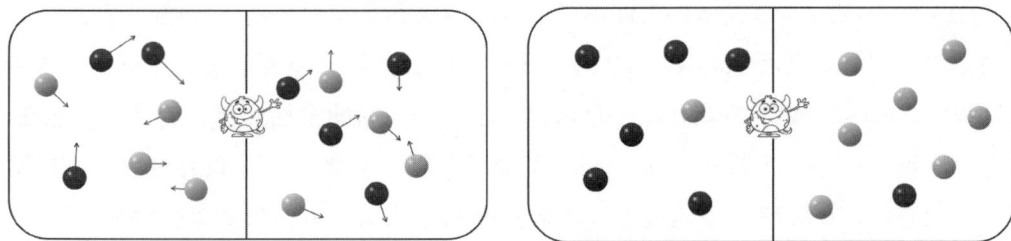

图 1-3　麦克斯韦妖装置

1955 年，科学家真的找到了这只妖怪。它能够在细胞膜的细胞内一侧识别 Na^+，在细胞外识别 K^+，然后把它们释放到细胞膜的对面一侧。与麦克斯韦妖一样，这也是一只需要能量喂养的妖怪，每次这种转运都需要消耗 1 个能量分子（ATP 分子）。这只妖怪工作的结果可以描述为 3 个 Na^+ 出细胞，2 个 K^+ 进细胞，1 个 ATP 分子水解，所以这只妖怪被科学家称为 Na^+-K^+ ATP 酶。因为能够逆浓度运输 Na^+、K^+，所以 Na^+-K^+ ATP 酶又被称为 Na^+-K^+ 泵。

如图 1-4 所示，Na^+-K^+ ATP 酶在细胞中的作用非常重要，通过不对等主动转运两种阳离子，细胞内外的电荷分布产生了差异，多数人体细胞外的正电荷要高于负电荷。这种电荷分布为阳离子进入细胞提供了一个天然的电场，使得阳离子可以像坐滑梯一样进入细胞内。只不过这个滑梯的入口不会向所有的阳离子开放，这是因为细胞的脂双层结构对离子的阻碍作用非常大。细胞膜上有一些离子专用的通道，这些通道才是阳离子真正的滑梯。细胞也不会这么简单地让阳离子通过滑梯，因为通过消耗能量建立的电场会随着阳离子进入细胞而消失。阳离子通道可能是受控通道，需要时才打开，然后引起细胞内发生一

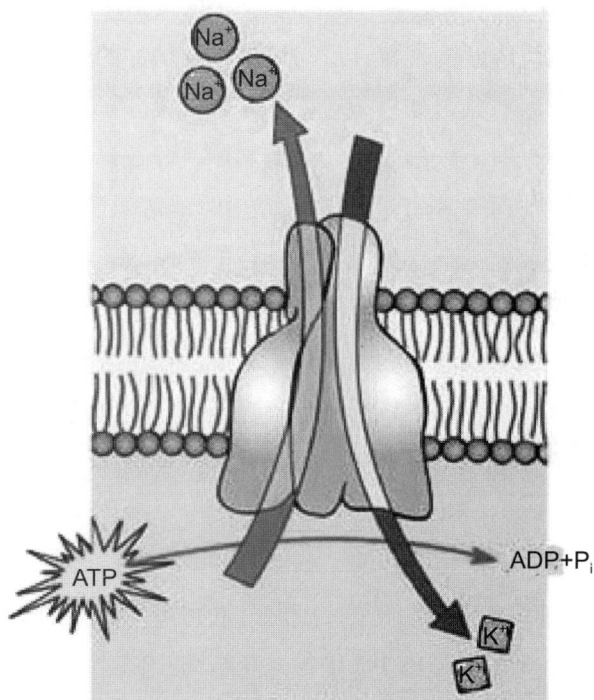

图 1-4　Na^+- K^+ATP 酶

连串的反应；也可能是阳离子进入细胞时会帮助一些无电荷的分子（如葡萄糖分子）进入细胞。Na^+- 葡萄糖共转运载体在人体小肠上皮细胞膜和肾小管上皮细胞膜上很常见。这个载体的作用原理就是利用 Na^+-K^+ ATP 酶工作产生的 Na^+ 电势能驱动葡萄糖分子进入细胞。这个过程中，Na^+-K^+ ATP 酶就好像一台水泵，把一个池塘的水抽到相邻的另一个池塘，形成了一个水流回被抽水池塘的势能。Na^+- 葡萄糖共转运载体就是一条允许水通过的通道，只是水要想通过，还要带一条鱼过去。这样被抽水的池塘中鱼的数量就会增加，两个池塘之间鱼的数量不再均等，这就是低熵。

吸收能量，为系统带来低熵，这就是麦克斯韦妖在细胞中的工作。

三、城外混乱 Vs 城内井然

在中国古代传说中，世界始于盘古开天，之前一片混沌。盘古觉醒后用一把大斧把混沌劈开，分为天地，天地之分就是世界秩序的起点。传说代表古代人类对世界的一种认识，但是我们却认为，生命的出现赋予了秩序新的意义，非生物环境相对于生命体熵值显然过高。在前文中我们从生命系统内外物质成分差异的角度讨论了生命系统的低熵值，现在我们要讨论的是系统内结构的有序性以及这种有序性的作用。

试想让一个没有学习过生物学知识的人玩一个人体器官模型的玩具，要求他把所有器官摆在正确的位置，那么他摆放正确的概率是多少？另外一件事情是让一个人随意地抓起沙滩上的沙子，沙子可能由几种不同材质的沙粒组成，在他把这把沙子撒下去以后，随机掉落的沙子中沙粒的分布与沙滩其他沙粒的分布有什么区别吗？上面两个实验想说明的问题是：人体器官不是随机分布的（见图1-5），但沙滩上的沙子是；人体器官被分开后恢复成原样的概率非常低，但沙滩上的沙子本来就是随机分布的，沙子只要随机回到沙滩，分布方式就与原来没有差异；人体是一个低熵系统，沙滩是一个高熵系统。

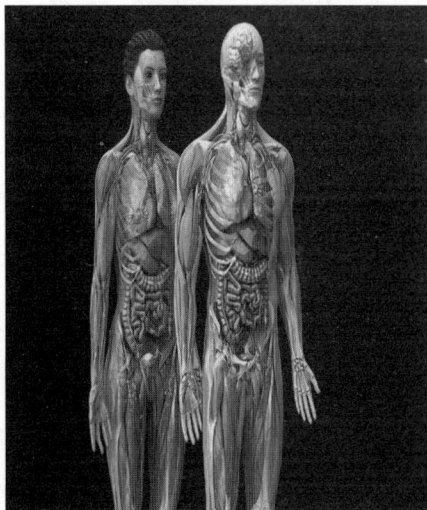

图1-5　人体结构

这个低熵系统意义何在呢？请读者思考这样一个问题：完成一个抬手的动作需要身体的哪些部分配合？首先想到的应该是肌肉和骨骼，因为我们直观看到和感受到的就是肌肉带动了骨骼的运动；然后就会想到是神经将大脑的指令传递给了肌肉；同时肌肉收缩需要的能量来自于细胞呼吸，细胞呼吸需要的有机物来自小肠的吸收，氧气来自于肺泡的吸收。看似简单的过程却需要运动、神经、循环、消化、呼吸等系统的多个器官和组织配合才能完成。而这种配合依赖于组织的功能和位置关系。肺泡周围和小肠上皮下都有毛细血管形成的网络，这使得肺泡中的氧气和小肠肠腔中的营养物质很容易进入血液，血液在血管形成的封闭网络中循环，在肌肉和其他组织中，血管再次变细形成毛细血管，氧气和营养物质进入细胞，呼吸作用在细胞中进行，为细胞供能。另一方面，大脑皮层、脊髓和脊神经构成信息通路，负责将抬手的指令发送给肌肉。可以看出，通过血液循环和神经网络，整个机体的不同组织被联系在一起，协同完成生理功能。这就使一个人体比相同质量、相同含量的元素能完成的事情多得多。

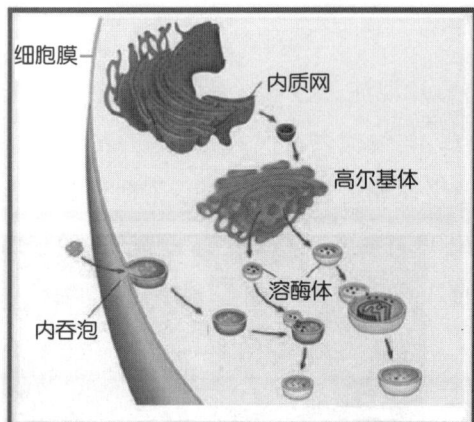

图 1-6　细胞结构

如图 1-6 所示，细胞同样是一个低熵系统。在一个细胞中也有类似的结构和分工。在细胞内，生物膜包裹形成一个一个的囊，在每个囊内包含不同物质，发生不同反应，完成不同功能。这些囊彼此独立，保证每个囊内特定化学反应不会相互干扰。例如，溶酶体内部包含大量的水解酶，负责消化细胞中的大分子物质，这个废品回收站里面的拆卸工（指水解酶）可个个都不好惹，最好不要让他们跑到细胞其他部分搞破坏。有趣的是，虽然这些囊彼此独立，但是它们之间又经常通过彼此融合的方式连接起来，联系在一起。还是以溶酶体为例，细胞中一个独立的水解场所非常重要，但是这个场所面临一个两难的问题：这个场所中的酶是不能出去的，但将被水解的大分子物质却需要进来，如何解决这一问题呢？就是通过两个囊融合的方式，包裹水解酶的囊和包裹待水解物的囊相互融合形成溶酶体。溶酶体从来源上可以分为两种：吞噬溶酶体和自噬溶酶体。吞噬溶酶体是细胞外物质被细胞膜包裹进入细胞，与初级溶酶体（就是包裹水解酶的囊）融合；自噬溶酶体是细胞处理内部物质时形成的结构，细胞必须在内部形成自噬泡，自噬泡再与初级溶酶体融合才能形成自噬溶酶体。自噬泡的形成看似多此一举，要知道凭空从细胞中产生一个由生物膜包裹的囊需要动用细胞内大量的资源，但是也只有通过这种机制才能解决溶酶体必须封闭但又要接受外来物质的问题。不过溶酶体的这种机制也让我们隐隐担忧，细胞中除了自噬泡和吞噬泡以外还有很多生物膜包裹的囊泡，这些囊泡理论上也有与溶酶体融合的可能，如果这样的事情发生，那么有囊的结构都有被水解的可能。细胞解决这个难题可能通过两种方式：一是所有囊泡都是在细胞骨架形成的轨道上运行的，轨道不同的囊泡无法融合；二是囊泡表面有识别物，两个囊泡之间的识别物就像锁和钥匙，只有相互匹配才能完成融合。细胞骨架和膜泡增加了细胞内结构的有序性，降低了熵值。

只有像生命一样的低熵系统，才能完成如此复杂的功能。

四、生命体中的乐高积木

曾经有一部科幻片有这样一个桥段，人类为星际旅行设计了传送门，进入传送门的人会被分解为原子，在走出另一端传送门之前再被组装起来。这个策略是想利用原子可以被加速到接近光速的性质，加快人类旅行的速度。但是，从前面的讨论我们了解到，生物被分解成原子的过程是熵增，而从原子组装成个体的过程是熵减，熵减不能自发进行，需要从系统外吸收能量。需要多少能量呢？即使是一个细胞被分解产生的几千亿个原子，恢复为原来状态的概率也是无穷小的，所以这些原子再次组装形成一个细胞需要的能量无穷大。对于一个人来说，还要算上细胞的数量和细胞形成个体所需的能量。因此，这种星际旅行的策略是不可行的。

如果由原子组装成细胞的策略不可行，那么自然界中的细胞又是如何形成的呢？答案是细胞并非原子直接组装形成的，组成细胞的大多数物质都是在进入细胞之前就已经组装成了分子。例如，水是细胞中含量最多的物质，H 原子和 O 原子是先结合成水，再被细胞吸收的。换句话说，组成细胞的物质在组成细胞之前就已经是"半成品"了，细胞要降低的这部分熵值，是将这些半成品有序化的熵值。这就好像你现在手里的这本书来自印刷厂，印刷厂购买纸张、油墨、印刷设备等，然后根据印刷内容、纸张大小等信息进行印刷。市场上每本图书都不一样，但所有书的成本都应该低于书的定价，定价又要让读者能够接受。这样一本书的成本一定不能太高。如果这本书是你自己制作的，那你需要造纸，制作墨水，记忆并书写书的内容，除此之外，印刷设备你也得自己制造，成本可就无法想象了。而真正的出版的图书，纸张、油墨对于每本书来说都是通用的，每本书用的材料基本相同，只是里面的内容不同。

组成生命体有没有像纸张、油墨这样的通用物质呢？有，而且令人难以置信的是，生命体虽然千差万别，但是组成它们的通用分子却是完全相同的。以下四类物质就是构建生命体的通用分子：氨基酸、核苷酸、单糖和乙酰辅酶 A。氨基酸、核苷酸、单糖之间经过复杂的反应，最终通过脱水结合在一起，形成蛋白质、核酸和多糖；乙酰辅酶 A 为碳氢长链的形成提供了原料，然后进一步合成脂肪和磷脂。如图 1-7 所示，这四种分子很像四种不同的乐高积木，同种积木之间可以通过特定的连接方式拼装起来。更加神奇的是，在一些细胞中，四种积木之间还能相互转化。这样，一个细胞的工作就跟上面说的印刷厂特别相似了，印刷厂只需要购买纸张和油墨，特定的细胞也只是吸收通用的乐高分子；纸张和油墨都是其他工厂生产的，乐高分子的生产一样是由特定细胞完成的。通过这种分工合作，在每个细胞中必须要做的事情只是拼装自己需要的乐高积木，拼装积木所需的能量比从头制作积木小得多。这样看来，细胞虽然是个熵值很低的系统，但是形成这个系统的能量需求是有限的，细胞吸收的分子本身的熵值就比较低，细胞只是把低熵分子组装起来而已。

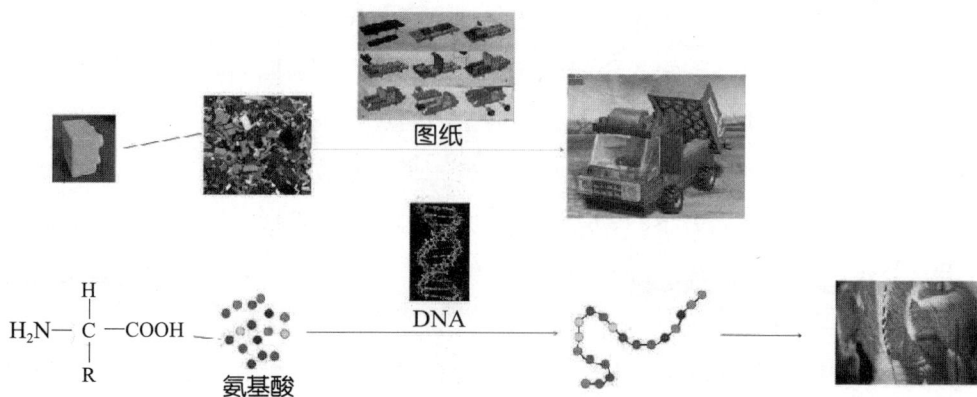

图 1-7　乐高积木与生物大分子

　　通用分子解决了低熵问题，但是带来了新的问题：为什么所有生命体有相同的分子，但是生命形式却千差万别呢？这个问题用乐高积木做比喻也特别好理解。试想一下，如果你收到了一盒乐高积木，盒子上画的是一艘精致的太空飞船，你毫不犹豫地打开盒子，雄心勃勃地想要完成这个浩大工程，这时你发现盒子里倒出来成千上万块花花绿绿的积木，却没有图纸……你一定明白了我想说的问题。乐高积木的精髓有两个：一是通用零件有通用的连接方式；二是每款乐高积木都有一份图纸。前者赋予了乐高积木容易操作的特性，后者赋予了不同乐高积木之间的差异性。生命体跟乐高积木相似，通用分子的连接方式是固定的，但每个个体都有一套不同的图纸，这套图纸赋予了个体之间的差异。生命体的图纸是 DNA，每个生物体中储存着一套 DNA 分子，这些分子中储存的信息就是通用分子拼装的图纸。有趣的是作为核酸的一种，DNA 也是由通用分子拼成的。

　　生命体是一个低熵系统，这个低熵系统的形成需要两个条件：一是从系统外摄取能量；二是要按照储存的信息组装自身。

第二章　低熵系统需要从系统外摄取能量

一、"木材与木柴"——生命体中的两类物质

中国古代建筑多是木结构，建筑风格在中国文化中留下了很深的印记，如"栋梁之材"是指那些能够委以重任的人，其中"栋"和"梁"就是一个建筑的框架。只有山林中高大乔木的主干才能作为"栋梁之材"。古人还会在山林中采集大量树枝作为薪柴，"渔樵耕读"是古代四种重要职业，其中的"樵"就是采集木柴的人。不论"木材"还是"木柴"，都是植物的一部分（见图 2-1），但是用途却差异极大。

图 2-1　"材"与"柴"

对于生命体来说，这种现象同样存在。同样一种物质，既能作为生命体的"木柴"为生命体供能，又能作为"木材"构建生命体的大厦。糖对于生物来说是重要的能源物质，但同时葡萄糖连接形成的纤维素又是构成植物的结构基础（"木材"和"木柴"的主要成分都是纤维素，见图 2-2）。蛋白质是构成人体的重要结构物质，头发、指甲、肌肉的主要成分都是蛋白质，但是蛋白质也能为人体供能，蛋白质为人体提供的能量可占到所有有机物为人体供能的 10%。脂肪看起来只配做"木柴"，但是脂肪水解后产生的脂肪酸是合成磷脂的原料，磷脂作为细胞膜的基本骨架，在构成生命体结构上的作用不言而喻。

图 2-2　葡萄糖与纤维素

　　"木材"和"木柴"用于不同功能不难理解，但是为什么构成生命体的物质既能构成生命体，又能为生命体提供能量呢？解释这个问题有两个角度，第一个角度是构成生命体的结构物质通常是大分子物质，是由小分子物质拼装形成的，大分子物质再聚合可以形成更大的结构。在细胞中，"拼"和"拆"两个相反的过程同时进行，从生物大分子上拆下来的小分子既可以作为合成生物大分子的原料，又能作为能源物质。第二个角度是不同类型的小分子最终可以转化成一组相同的物质，通过统一的路径氧化分解，释放有机物中的能量为生物供能，同时这一组物质也能实现不同种类小分子物质之间的相互转化。简言之，细胞中存在生物大分子和小分子之间的聚合和解聚，小分子之间的相互转化和小分子氧化分解释放能量的机制，让构成生命体的有机物既能构建结构，又可以为生命体提供能量。

　　在供能和小分子物质转化过程中，在第一章中提到的小分子有机物乙酰辅酶 A 特别重要，糖和脂肪酸代谢过程中都能产生这种物质。这种分子上的乙酰基团是从糖或脂肪酸分解出来的一种含二碳单位，记为 C_2，C_2 能与一个四碳物质结合，形成六碳物质，六碳物质依次脱掉两个 C，又形成 C_4，即 $C_2+C_4 \longrightarrow C_6 \longrightarrow C_5+CO_2 \longrightarrow C_4+CO_2$。$C_4$ 物质包括四种，在反应途径中依次出现，最终形成的 C_4 就是能与 C_2 结合的 C_4。这个反应首尾相连构成一个循环，被称为柠檬酸循环。正是这个循环的存在保证了乙酰辅酶 A 上的 C_2 能持续不断地生成 CO_2。同时 C 原来携带的 H 最终与 O_2 结合形成水，这一步的氧化分解能释放大量能量，是需氧生物能量的主要来源。乙酰辅酶 A 就像一个连接两条岔路的路口，糖和脂肪这两类能源物质经过两条不同的途径在这里汇合，然后走上一条相同的途径——氧化分解，为机体供能。乙酰辅酶 A 的作用还不止于此，糖和脂肪代谢的很多途径可以逆转，这就让乙酰辅酶 A 这个路口成了物质转化的通道。在动物体内，存糖转变成脂肪是一件很容易的事，这个代谢途径就是糖先转化成乙酰辅酶 A，再由乙酰辅酶 A 合成脂肪，如图 2-3 所示。

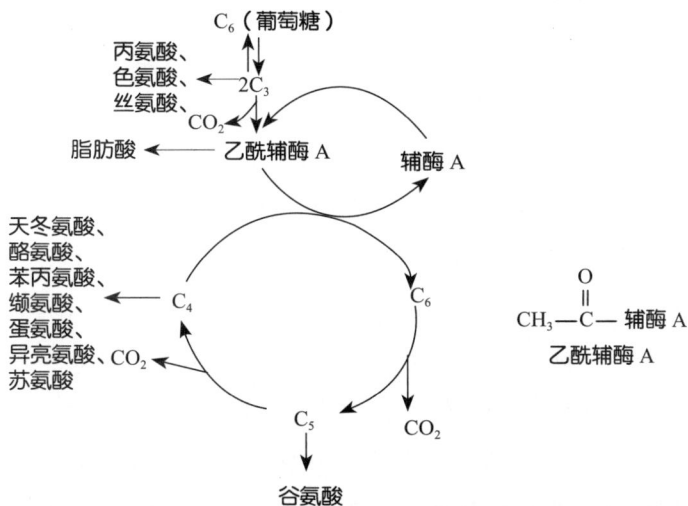

图 2-3 物质之间的相互转化

氨基酸是构成蛋白质的基本单位，这种分子含有氨基，细胞中存在脱去氨基酸上氨基的反应，氨基酸脱去氨基后可以形成柠檬酸循环中的物质，或者经过转化形成这些物质，通过这种方式为细胞供能。与之相反的过程是柠檬酸循环中的一些物质加上氨基就能形成氨基酸，所以糖和脂肪也可以成为细胞生产氨基酸的原料。但是，对于人体细胞而言，构成蛋白质的氨基酸不是都能生产出来，生产氨基酸的种类取决于细胞生产氨基酸碳骨架的能力。人体细胞缺乏生产其中八种碳骨架的能力，这些氨基酸不能由人体合成，只能从食物中摄取。这些氨基酸就被称为必需氨基酸。

所以，细胞中的主要有机物是可以通过柠檬酸循环这个代谢过程相互转化的，也可以通过这个过程走向氧化分解为细胞供能的途径。这个反应加上大分子物质的合成和分解就让细胞能轻易转化"木材"与"木柴"。

二、细胞里的发电厂

现代社会与古代社会的生活有哪些不同呢？这个问题会有很多答案，但是电的使用一定是其中非常重要的一点。在没有学会使用电能之前，人类已经开始利用各种形式的能量。通过燃烧，化学能被转化为光能和热能，水利资源丰富的地区会使用水车，流水中蕴藏的能量转化成了机械能的形式。

　　现代社会中，人类直接使用的所有能源几乎都可以通过电能转化而来，电灯提供照明，电暖器、电磁炉提供热量，电动汽车为出行提供便利……电能为人类社会带来的方便不言而喻，但是为什么人类会选择"电"呢？其中一个原因是人类现在的工具非常善于将其他能量形式转化为电能，也非常善于将电能转化为其他形式的能，这样现代人类社会就构建出了一个以电能为中介的能量系统。

　　细胞这个系统中存在一种类似于电能的能量中介，这个中介是一个由三种物质组成的能量转化系统。这三种物质是 ADP、磷酸和 ATP。ADP 与磷酸结合形成 ATP，ATP 分解形成 ADP 和磷酸。前一个过程的发生需要吸收能量，后一个过程的发生会释放能量。前一个反应需要的能量来于于各种有机物氧化产生的能量或者光能，后一个反应释放的能量用于细胞运动、物质合成、物质转运等各种细胞中的能量需求。想象一下，如果没有这种机制，细胞会出现什么问题？由于细胞不能肯定获取能源的是哪种物质，因此要为每一种能源物质准备一套使用方案，这套方案中的每一个方案要最终解决一种细胞对能量的需求，这样排列组合下来，细胞中的代谢会过于复杂。有了 ATP、ADP 能量转化系统，所有能量形式只要能转化成 ATP 中储存的能量，细胞需要的能量只要都用 ATP 中储存的能量，这个问题就解决了。这种方式就像人类社会中使用的电能一样，不论什么能量形式，先转变为电能，人类需要的各种能量再从电能中获取。

　　为了获得电能，人类社会有发电厂，细胞中的发电厂是线粒体，是细胞中生产 ATP 最多的场所（见图 2-4）。虽然细胞中多数有机物都能被氧化分解，为细胞提供能量，但是发电厂对原料的要求非常高，这个电厂的原料是 C—H 键中的电子。H 在所有元素中原子核最小，因此束缚电子能力特别弱，共用电子会被与 H 原子共用电子的其他原子吸引走，如 O、N、C 都是这样。与 H_2 中的电子相比，含 H 化合物中的电子被大原子吸引，这些电子离原子核更近，能量更低。当 H_2 与 O_2 反应生成水时会燃烧发出光和热，这些能量就可以看成电子能量降低释放出来的。C 比 O 束缚电子的能力低很多，所以与 O—H 键相比，C—H 键的电子远离原子核，能级更高。这意味着在 C—H 转化为 O—H 的过程中也会有能量释放出来。汽油、天然气燃烧释放的能量来源于这种转化。线粒体中发生的也是 C—H 键转化为 O—H 的过程。C—H 中带有高能量的电子被线粒体内膜上的蛋白质转移走，H 变成 H^+ 和电子两部分，H^+ 留在线粒体基质中，获得电子的蛋白质能将线粒体基质中的 H^+ 转运到线粒体内外膜之间的膜间腔中。这样在膜间腔内外就形成了 H^+ 浓度差，线粒体内膜上的蛋白质就像麦克斯韦妖一样，吃掉电子携带的能量，然后造成熵值降低。蛋白质运送完 H^+，就会把电子给下一个蛋白质，自己恢复原来的状态。电子一级一级传递，最终到线粒体内膜中的 O_2，O_2 接受电子后变成 O^- 离子，这样隔在线粒体内膜两侧的就是

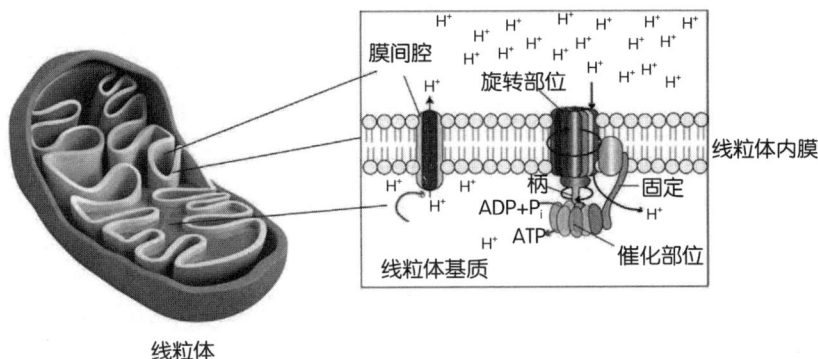

图 2-4　线粒体内膜上的 ATP 合酶

H^+ 和 O^- 两种离子，膜间腔的电位要比线粒体基质高得多，这样 H^+ 就有强烈的动力从膜间腔流回线粒体基质中。但是这种趋势被线粒体内膜的磷脂层阻碍了。这个过程很像是一座水电站的水库已经蓄满了水，发电只剩最后一步，就是让这些水流过发电机，如图 2-5 所示。

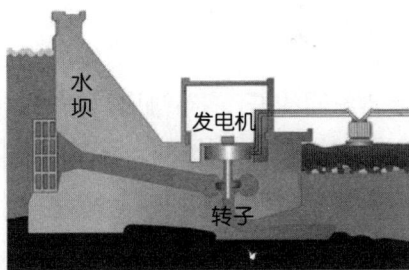

图 2-5　水电站

线粒体内膜上也有发电机，这台发电机叫作 ATP 合酶。1994 年，科学家通过 X 射线衍射技术构建了 ATP 合酶的立体结构模型，发现这个蛋白质有 H^+ 通过的通道，像风扇扇叶一样的结构与这条通道相连，后来的研究证明，$10 \sim 14$ 个 H^+ 推动这个结构转动一次，每 4 个 H^+ 通过就有 1 分子 ATP 合成。这样的结构和功能简直和发电机一模一样。

线粒体发电站正是通过先提高 H^+ 势能，再利用这些势能生产 ATP 的。

三、生命系统的高速公路

高速公路、铁路和航空是现代社会的标配，这些快捷的运输系统对现代社会有什么意义？"一骑红尘妃子笑，无人知是荔枝来"这句古诗就可以揭示这个问题的答案。为了让贵妃吃到新鲜的荔枝而动用国家资源，这种行为被诗人讽刺。可见在没有发达的运输网络的古代，不同地域的物产很难交流。时至今日，不要说广东的荔枝，就是吃到地球另一面的进口水果也不是稀罕事。

发达的交通网络是多细胞生命体的标配，这是因为作为多细胞的集合，每一个细胞接触到外界物质的能力不同，细胞的功能也不同。细胞之间必须像不同地域的人一样，相互交换物质，而解决这个问题的途径也是通过发达的交通网络将各部分连通起来。

脊椎动物体的交通网络是循环系统，循环系统的主要路线是由血管形成的封闭的管道。一些城市中有环线公路，车流在环线公路中不停地循环。循环系统里的血液跟车流的运转方式相似，血管回路中有分支，形成岔路，岔路又有分支并且越分越细，不论这些岔路有多细，最终都汇集到血管的主干，也就是说血管是一个完全封闭的管道系统。这个管道看上去完全封闭，但事实上是一个开放系统。血管分支到最后一级是毛细血管，这种血管的直径比发丝的直径还小，血管壁只有一层细胞。动物体形成很多结构与外界进行物质交换，这些位置都有丰富的毛细血管网，如肺泡周围和小肠上皮周围。这样，外界物质只要通过几层细胞就能进入血管这一交通网络。动物的每个组织中都有丰富的毛细血管网，保证组织中每个细胞都能汇入血管网络，这些毛细血管网起到的作用很像每个小区内部的道路，可以将小区里的每一栋房屋与公共道路连通，而血液既有物资运输车的作用，可以把营养物质运到小区中的每一户人家，也有垃圾车的作用，可以把每家的垃圾带走。

血液流经哪个组织与当时的生理状态有关。除毛细血管外，血管壁有一层平滑肌，与骨骼肌不同的是，平滑肌的收缩或舒张都是在无意识条件下完成的，所以我们不能自主控制血液流向。这跟消化系统的运动方式相同，胃的蠕动也是由平滑肌收缩引起的，所以饿的时候让肚子忍住不叫不太可能。血管平滑肌通过舒张或收缩控制血管的直径，以此调节血流量。例如，在大量运动时，肌肉血流量就会增加；脾脏是一个储血器官，平时血流量很低，遇到大出血等紧急状态时，会将血液释放出来。

不同于脊椎动物体内的环线公路，高等植物的道路系统是单向的，是一条从根毛到气孔的通路。与血管系统的另一差异在于通路形式并不统一。高等植物有一条被称为维管束的高速公路，维管束本身又包括韧皮部和木质部两部分，其中韧皮部由活细胞组成，主要运输有机物，木质部由死细胞组成，运输水和无机盐。维管束也不断分支，形成网状，叶片中的叶脉就是维管束形成的网。维管束随根不断分支，每条侧根中都有一根维管束。植物的维管束网络很密集，但维管束不能连通所有的植物细胞。在相邻的植物细胞之间还有一种叫胞间连丝的结构，能够连通两个细胞的细胞质。这种结构非常普遍，以至于一个植物组织所有细胞质都被连接在一起，形成共质体。靠共质体连接起来的细胞物质运输非常缓慢，是一种依靠扩散的运输。但进入维管束就不同了，木质部中有向上的液流，韧皮部中有向下的液流，所以维管束是物质运输的高速公路，如图2-6所示。

物质在维管束中的运输也会受到控制，尤其是有机物的运输。有机物在维管束中运输的形式主要是蔗糖，但多数细胞不能直接吸收蔗糖，因为多数细胞没有转运蔗糖的载体。一些细胞有细胞壁蔗糖酶，将蔗糖分解成单糖后吸收。细胞壁蔗糖酶就是细胞从高速公路上卸载蔗糖的关键因素。这种酶只在像根、果实、种子这样不能进行光合作用又需要有机物的器官中出现。长在植物下方的老叶接收到的光照很少，细胞壁蔗糖酶的活性也很低，这样老叶就会因为长时间不能获得有机物而衰老。

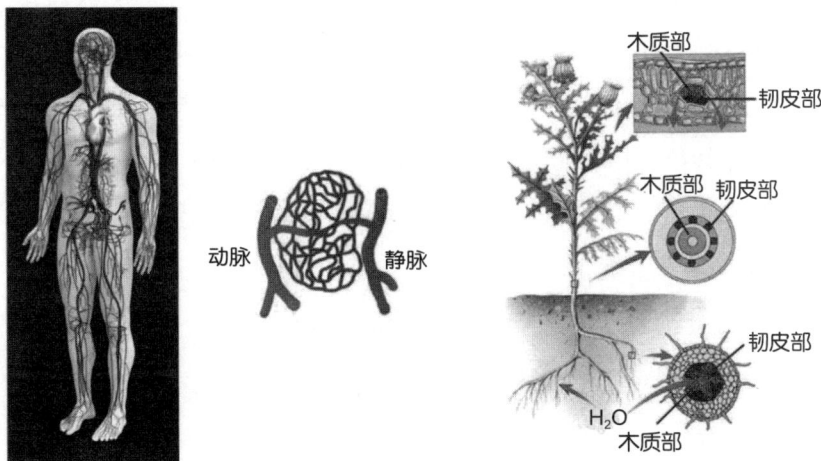

图 2-6　人体循环系统和植物维管系统

多细胞生命体不是所有的细胞都能与外界环境直接进行物质交换，在机体内设置一条高速公路是一个很好的策略。

四、低熵之源

每个细胞都有获得能量的权利，获得能量是系统维持低熵的必要条件。每个生命体因此必须具备能量流动的高速公路，所获得的能量可以惠及所有细胞。植物叶片吸收光能，制造有机物储存能量，通过胞间连丝和维管束运输到其他细胞。食草动物通过进食，大批量获取有机物，它的消化道会将这些物质拆解成小份的有机物进入血液，由血液将能源输送到所有细胞。食肉动物获取能量的行为本质上与食草动物一样，只是提供能量的食物是其他动物。这样看起来，植物、食草动物和食肉动物构成了一条食物链，它传递的能量来自于叶肉细胞利用光能制造的有机物。再用微观视角观察这条食物链还会发现，捕食打开了原来孤立在生物体内部的能量流动，叶肉细胞固化的能量最终流向了组成生态系统的每一个细胞。

在上面讨论的食物链中，低熵之源就是阳光，叶肉细胞通过光合作用将光能输入生态系统。光合作用完成了光能转化为化学能的过程，所以说光合作用是世界上最重要的化学反应一点也不过分。这个反应发生的原理与线粒体中发生的能量转化如出一辙。在线粒体中发生了 C—H 键向 O—H 键的转化，C—H 键中的高势能电子在线粒体内膜上流动，被

O_2 接受后形成 O—H 键，电子的势能降低的那部分转化成 ATP 中的能量。在叶绿体中，H_2O 和 CO_2 被转化成糖，此过程中 O—H 键减少，而 C—H 键增加，所以分子中总电子势能是增加的，增加的这部分能量也来自于高能电子，如图 2-7 所示。在叶绿体中存在一种由生物膜包围形成的扁平囊泡，称为类囊体。类囊体膜上有光合色素，这些色素吸收光能后电子能量升高，形成的高能电子就会在类囊体膜上流动。其中一部分能量用于 ATP 形成，另一部分能量用于 C—H 键的形成。这些能量最终转移到糖类物质中，作为生态系统中最常见的一种提供能源物质的方式，光合作用养活了地球上包括人在内的多数生物。

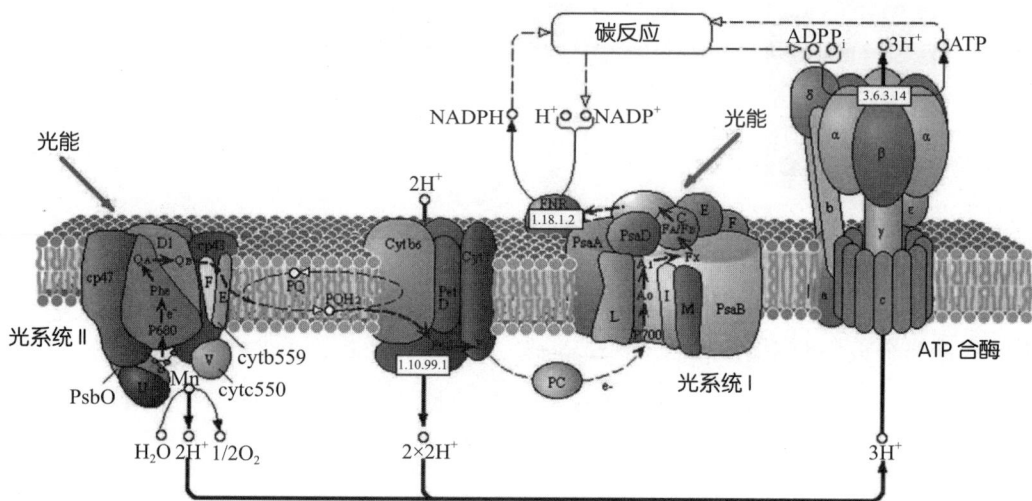

图 2-7　光合作用中的电子传递

阳光可谓低熵之源。但是，在距离海平面 2 000 米以下的海底，仍然存在着活跃的生态系统。阳光只能穿透十几米的海水，因此深海曾被认为是生命的禁区。然而，1977 年美国"阿尔文号"深潜器潜到了加拉帕戈斯群岛的海底，这里的景象让科学家大为震惊，在潜水器的聚光灯下，出现大量的管状蠕虫和蛤类，甚至还有虾蟹，俨然一副生机勃勃的景象。这里的低熵又是谁提供的呢？"阿尔文号"深潜器探测的海域非常特殊，这里有能够喷出黑烟的海底热泉，被称为"黑烟囱"。这里地壳薄而温度高，而周围海水温度低，在地壳加热后形成对流，这样地壳中的矿产就会被热泉带到海水中，因此这片海域富含硫化物，硫化物会失去电子被氧化。失去的电子就能以高能电子形式进入某些生物的电子传递链。在电子传递过程中，电子能量逐渐降低，能量转化为 ATP 形式，为生命体供能。这片海域中大量的硫细菌完成上述过程，它们是这片海域的低熵之源。

其他生物可能以这些细菌作为直接或间接的食物来源，形成一条始于细菌的食物链，也有一些生物与这些细菌共生。海底有一种几米长的蠕虫没有口，没有消化道，这意味着这种动物是无法进食的。很难想象体型这么大的动物不需要从食物中获得能量。蠕虫的一种细胞内有硫细菌，只要蠕虫吸入富含 H_2S 的海水，这种细胞就能依靠硫细菌制造有机物。这些硫细菌就像植物细胞中的叶绿体一样，为宿主制造有机物。H_2S 也就像光合作用中的水一样，为能量转化提供高能电子（见图 2-8）。

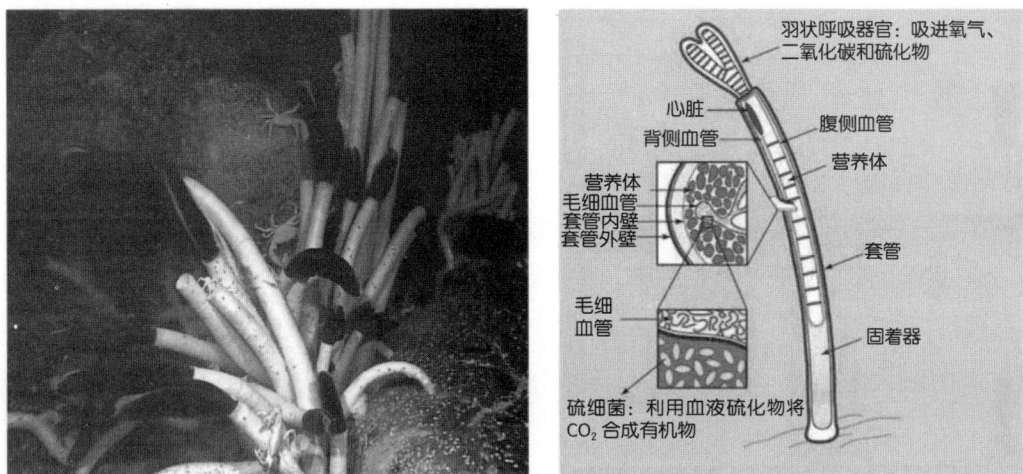

图 2-8　巨型蠕虫

低熵之源，一个来自太空，一个来自海底，如此不同的两种能源，生物竟然都能通过电子传递链完成能量转化。再联想到细胞呼吸也能通过电子传递转化能量，三种电子传递链串联出一条进化线索。一些科学家指出，海底黑烟囱就是地球生命起源之地，理由就是这种海水的化学性质为电子传递链的形成提供了天然条件。不需要光合色素，也不需要有机物的存在，仅仅依赖地壳一直产生的物质，这种电子传递链就能制造生命体所需的能量，这甚至提示我们：在宇宙中的一个黑暗角落中，生命正在萌芽。

第三章 系统需要获取能源的信息

一、能源也是信息源

"生物获取能量，维持低熵运行。"这是生命系统的一条公理。如果进化历史可以重演，排在第一位的选择标准也许就是生命体从外界获得能量的能力。为了获得能量，生命体必须能够收集到能源的信息，并做出捕获这些信息的反应。这种能力是现存所有生命体的生存基础，可以视为公理的一条推论。

生命的演化起源于单细胞生物，单细胞生物已经具备了自主趋近能源的能力。如图 3-1 所示，衣藻是一种单细胞藻类。衣藻细胞中有一种叶绿体，能通过光合作用合成有机物。在细胞前端有两根鞭毛，鞭毛能像船桨一样划水，让衣藻向前方（鞭毛生长的方向）运动。衣藻叶绿体中有一个红色的眼点，定位在生物膜上。眼点中所含的视紫红质是眼点呈红色的原因。视紫红质也是视网膜的感光物质，是一种由感光色素和蛋白质构成的复合体。靠近光源、捕获光能是衣藻的生存策略。人们早已观察到衣藻有趋向光源的运动。如此简单的生命体是如何完成接收光信号和向光源运动的呢？

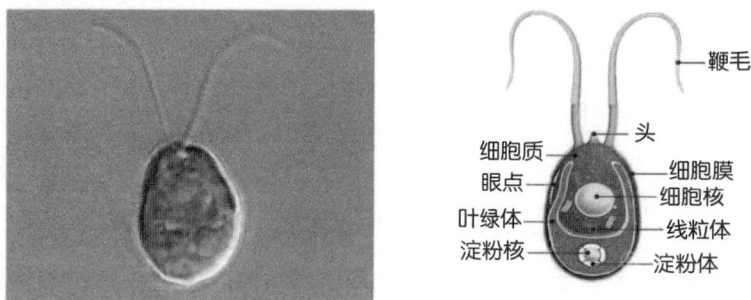

图 3-1 衣藻

要弄清这个问题先要理解衣藻眼点和鞭毛的工作原理。衣藻细胞中 Ca^{2+} 浓度很低，只有周围水环境中万分之一到百万分之一，这是因为细胞膜上存在 Ca^{2+} 主动运输载体，Ca^{2+} 被载体运输到细胞外，细胞内外 Ca^{2+} 的浓度差是衣藻调整运动方向的基础。眼点中的视紫红质在光照下会在它所在的生物膜上产生一个电信号，这个信号能打开衣藻细胞膜上的 Ca^{2+} 通道，细胞内 Ca^{2+} 浓度瞬间上升，达到 $10^{-7}mol/L$ 甚至更高的浓度，随后 Ca^{2+} 浓度缓慢下降到 $10^{-8}mol/L$ 甚至更低。眼点感光后细胞中 Ca^{2+} 的浓度变化正是鞭毛运动的依据。组成衣藻的两根鞭毛的蛋白质略有不同，这导致它们对 Ca^{2+} 反应也不相同，眼点一侧的鞭毛被称为顺式鞭毛，另一侧的鞭毛被称为反式鞭毛。在细胞内 Ca^{2+} 浓度为 $10^{-8}mol/L$ 的条件下，两根鞭毛都正常摆动，衣藻向前运动；Ca^{2+} 的浓度达到 $10^{-7}mol/L$ 时，顺式鞭毛失活，反式鞭毛继续摆动，衣藻转向眼点一侧；浓度低于 $10^{-8}mol/L$ 时，反式鞭毛失活，顺式鞭毛继续摆动，衣藻转向眼点对侧，如图 3-2 所示。

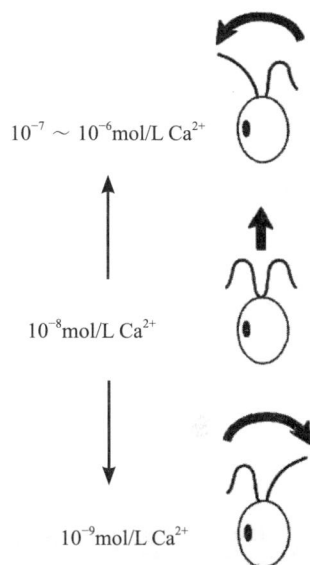

图 3-2　鞭毛摆动与 Ca^{2+} 浓度

将这些信息串联起来，就能厘清衣藻向光运动的原因。当光源在衣藻眼点一侧时，眼点感光，细胞内 Ca^{2+} 的浓度升高，此时眼点对侧反式鞭毛摆动，这就像划船时调整方向就要划一下对侧的桨一样。在 Ca^{2+} 的浓度恢复后，双桨同时荡起，衣藻向光源方向运动。如果一直没有光的刺激，细胞内 Ca^{2+} 的浓度持续下降，衣藻还会挥动另外一支船桨试试，看调整方向后能不能向光源运动。通过这种调节，衣藻能完成趋光运动，为光合作用创造条件。

多细胞植物对能量的需求跟衣藻相同，它们捕获光能的方式是让叶片接收尽量多的光照。但是植物无法像衣藻那样自由移动，它们只能调节自身生长的方向，把叶片暴露到光下。如图 3-3 所示，以植物幼苗为例，幼苗没有眼点这种感光结构，感受光的物质是几种蛋白复合体，分布在幼苗最顶端的某些细胞的细胞膜上。不过，这些细胞只是幼苗寻找光的侦察兵，真正决定幼苗生长方向的是下方的细胞。在这个部位，向光一侧的细胞生长慢，背光一侧的细胞生长快，幼苗就像一张正在缩短弦的弓，弯向光源一侧。要完成这种变化，侦察兵的信号必须传递下来，这个传递信号的任务由生长素完成。生长素是一种植物激素，能促进植物细胞生长。幼苗感光部位的生长素会向背光一侧移动，背光一侧生长素浓度高于向光一侧。在生长素沿着枝条向下运输的过程中，背光侧生长素浓度高于向光侧的状态保持不变，这就出现了背光一侧生长快的现象。

植物趋向光源生长的另一个例子发生在种子萌发阶段。在接受光照之前，幼苗生长速度很快，形态细长，双子叶植物的两片子叶也不会打开，呈现"豆芽菜"的形状。通过这种快速生长，幼苗快速破土而出才能接收光照。"豆芽菜"与出土后的感光蛋白没有什么不同，但产生的效果却有很大差异。科学家认为"豆芽菜"看到光的那一刻，开始生产全新的蛋白质，这些蛋白质让"疯长"停下、子叶打开、叶绿素出现，也让幼苗感光出现新模式。

从植物感光到激素传递信号再到具体细胞做出反应，这体现了多细胞生物为了适应环境进行的细胞间协作。这种方式比单细胞向光源运动复杂得多，仍有很多问题没有找到答案。

多数生物都能感受光信号，利用光能的生物会做出趋向光源的反应，以此增加对光的捕获，获取更多能量。为了捕获能量，动物行为更加复杂。

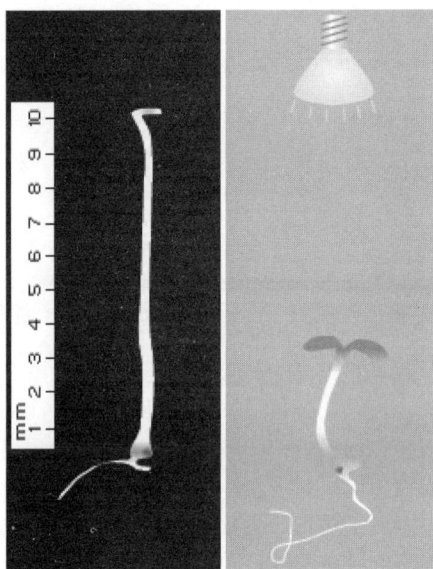

图 3-3　光照与幼苗生长

二、"它"来了，所有细胞做好准备

生物能够获取能源的信息，并做出趋向捕获能源的反应。动物在这一点上比植物的本领更大。这一部分我们以非洲草原上一只名叫弗瑞士·亨特的猎豹（见图 3-4）为例，看动物对能量的反应。

四月的马赛马拉，草只能勉强没过膝盖，一群黑斑羚（见图 3-5）正在进食。在饥饿的亨特眼中，这些羚无异于能够移动的卡路里。黑斑羚是如何出现在亨特眼中的呢？在眼球壁上有一层感光细胞——视细胞，视细胞和周围的神经细胞一起构成视网膜。视细胞中的感光

图 3-4　猎豹

物质是视紫红质或视紫蓝质，其中视紫红质也是衣藻眼点中的感光物质。两种感光物质都是由色素和蛋白质分子结合形成。色素吸收一个光子后会导致蛋白质空间结构改变，引起细胞内一系列反应，视细胞最终产生一个电信号。这个电信号被周围的神经细胞获取，然后传递到大脑视皮层。视网膜上每个视细胞接收不同强度和颜色的光，这些光在视网膜上形成一个画面，就像电视屏幕上由一个个像素点组成的图像一样。这些信息进入视皮层后再加工整理就是亨特看到的黑斑羚。

图 3-5 黑斑羚

亨特俯下身体，蹑足接近黑斑羚，它呼吸急促，身体不由自主地抖动。在亨特脑中有上百万亿个神经元，这些神经元彼此连接形成复杂网络。视皮层中的神经元只是其中很小一部分，这部分神经元像观察员一样，把外界的情况告诉脑的其他部分。这时候脑的活动非常活跃，海马体中储存着亨特幼年时的记忆，它从成年猎豹那里学习到的捕猎技巧正好可以派上用场。在视皮层的引导下，亨特大脑中的运动皮质发出指令，这个指令经过脊髓传输到腿部肌肉。肌肉收缩的力量和频率都由脑决定。脑还能通过交感神经控制肾上腺素的分泌。交感神经是一种控制内脏活动的神经，负责在无意识条件下的机体调控。在各种紧张状态下，肾上腺素这种激素在血液中的含量都会增加。肾上腺素在心肌、肝脏、血管壁等结构的细胞表面都有受体，肾上腺素与细胞膜受体结合后，引起靶细胞代谢活动变化，心跳、血流随之加速，血糖浓度上升。这些反应都在为亨特追捕黑斑羚做准备。亨特就像一台机器，眼睛是信息采集系统，将外界信号送到大脑；大脑是控制系统，负责整合信息，做出指令；肌肉是动力系统；肝脏是个油箱，储存的糖原在这时分解成葡萄糖进入血液，为肌肉收缩提供能量。这些系统配合得天衣无缝，让这些系统协调工作的是神经和激素这两种信号。

当亨特看到黑斑羚开始奔跑的时候，它也瞬间启动，以 100 千米的时速向羚羊冲去。但是亨特距离黑斑羚太远了，在经过急速冲刺后，它放弃了猎物。由于狩猎开始于上风口，它的气味早就被羚羊感觉到了。一些属于猎豹特有的分子会随风进入羚羊的鼻腔，与鼻腔中嗅细胞膜上的受体结合，嗅细胞和视细胞一样，通过神经系统把这些分子进入鼻腔的消息告诉大脑，大脑发布了"它来了，所有细胞做好准备"的指令。在猎豹发动袭击之前，羚羊就看见了它，于是先于猎豹做出了行动。

亨特走到灌木丛下，喘着粗气。冲刺消耗了它体内大量能量，这些能量最终转化成了热，一时间不能完全散失的热会让亨特的体温上升。呼吸量的增大有助于机体散热，维持正常体温，但是更重要的是有助于排出体内的 CO_2。剧烈运动所需的能量来自于细胞呼吸，有机物经过细胞呼吸后产生 CO_2，这种细胞中的燃烧让血液中 CO_2 浓度急剧升高。位于颈动脉体和主动脉体的化学感受器将受到强烈的刺激，这个刺激产生的信号被神经送到延髓呼吸中枢，呼吸中枢发出的指令通过神经传送到肋间肌，提高呼吸运动的频率。

今天，倒霉的亨特要挨饿了。海马体中会留下这段记忆，在明天的捕猎中，这段记忆也许就会发挥作用。那时，亨特一定知道，像今天这样的距离自己是很难追上黑斑羚的。它可以更靠近猎物然后发起攻击，如果猎物提前发现，它可以提前放弃对猎物的行动。记忆的出现让动物可以调整对外界刺激产生的反应。

动物获取能源不光需要获取能源的信息，还需要更大规模的细胞间协作。细胞间协作的基础是细胞间的信息交流。

三、细胞中的麦克风

生命体以各种各样的方式捕获能量，然后输送到机体的每一个细胞。在多数细胞中，能源物质通过氧化分解释放能量，为细胞新陈代谢供能。在另一些细胞中，这些能源物质被储存起来，供给另一个时间生命体对能量的需求。植物种子大多含有丰富的营养物质，这些物质可以为种子萌发提供能量。哺乳动物肝脏中储存着糖，血糖浓度较高时，葡萄糖进入肝细胞合成肝糖原，这对应了哺乳动物饥一顿饱一顿的生活状态。吃饱的时候，血糖浓度升高，这些糖会被储存起来，等挨饿的时候再释放出来。

哺乳动物调节血糖的方式不需要意识的参与，是一个全自动的过程。胰腺中有一些细胞团，被称为胰岛。胰岛中两种细胞对血糖调节起到关键作用：分泌胰岛素的胰岛 β 细胞和分泌胰高血糖素的胰岛 α 细胞。胰岛细胞能够感受血糖浓度，当血糖浓度较高时，胰岛素开始分泌，作用于肝脏细胞，糖原合成量增加，血糖下降；相反，当血糖浓度较低时，胰高血糖素开始分泌，糖原分解，血糖升高。

这个过程看似简单，但是要解释血糖变化的效应却要解决两个难题：一是胰岛素和胰高血糖素都是蛋白质类激素，无法进入细胞内发挥作用；二是两种激素含量很低，但对血糖浓度的调节效果却非常显著。如何解决这两个难题呢？答案是两种激素在细胞膜上的受体具有酶的作用。

如果没有胰岛素，胰岛素受体在细胞膜上就毫无存在感，但是与胰岛素结合后，胰岛素受体的空间结构改变，暴露了原来隐藏的一个催化位点。这个位点让胰岛素受体作为底物被催化，结果是一个化学基团修饰了胰岛素受体，胰岛素受体作为酶的能力才真正显露出来。在它的作用下，细胞内的另一个酶被修饰激活，这个酶再激活下一个酶……经过四轮这样的反应，细胞内糖原合成酶被激活了，糖原开始大量合成。胰高血糖素与受体结合后，也能激活胰高血糖素受体酶的活性。这个酶能够催化细胞内一个叫 cAMP 的小分子产生。cAMP 可以与细胞中的一种蛋白质结合并导致这种蛋白质分裂成两部分，其中一部分具有酶的活性。这种分裂好像把一只猛虎从笼子里释放出来一样，老虎在笼子里时人畜无害，而 cAMP 是一名拿着钥匙的饲养员，当 cAMP 打开笼子，酶的活性就被释放出来。这种酶可以激活下一种酶，再由下一种酶激活糖原水解酶，糖原水解，血糖浓度升高，如图 3-6 所示。

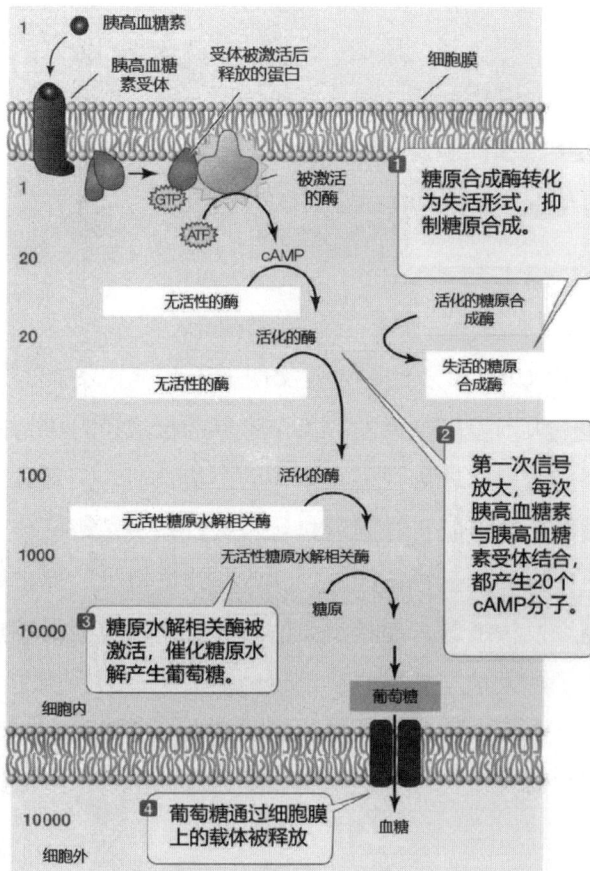

图 3-6　细胞中信号在传递时被放大

虽然两种激素的受体不同，但是两种激素的调节方式很相似。受体都是能被它们激活的酶，由这些酶激活下一种酶，然后通过多步酶的激活让细胞中特定的反应发生。这个过程有什么意义呢？首先，这种机制让这两种激素不进入细胞就能改变细胞内的反应，胰岛素和胰高血糖素都不直接作用于与糖原合成和分解相关的酶，但是通过细胞内化学反应，这两种化学信号能够最终实现其生理效应。其次，结合在每个细胞表面的激素分子可能只有几个，但是这些结合激活的酶可以催化更多酶产生。做一个简单假设，1 个酶分子催化 10 个酶分子被激活，经过三次这样的激活过程，最终酶的分子数量达到 1 000 个，这样就放大了原来的信号。激素的这种调控方式就像在细胞家门口安装了一支麦克风，激素并不需要进入细胞中，只要按一个按钮，信号就会逐级放大，最终实现调控效果。

这种高效的信号传递系统在动物细胞中非常常见，不同细胞甚至利用同一套信号传递系统实现不同功能。视细胞、嗅细胞内的信号传递路径与胰高血糖素在肝细胞中很相似，接收信号后都形成 cAMP，再由 cAMP 激活一系列反应。这里的信号、受体和细胞最终的反应都不同，但是中间的信号传递过程是一样的。这就像我们给别人打电话时说的话不一样，别人的反应也不一样，但是电话之间信息的传递方式是相同的。

通过对信号物质的接收和细胞内信号的放大，细胞完成了对信号物质的反应，这是信号物质调节生命活动的基础。

四、把信号抹掉

如果再重新经历一次 1962 年，也许人类文明就不复存在了。这一年，是美国和苏联冷战的危机年，两个超级大国差一点爆发毁灭全世界的核战争。事情的起因是苏联为了制衡美国，计划在南美洲的古巴部署导弹。在得知这个情报后，美军开始海上封锁，拦截苏联所有船只。当时一艘苏军核潜艇正在附近执行任务，被美军舰队侦察到后，成为美军追击的目标。美军为了迫使核潜艇上浮开始使用深水炸弹，巨大的爆破声让苏军核潜艇的指挥官认为美苏之间已经爆发核战争，而核潜艇的任务就是在核战爆发后进行核反击。恰巧苏联核潜艇的无线电坏了，无法与外界联络。封闭在潜艇中的舰长基于之前的信息，下达了核攻击的命令。如果这个命令被执行，接下来就是全面的核战争，不仅限于美苏，还有他们的盟国。核爆炸产生的灰尘在大气层中会让全球气温下降，地球进入核冬天，人类历史将终结。

一个系统必须能及时获取新信息，替代旧信息。在生命体中，信息以物质的形式存在，信息物质不存在时间上的顺序。新信息物质虽然可以带来新信息，但是，旧的信息物质只要还存在，旧信息也就还在，所以生命体要不停地"抹掉"信息物质。

作为一种信号物质，身体中的激素一直都在衰减。例如，肾上腺素作用后会被神经细胞摄取，胰岛素和胰高血糖素在血液流经肝脏后被灭活。所以，只要没有新的激素产生，体内激素就会减少。同时，由于激素和受体的结合是可逆的，激素在血液中的浓度直接决定激素与受体结合的概率，这样激素的作用效果就取决于新产生激素的量，身体只要根据环境刺激调节激素的分泌，就能产生合适的反应。

　　身体中的另一种信号是神经信号。神经信号又有两种形式，一种是在神经细胞上传导的电信号，另一种是在神经细胞之间传递信息的化学信号。其中的化学信号物质被称为神经递质，这种化学物质也必须被抹去（见图 3-7）。与激素信号不同的是，神经传递信号迅速而短暂，这就要求神经递质存在的时间比激素更短。试想一下，如果有前后两个间隔时间很短的刺激，这两个刺激由我们分辨，那么神经递质的存在时间必须短于这两个刺激之间间隔的时间，否则我们就会认为那是同一个刺激。人耳分辨两个声音的最小时间间隔只有几十毫秒，传递听觉信息的神经递质的存在时间必然小于这个值。神经递质这种"阅后即焚"的性质，保证了神经信号的即时性。神经递质包括很多种化学物质，灭活的方式不尽相同。有些被神经元之间的酶分解，有些被神经元回收。如果神经递质没有及时"焚毁"，就会引起抑郁、狂躁等严重精神疾病。

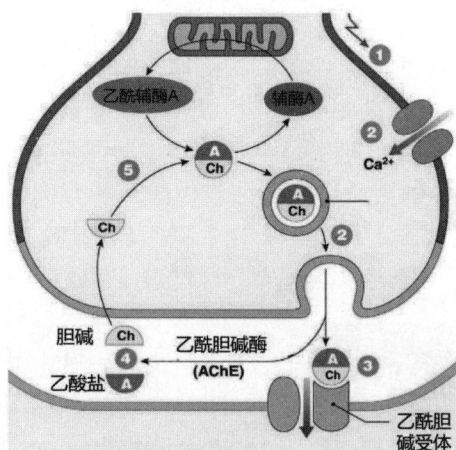

图 3-7　神经递质被清除

　　激素和神经递质都属于细胞间的信号物质，它们的作用通过"被带走"或"被降解"的方式消除。消除细胞内的信号物质的方式也是类似的。Ca^{2+} 是细胞内重要的信号物质，这种离子常与蛋白质结合，以此激活蛋白质的某些功能，如肌肉收缩就是 Ca^{2+} 直接参与调控的。Ca^{2+} 在细胞溶胶中浓度很低，而在细胞外和内质网中浓度很高，原因还是膜上存在麦克斯韦妖。这种妖努力工作，让 Ca^{2+} 一直处于"被带走"的状态。细胞内信号传递经常通过酶促反应方式完成，这些酶的活性是可控的，通过增加一个化学基团，酶的活性就会获得或消失。它们像是一些奇怪的开关一样，细胞中有些开的力量，也有些关的力量。细胞外信号会调整这两种力量，结果是活性酶和无活性酶比例出现变化，以及由此导致的细胞中这种酶总活性的变化。这种酶的总活性就像旋钮一样，调节着细胞内信号的强弱。细胞有时候干脆把这个酶完全去除，就像我们不仅把台灯的旋钮转到最小，还"啪"的一声把它给关了。要做到这么决绝也并不容易，因为细胞内除了这种酶还有很多蛋白质，要在降解这种酶的同时保留其他蛋白质。细胞的做法是把需要降解的蛋白质加上一连串叫作泛素的蛋白，这串蛋白就像违章建筑墙上的"拆"字，细胞中的蛋白酶会专门降解这样的分子，如图 3-8 所示。

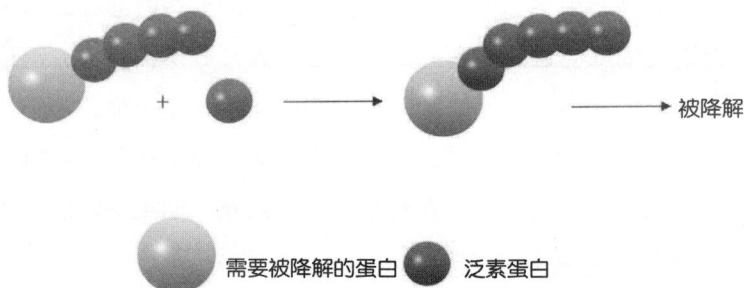

图 3-8　细胞内清除蛋白质的泛素降解途径

　　无法接收新信息将是致命的，就像苏联核潜艇一样。不过，在苏联核潜艇即将发射核弹的一刻，副舰长阿尔西波夫（见图 3-9）努力阻止了舰长按下那个按钮。这个今天看来拯救了人类的举动，在当时的核潜艇中是不合情理的，按照既定程序，核潜艇应该发射核弹。细胞像核潜艇一样，外界刺激通过改变细胞内信号的强弱，让细胞产生有规律的反应。但是细胞中会不会有阿尔西波夫这样反常力量占据上风的情况呢？有，这种情况可能不好，也可能就是奇思妙想的来源，像阿尔西波夫一样能改变我们的世界。

图 3-9　阿尔西波夫和他所在的核潜艇

第四章　反馈调节与系统稳态

一、游泳池的管理员

1957 年，美国医生弗雷德里克·克罗斯比·巴特（Frederic Crosby Bartter）发现一名肺癌患者持续出现低钠血症、低血浆渗透压、尿量极少的症状。后来，他发现其他一些肺癌和肺部感染患者也会出现类似症状。出现这些症状的原因是什么呢？在与其他研究者合作的研究中巴特逐渐意识到，出现类似症状的患者体内抗利尿激素水平显著高于其他人，这种由于抗利尿激素异常升高引起的疾病被称为巴特综合征（Bartter syndrome）。正常情况下，抗利尿激素是由下丘脑（脑的一部分）的神经细胞分泌的，中枢神经系统疾病会导致抗利尿激素增加，病变时的肺组织也会分泌抗利尿激素，这些情况下人体都会出现巴特综合征的症状。

要解释巴特综合征的症状首先要清楚抗利尿激素的功能。抗利尿激素能将水留在体内，过多的抗利尿激素导致尿量减少，但不影响钠离子离开机体，这就导致血钠离子浓度降低，血钠离子浓度降低又导致血浆渗透压降低。

在正常机体中，抗利尿激素在身体缺水时含量增加，让肾脏产生的尿液量减少。相反，当体内水量较多时，抗利尿激素分泌减少，尿液量增多。如果把人体想象成游泳池，这个过程就特别容易理解，游泳池既有进水口，也有出水口，游泳池水少的时候我们就把出水口关小些，进水口开大些。肾脏就是人体的出水口，产生的尿液储存在膀胱中，这部分液体已经不能再回到血液中，所以可以看成离开人体的液体。抗利尿激素就是出水口开关，它的增加意味着人体的出水口会被关小。体内水减少时，信号会被传送到大脑，大脑指挥身体去喝水，这是在加大进水量。如果水喝多了，调节会反过来进行，即抗利尿激素分泌减少，尿量增加。水多时促进机体向水少的方向变化，水少时促进机体向水多的方向变化，这让正常人体的水分一直处于动态平衡中，这种调节方式被称为负反馈调节，如图 4-1 所示。

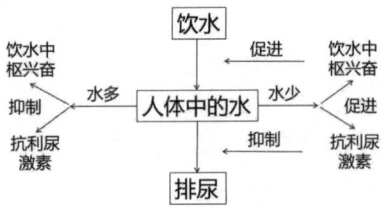

图 4-1　人体内水的负反馈调节

负反馈调节是生命体赖以生存的调节模式，生命体为了维持低熵值需要不断从外界摄取能量，因此生命体中的物质是不断变化的。而物质浓度的剧烈变化会带来生命体稳定性的降低，生命体需要不断调整以适应这种变化。调整的方式就是负反馈，正如抗利尿激素调节机体中水的作用，负反馈能够平衡机体中各种物质的相对含量，让这些物质的浓度在某个数值上下波动。机体中就像有无数名游泳池的管理员，他们控制着物质进出机体，让游泳池中的水量保持不变。

这种调节机制非常古老，最原始的原核生物就已经具有。大肠杆菌细胞能够合成色氨酸，但是过程复杂，需要消耗细胞大量资源，所以大肠杆菌合成色氨酸的原则是够用就行。因此，虽然大肠杆菌有一整条色氨酸生产线，但是色氨酸的生产受到了严格控制。色氨酸生产线由 5 种不同的酶组成，它们就像流水线上的 5 台机器一样，依次将原料转化为色氨酸。其中第一台机器就会受到色氨酸，也就是最终产物的抑制，色氨酸能通过与第一种酶结合改变其空间结构，变构后的酶不再具有催化能力，整条流水线的工作便停止下来。也就是说，产品多了生产会受到抑制，等产品消耗掉，生产才能恢复。这只是对生产环节的控制，大肠杆菌对生产机器的环节也是严格控制的。色氨酸代谢所需的 5 种酶是由一个基因编码的，这个基因转录出的一条 mRNA 翻译形成 5 种蛋白质。色氨酸的浓度较大时这个基因是不转录的，原因是细胞中存在一种特异性阻止这个基因转录的阻遏蛋白，但这种蛋白只有与色氨酸结合后才有阻遏的能力。很低浓度的色氨酸就能阻遏基因的表达，可见大肠杆菌对生产机器的管理是非常严格的。

在一个生命系统内部，无论从外界摄入物质还是自身合成物质，都会受到负反馈调节的限制，这种调节方式让系统内保持微妙的平衡。

二、马尔萨斯陷阱

1798 年，托马斯·罗伯特·马尔萨斯（Thomas Robert Malthus）（见图 4-2）在他的《人口论》中预言："人口增长超越食物供应，会导致人均占有食物的减少，最弱者就会因此而饿死。"马尔萨斯根据简单的数学模型推断出他的理论，那就是只要每一代的人口都比上一代人口多，那么人口数量会不断增加，而土地资源是有限的，这就导致食

图 4-2　马尔萨斯

物生产量有限，最终食物的缺乏自然会导致弱者饿死的悲剧。

时间过去两百多年，世界人口已经由 10 亿增长到 75 亿，马尔萨斯预言的情景却没有出现。他看似合理的理论出现了什么问题呢？问题出在两个方面：第一，生产效率迅速提高，现代化技术的使用使土地生产能力大幅度提高；第二，更多人口进入城市。第一个原因破坏了马尔萨斯理论的假设，让食物资源不再是人口增加的制约因素，这让两百多年中人口持续增长。第二个原因让住房、教育和医疗等有限的城市资源变得更加稀缺，导致生活成本上涨，降低了人的生育意愿，这是阻碍人口继续增长的因素。由于限制因素从食物变成了空间和其他资源，因此也不是由于人被饿死导致人口增长停滞。

但是，如果回到马尔萨斯思想的底层逻辑：有限的资源会抑制人口增长这一点确实正确。从 1960 年到 1975 年的 15 年，世界人口从 30 亿增长到 40 亿，世界人口突破 50 亿是在 1987 年，只用了 12 年时间，按照这个趋势，人口再增长 10 亿的时间应少于 12 年，但是人口达到 60 亿和 70 亿的时间分别是 1999 年和 2011 年，之间的间隔恰好都是 12 年。这说明人口已经从加速增长转变为匀速增长。人口增长的阻力已经出现，并且正在增加。这个阻力并不是食物资源，而是城市中有限的住房、医疗和教育条件。这些条件本身也是在增加的，但是增加速度比人需求的增速小。正是人口数量的增加降低了人口增加的速度，所以人口增长问题也是一个负反馈调节。

不仅人口增长是这样，生态系统中所有生物的数量的增长几乎都受到负反馈调节的控制。其中的逻辑与人口数量增长相似。以草场上的羊群为例，当草量充足时，羊的数量增加，食用过多的草，一片草场上每年新生草量是有限的，当草被过度消耗时，第二年草的生长量就会减少，这导致羊的食物减少。但是其中除了食物还有天敌的因素，羊是狼的食物，羊数量的增加为狼提供了更多食物，狼的数量因此增加，这又构成了第二个抑制羊数量增长的因素。由于食物和天敌两种因素共同存在，羊的数量增长受到负反馈调节。

这个负反馈模型被人类活动检测了一次。1872 年，美国黄石国家公园正式被命名，其中的野生动物受到保护，但是受保护动物中并不包括灰狼。不但如此，灰狼还被当作害兽被护林员猎杀。1926 年，灰狼在黄石公园绝迹。在这之后，公园中麋鹿的数量先是大幅增加，导致公园内植被大量减少，柳树被啃食，一些地方甚至出现了水土流失。麋鹿的数量也在食物资源过度消耗的条件下开始减少。从 1995 年起，31 只灰狼分两次被重新引入黄石公园。充足的食物资源让这些灰狼感觉进了天堂（见图 4-3），狼群数量很快达到100 只，麋鹿数量下降，植被逐渐开始恢复。捕食者和食物资源都是麋鹿种群数量的限制因素，两者都能通过负反馈调节种群数量。

图 4-3　黄石公园的鹿和狼

在人类进化历史中，天敌也曾是制约人口数量增长的因素，也许我们的祖先在山洞中围着火堆过夜时，人类才逐渐摆脱被捕食者的地位。食物也曾是制约人口数量增长的因素，中国古代每次农民起义的原因大多也与粮食不足以供养逐渐增长的人口有关。城市和商业兴起后，人口密度随之增加，人口流动性随之增强，这为传染病的传播提供了条件，所以传染病也曾成为制约人口数量增长的一个因素。不过正如大家看到的，由于技术的进步，人类战胜了天敌，获得了充足的食物，攻克了多种疾病，技术打破了人口增长的一个又一个限制因素，这才是人口不同于其他生物增长方式的根本原因。

三、缺席的管理者

在上一部分内容中我们看到，食肉动物能够限制食草动物的数量，这种限制让食草动物不至于把所有植物全部吃光，这对整个生态系统正常运转至关重要，所以我们可以把食肉动物比喻成管理者。一个简单的逻辑是：管理者缺席后，被管理者数量爆发式增加，生态遭到破坏。但是，生态系统中并不是只有简单的几种生物，而是由很多生物相互关联构成了网络。

1963 年，美国科学家罗伯特·潘恩（Robert Paine）沿太平洋进行野外考察，当来到一个叫玛卡湾（Mukkaw Bay）的地方时，他发现这是一个进行生态学实验的好地方，因为这片海湾相对独立，几乎没有人类活动的直接干扰，海滩潮间带有几块巨大的礁石，受到潮汐的影响，这些礁石有时没入海水中，有时则会露出海面，所以这些礁石上有兴旺的族群，如绿色的海葵、紫色的海胆、粉色的海藻、亮红色的太平洋海星，还有海绵、帽贝和石鳖。在岩石的表面，落潮时会露出由小的橡子藤壶和大的鹅颈藤壶（见图 4-4）组成的条状带，黑色丛状的加州贻贝，以及一些名为赭色海星的、超乎想象的巨型紫色或是橘黄色的海星。

图 4-4 礁石上的藤壶

这些礁石上的管理者是海星，潘恩根据海星胃中的残留物发现，海星捕食这块礁石上所有的动物，对藤壶的捕食量最大，但是藤壶的体型很小，不是海星主要的能量来源，海星的主食是蚌和石鳖这些附着在岩石上的更大型的动物。然后潘恩开始了在当时看来很有创造性的实验，他将一块礁石上所有海星捉下来，扔进深海里。实验开展 3 个月以后，这块礁石上的生态系统发生了显著的变化。橡子藤壶占据了礁石上 60% 以上的空间。一年以后，橡子藤壶的优势地位被繁殖更快的鹅颈藤壶所替代。同是作为被捕食者的海葵和海绵的数量也大量减少。4 种藻类、两种蜗牛和两种石鳖完全消失，礁石上群落丰度由 15 种减少到 8 种。这块礁石被藤壶覆盖，看起来毫无生气，而作为对照组的其他礁石延续着往日的繁荣。海星离开礁石之前，繁殖速度不是占领礁石的最大优势，因为繁殖速度越快、数量越多的动物，被海星吃掉的机会也就越大，海星的捕食为其他动植物在礁石上的附着清理了空间。从这个例子不难看出，管理者的缺席不但会导致生产者数量减少，而且导致整个生态网络的被捕食者竞争力量发生改变。

在黄石公园的灰狼与麋鹿的故事中，灰狼也有相似的作用。黄石公园灰狼消失后，麋鹿种群的迅速扩大不止导致了植被资源的破坏，同时引起了当地另一个物种——河狸数量的减少。河狸是一种生活在水边的啮齿类动物。这种动物水性很好，善于潜水和游泳。为了躲避陆地大小食肉动物，它们挖掘地下通道做窝，窝的开口在水面以下。河狸还是伐木高手，能通过啃咬放倒碗口粗细的大树，啃倒的大树被河狸用于建造堤坝，如图 4-5 所示。在树木的阻挡下，河水流速降低，形成一个相对静止的湖面。湖面的水面升高，河狸窝的开口就可以保持在水面以下。麋鹿数量增加后，河岸边的柳树也成了麋鹿的食物。河狸建筑堤坝的材料匮乏，这让河狸只能离开原来的栖息地。没有了河狸的水坝和水库，河水流速加快，带走很多泥土，水土流失进一步限制了植物生长。

生态系统的高级捕食者在童话中常常是反面角色的代表，包括坏狼、恶虎和狡猾的狐狸。这代表了人类在和自然界斗争中对这些生态系统管理者的态度。人类也是食肉动物中的一员，所以管理者也是人类的竞争者，一不小心还可能成为管理者的食物，所以人类对这些管理者有本能的憎恨。但是若从外部视角观察，我们会发现管理者在生态系统中的作用非常重要。管理者能直接控制被捕食者的数量，而缺少管理者后被捕食者是不会主动控制数量的。一旦某个物种进入"无限增殖"模式，这个物种所需的资源会被迅速消耗，生态系统进入"一家独大"模式后，也会变得更加脆弱。

图 4-5　河狸和它建筑的堤坝

四、正反馈——生与死

本章前面的内容主要讨论的是负反馈调节的作用。负反馈调节就是一个过程的结果会反过来阻碍这个过程发生的调节方式。这种方式让整个过程相对稳定的进行，为系统平稳运行创造了条件。还有一种相反的调节方式，结果会促进过程的发生，即正反馈调节。正反馈调节的效应是放大信号。

正反馈在生活中也很常见。将两部手机相互靠近，用一部给另一部打电话，接通后都打开免提，这时一部手机的声音被另一部手机接收，通过扬声器放大，这个声音再被第一部手机接收，再被放大，几轮下来就会出现强烈刺耳的噪音。两个人吵架时声音会越来越大是同样的道理。

在生物系统中，正反馈调节的是关乎生死的重要事件。真核生物的有丝分裂（见图 4-6）是否发生非常重要。该发生有丝分裂而不发生时，组织、器官无法形成，个体无法发育；相反，不该发生有丝分裂时却发生了，就有形成肿瘤的风险。在成熟动物体中，只有少部分干细胞保有持续分裂的能力，有丝分裂是受到严格控制的事件。有丝分裂的发生依赖一种叫 PMF 的蛋白质复合体，它是一种激酶，能通过激活其他酶起作用。核膜崩解、染色质凝集、纺锤体出现都直接或间接与 PMF 有关。细胞要控制有丝分裂，就要严格控制 PMF，细胞中有很多蛋白质抑制 PMF 的活性，但同时也有一些促进 PMF 活化的蛋白质。一个细胞能不能分裂需要促进和抑制 PMF 的两个阵营投票才能决定，细胞内部和外部的各种信息可以左右投票的结果。不过你会发现，即使投票结果是 PMF 活化一方胜出，细胞分裂的阻力依然很大，那细胞会不会拖泥带水地进行有丝分裂呢？多虑了，只要投票结果是活化一方胜出，一个叫 cdc25 的家伙就会站出来，它是细胞分裂的坚定拥护者，通常被当作狂热分子受到抑制，但只要活化进程开始，cdc25 就会被激活，由它激活 PMF，PMF 再进一步激活 cdc25，同时让那些抑制性蛋白失活。PMF 和 cdc25 的相互激活就是一种正反馈，这种正反馈让细胞迅速走上分裂的路径（见图 4-7 左）。这样一个细胞就只能处在激活或抑制两种可能的分裂状态，不会像其他生理过程一样游移不定。

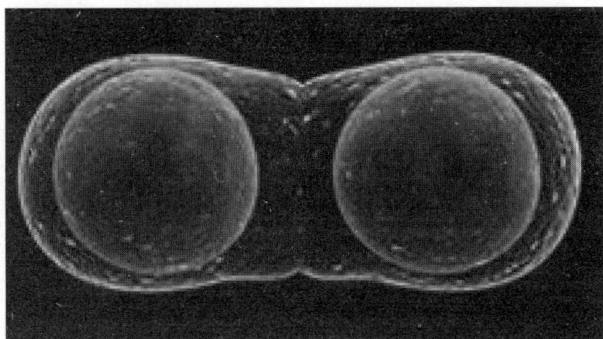

图 4-6 正在分裂的动物细胞

另一个生死攸关的正反馈发生在雌性哺乳动物分娩幼崽的过程中。哺乳动物通过精心孕育和照顾后代幼崽获得竞争优势，雌性动物分娩过程充满艰辛，尤其是人类胎儿头特别大，这就让分娩变得特别困难。在分娩之前，胎儿生活在羊水里，羊水被羊膜包裹，位于母亲的子宫中。胎儿在羊水中被保护得很好，羊水能缓冲外界压力，无菌、恒温，而且胎儿和母亲通过脐带和胎盘连接，母亲与胎儿血液相通，胎儿从母体获得营养和氧气。但是在胎儿的头大到不能离开子宫之前，他就不得不离开这个世界上最安全的地方了。离开子宫之前，羊膜要先破裂，胎盘也要和子宫剥离。分娩过程必须迅速完成，否则胎儿会因为缺氧而失去生命，这可能是人一生中最凶险的时刻，而且这时候的人也几乎没有能力通过自己的努力改变命运，决定生与死的是母亲的子宫。高频和有力的子宫收缩等于生，相反就是悲剧。子宫收缩受母亲下丘脑产生的催产素的控制，催产素可以增强子宫的平滑肌（肌肉的一种）收缩，为胎儿离开子宫提供动力。子宫收缩时，子宫壁上的压力感受器会兴奋，通过神经通路，这个信号被送到下丘脑，下丘脑产生更多的催产素（见图 4-7 右）。在这个正反馈循环中，催产素在体内的含量会迅速提升到分娩启动前的 50 倍以上，让子宫平滑肌产生强大的动力。现代医学有时通过注射催产素加快分娩进程，但是有时这种方法是无效的。子宫平滑肌对催产素不敏感很正常。在怀孕最初的阶段，催产素在体内含量较低，即使这样，如果催产素促进平滑肌收缩引起正反馈，那么催产素含量也会很快升高，这显然会导致早产。机体解决这个问题的方法是在怀孕早期子宫平滑肌没有为催产素准备受体，换句话说就是催产素说什么平滑肌都听不到，只有到胎儿成熟到可以分娩的状态，子宫平滑肌出现催产素受体时才开始对催产素有反应，分娩过程开始启动。

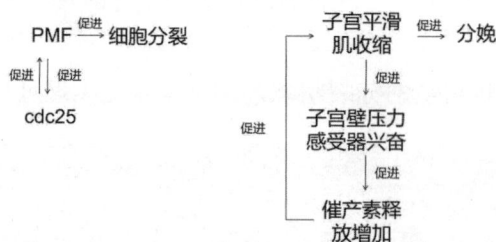

图 4-7　正反馈

　　在生与死的抉择中，正反馈的机制非常重要。这种方法让信号迅速放大，系统快速完成生理过程。

第五章　系统的演化

一、地球系统演化史

"是人改变环境，还是环境改变人"是一个哲学命题，本部分这个命题将被进一步扩大为"是生物改造了环境，还是环境改造了生物"。为了厘清这个问题，生命出现后的几个时间节点被选择出来。

第一个时间节点：能自我复制的系统出现。能够自我复制的系统不一定是生命，它们可能没有现代生命体的形式，物质组成也截然不同。但是有一点可以肯定，就是当一个系统可以利用环境中的物质进行自我复制时，这个系统就会获得"优势"。相对于周围环境，这个系统一定可以同化周围物质，这种复制的结果是系统在数量上不断增长，在质量上不断提高。现代生物都是能复制的系统，最初的可复制系统未必与现代生物相同，但有一点应该是一致的，它们都需要从外界吸收能量。系统复制导致数量增加，这是一种熵减效应，熵减需要从外界吸收能量。一些科学家认为，生命起源于海底热泉口，就是因为在这里生命系统具有稳定的能量来源，但远离能量来源的系统如何获得能量呢？

第二个时间节点：光合作用出现。光合作用能从日光中获取能量，能进行光合作用的生物可以稳定地获取能量。这让生命可以不再局限于黑暗的角落，光明成了最重要的生命条件。原始光合作用不一定产生 O_2，现在也有很多类型的厌氧型光合细菌，它们与植物和蓝藻的不同点是以 H_2S、NH_3 或有机物代替 H_2O 作为供氢体。这些细菌也许是当时光合生物的主流。与其他光合作用相比，产生 O_2 的光合作用至少有两个优势：一是水普遍存在于自然界中，供氢体随处可得；二是产生的 O_2 具有很强的氧化能力，是当时多数生物的抑制剂。这两种优势让蓝藻这种生物爆发，结果是地球大气层中的 O_2 浓度飙升。O_2 浓度的升高让多数厌氧生物灭绝，但是，新的生命形式出现了有氧呼吸的方式，这让生物获得的能量能够被更高效地利用。另外，臭氧开始在大气层中出现，臭氧层吸收阳光中的紫外线，陆地地面紫外线强度开始降低。

第三个时间节点：生物登陆。臭氧层出现前，生物登陆是不可能的。那时的陆地是真正的处女地，不过景象与美洲殖民者所说的大相径庭。没有青翠的森林，没有广袤的草原，没有适宜耕种的土地，有的只是坚硬的岩石或者荒芜的沙漠，所以即使臭氧层出现，陆地仍然不是一个良好的生活环境。但也许生物就是一种勇于探索、不安于自己原有生活环境的存在形式。坚硬的岩石就是它们登陆的第一站。最初登陆的生物是地衣，一种藻、菌共生的生物，如图5-1所示。藻类能进行光合作用，制造有机物；菌能分泌有机酸，分解岩石，为藻类提供矿质元素。这种配合让地衣不但能附着在岩石上，还能把岩石慢慢"吃"掉。岩石逐渐变成土壤，然后又出现了陆生植物、陆生动物，这才是我们熟悉的世界。这个世界有充足的光照和氧气，无论光合作用还是有氧呼吸都进行得更加充分。充足的能量供给让生命这棵大树枝繁叶茂，在竞争中不断有新的智慧产生，其中最高的形式就是人类文明。

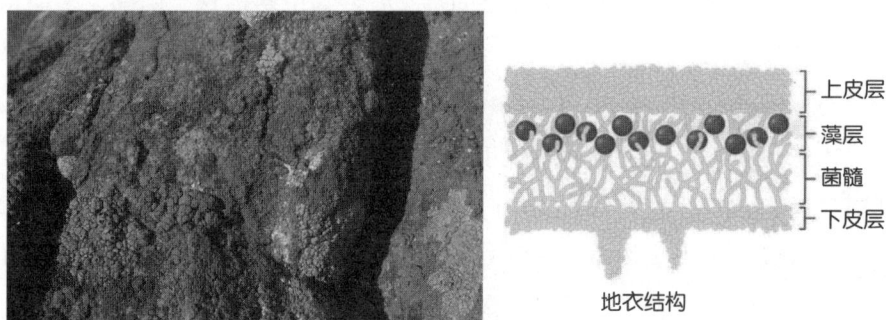

图5-1　地衣及其结构

第四个时间节点：人类文明。人类以一个物种的力量征服了地球陆地，通过熟练地使用工具，人在与其他物种的竞争中占据绝对优势。原始人以猎人的身份游历了各个大洲，引起各种原住大型动物灭绝。后来的人类开始以农、牧业为食物基础，地球上出现了大面积农田和牧场，这引起了其他物种栖息地缩小，导致更大规模的物种灭绝。工业时代，随着大量化石燃料的使用，大气层中CO_2浓度升高，引起地球气温升高。人类发明的塑料不能被自然界中的微生物降解，这种物质在自然界中会不断积累。人类只是地球上的一个物种，对地球的改造也许不如前三个阶段的关键物种，但是人类利用能量的手段上了一个新台阶。也许地球上的生命体已经可以利用人类已知的各种能源形式，但只有人类可以利用所有的能源形式，其中包括热能这种很难被生物利用的能量。

在地球演化的任何一个阶段，都有新的具统治力的生命形式出现。相比于同时代其他生物，它们具有更强的获取能量的能力，这让它们在竞争中胜出。同时，由于它们的兴盛，地球的环境也在发生变化（见图5-2）。

图 5-2 人类文明对地球环境的改变

回到我们最初提到的问题：生物和它所处的环境是彼此纠缠而又完全独立的两条线，相互影响让它们纠缠在一起共同推动地球这个生命系统的演化。

二、分工

在《国富论》中，亚当·斯密（Adam Smith）（见图 5-3）曾论述"分工是国民财富增进的源泉"，其中的原理是分工通过提高生产效率，增加物资产量。在社会这个系统中分工提高效率，在生命系统中这个结论一样成立。一个生命系统的演化过程中也出现各部分分工逐渐明显的现象。

人这个系统演化的起点是受精卵，经过细胞分裂，这个系统会成为一个由 40 万亿～ 60 万亿个细胞形成的系统。这个成就堪比一个人努力打拼，打造出一家跨国大公司。个体的结构也跟大公司类似，公司由不同的人组成部门，部门之间相互配合完成复杂的工作。人体的

图 5-3 亚当·斯密

细胞也是先构成组织，各组织之间彼此配合完成生理功能。不同于公司的是，组成公司的人只是职责不同，本身没有太大差异，相互替换也不是没有可能，但组成人体的细胞却非常不同。举例来说，肌肉细胞和红细胞就有很大的不同。肌肉细胞是长梭形的，可以收缩。红细胞是圆饼形的。肌肉要完成收缩的功能，长梭形最为合适，圆饼性的红细胞在血管里的通过性最好。这两种细胞绝对没有彼此替代的可能。

这个事实我们很容易接受，但是两种细胞都来源于受精卵，同是受精卵分裂产生的细胞，为什么形态和功能上会有差异呢？以红细胞为例，红细胞产生于祖系红细胞，这种细胞能够进行分裂，产生的两个细胞中一个仍然是祖系红细胞，另一个会发生一系列的变化，分化形成红细胞，如图5-4所示。这个过程中祖系红细胞和红细胞是两种截然不同的细胞，前者能够分裂但没有具体功能，后者执行特殊任务但没有分裂能力。前者被称为干细胞，干细胞数量非常少，只占细胞总数的万分之一，但是所有细胞都是由干细胞分裂分化而来。祖系红细胞是干细胞最低的一级，这一级只能分化形成一种细胞。再向上一层是髓样干细胞，再往上是造血干细胞。干细胞每上一个层级都能形成更多类型的细胞，到造血干细胞这个层级就是所有血细胞的源头，如图5-5所示。除了红细胞外，血液中还有很多与免疫相关的细胞都来源于造血干细胞。每一个层级的干细胞都能通过这种保留一个、分化一个的方式，让细胞逐渐趋向专业化，同时保持形成专业化细胞的能力。要是把个体比喻成一支军队，干细胞就是不同军阶的军官。干细胞层级越高，等于军阶越高；管理的士兵越多，等于分化成的细胞越多。这样一层一层地推演，军阶最高的细胞就是受精卵。

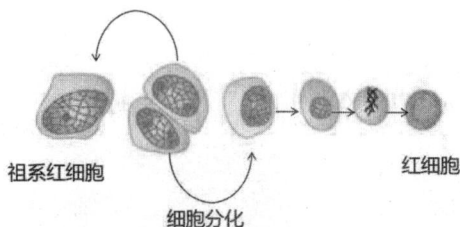

图 5-4　红细胞的形成过程

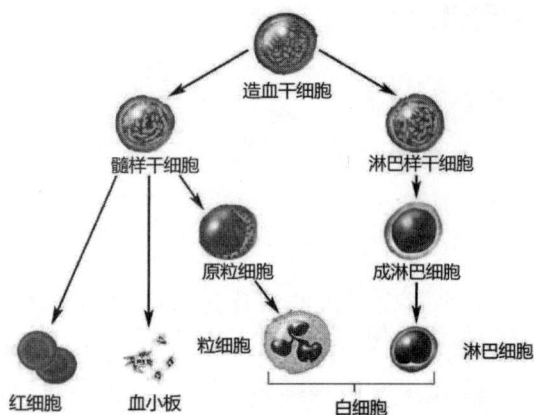

图 5-5　干细胞的分级

但是与一般的干细胞相比，受精卵又有很大不同。如果按照刚才的推演，我们身体里应该还保留有受精卵，这个细胞应该还有形成一支军队的能力。但事实上我们不必担心这种超级干细胞发生兵变，因为受精卵级别的干细胞在进行第三或第四次分裂时就会消失。同卵双胞胎是受精卵进行一次分裂后形成两个细胞独立形成个体，同卵四胞胎是两次分裂后形成的。再往后，受精卵就无法再独立形成个体了，因为它们都已分化。受精卵分化形成胚胎干细胞，这种细胞也很厉害，能分化出所有类型的人体细胞，但这种细胞也只在胚胎早期存在。既然两类级别最高的细胞在身体中不存在，那么我们就不必担心细胞兵变的风险了吧？不行，因为低级军官或者士兵的兵变也很严重。干细胞的分裂和分化会受到严格控制，但有时细胞内控制系统失灵，已经分化为有具体功能的细胞也有可能返回到能进行分裂的状态。这种情况下，细胞会大量增殖，结果就是引发癌症。

以人为代表的多细胞系统，通过细胞分裂和分化，逐渐形成分工明确、配合默契的高效整体。单细胞生命体细胞内部各种细胞器之间也能分工协作，完成复杂的功能。

在生态系统中，不同生物完成不同的功能，这也可以看成一种分工。植物通过光合作用固定有机物，动物直接或间接以植物为食，并将携带植物种子，帮助植物迁徙。微生物分解有机物，将 C、P、N 等元素返还给无机环境，为新生植物生长创造条件。

说这算分工协作完成复杂任务好像有些牵强，完成的任务究竟是什么呢？在人类的眼里这真的不算任务，但是从所有生物共同祖先的角度，这个任务太了不起了。它的后代通过分工协作，将它这种生命形式无限放大，扩展到地球的每一个角落，甚至未来可能被人类带到地球以外形成新的生态系统。通过彼此协作增加生物数量，扩展生存空间，这也许就是整个生命系统的伟大任务。

三、信息安排

安排工作和被安排工作是系统中人的常态。在生命这个系统中，每一个细胞的命运也是如此。受精卵分裂形成的几百亿子细胞，每个细胞都在信息的指引下获得特定的功能。这些安排细胞命运的信息是什么？它们又是如何为细胞安排工作的呢？

人一生中细胞分裂和分化最剧烈的时期就是胚胎期，一个受精卵发展成具有上万亿个、将近千种类型细胞的集合。每个干细胞分裂后，它的两个"儿子"继承了与它完全相同的遗传信息，但是命运可能完全不同，这很可能与这对双胞胎所在的位置有关。在受精卵分裂形成 8 个细胞后，每个细胞都会出现不对称性。这就好像一个皮球，里面有一些沙子，从外面看这个球很圆，但这个球里有沙子的一侧更容易靠近地面。这个比喻不太恰当，因为这个不对称性不是由于地球重力决定的，也并未改变细胞的重心。真正像沙子一样分布不均的是几种信息物质，它们有些聚集在细胞一端，有些聚集在另一端。这种细胞两端物质分布不均的现象被称为细胞极性。具有极性的细胞分裂后就会形成两个不同的细胞，虽然看上去完全一样，但是命运却不同。胚胎 8 细胞阶段要进行受精卵的第四次分裂，分裂本身伴随着第一次细胞分化过程。不要小看这次分化，其中一种细胞已经注定不会参与新生命的建构。细胞继续分裂达到 100 个细胞时，会由于外侧细胞分裂快而内部细胞分裂慢形成一个中空的泡状胚胎，这个胚胎包括外面的滋养层和里面的内细胞团两部分。这两部分细胞就来自于第一次分化形成的两种细胞。滋养层最终形成胎盘，内细胞团最终形成胎儿，滋养层细胞无缘进入新个体，如图 5-6 所示。

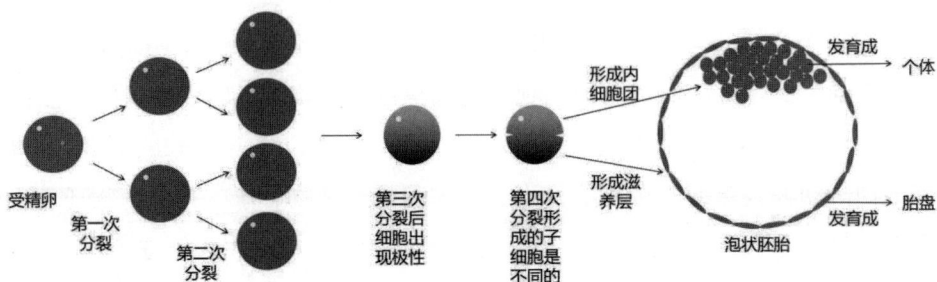

图 5-6　胚胎发育

一个细胞在胚胎期被决定的命运对它存在的时间影响巨大。胎盘中的细胞虽然不会随婴儿出生，但是很多细胞也都有几个月的寿命。反观胎儿细胞，有些产生几天就会走上凋亡的道路，如表皮细胞。寿命最长的是神经细胞，一些神经形成后会陪伴人的一生。神经细胞和表皮细胞一个像是命运的宠儿，另一个是悲剧的代表，但如果追根溯源，这两种细胞却来源于一种干细胞。而且，在这种细胞分裂时，两个子细胞没有任何差别，这与受精卵的第四次分裂发生的分化是不同的。如果没有先天的优势，那么两个细胞的分化方向是如何决定的呢？科学家发现，两种可以相互结合的蛋白——notch 和 δ 会决定两个细胞的命运。这两种蛋白结合后细胞膜上 notch 含量增加而 δ 降低，同时 notch 能够抑制细胞分化。最初 notch 在两个细胞膜上含量相等，δ 也一样。现在假设分裂产生 A、B 两个细胞，两个细胞上 notch 和 δ 接触概率是相等的，这意味着两者应该能够同等程度地促进对方 notch，抑制 δ 和细胞分化，两个细胞势均力敌。但是，概率是一个理论值，实际过程中难免会发生接触不均等的情况。假设 A 细胞有更多的 δ 与 B 上的 notch 结合了，那么 B 细胞的 notch 就会多于 A，δ 少于 A。这会造成 A 上的 δ 与 B 上的 notch 结合概率更大，B 细胞的 notch 进一步增加，δ 进一步减少。A 最终分化成神经细胞，而 B 分化成表皮细胞。两者最初随机接触让本来的势均力敌转变为一边倒的局面，从此一个细胞走向获得终身成就的道路，另一个黯然离场，如图 5-7 所示。

不过 A 细胞距离终身成就还很远。刚分裂形成的 A 细胞只是一个神经干细胞，没有神经元修长的身材，也不与其他细胞连接，形成网络。A 细胞是个小肉丸的形状，这与它的功能相关。A 形成的位置并不是它最终定居的位置。A 细胞要经历漫长的迁徙过程才能完成终身成就的第一步。神经元细胞的大规模迁徙是很复杂的。在迁徙的路线上，有很多信息物质为 A 细胞提供信号指引。这就像公路上有很多路标，按着路标走就能到达目的地。A 细胞在合适的位置分裂分化，分化中 A 细胞膜开始向外突起，像种子生根一样。这些突起延伸的方向也由信号物质引导。神经细胞定位在合适的部位，并通过突起与靶细胞建立联系，这种联系一旦确定，靶细胞会释放信号物质。这时细胞才获得了终身成就，没有与靶细胞连接的神经细胞都会发生细胞凋亡。

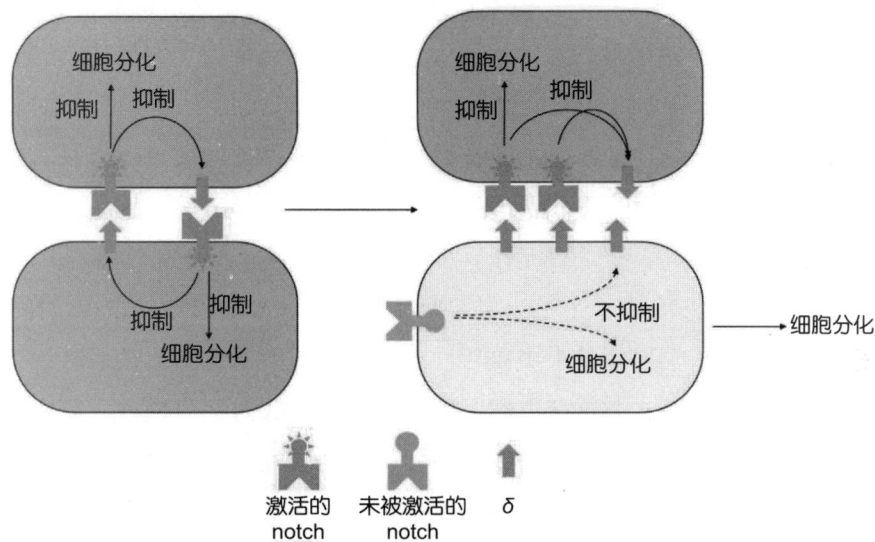

图 5-7 δ 与 notch 决定的细胞分化

细胞的命运是信息安排的，其中有的是在细胞分裂前就注定的，有的是随机事件，也有连续的布局和精巧的设计。

四、愈合的伤口

一个生命系统难免受到损伤，所以修复机制非常重要。典型的例子就是伤口会很快愈合。伤口刚刚出现的时候，伤口处形成血栓，纤维蛋白构成网，血细胞堵在网眼里。通过这种堵的方式，抑制血液流出和病原体入侵。紧接着，伤口周围的干细胞被激活，开始分裂分化，形成新生组织。新的皮肤、肌肉开始形成，神经和血管再将它们与机体连接。原来的血栓被蛋白酶消化，死亡的细胞被巨噬细胞吞噬。这个过程是系统的建构和演化的重演。在生态系统中，这种系统破坏和重建过程也很常见。

1986 年 4 月 26 日，位于乌克兰境内的切尔诺贝利核电站发生事故。核电站的事故引起了连续爆炸，释放的射线剂量是广岛原子弹的 400 倍以上。火灾和放射性浮尘对周围环境产生毁灭性的影响。当时没有进行科学考察的可能，但可以推测，距离事故最近的生物绝无生存的可能，因为当地的放射性强度比致死放射量高 40 倍。从事后的航空照片看，核电站附近的松林呈红色，被称为"红树林"，如图 5-8 所示。这是松树遭受强烈辐射后死亡导致的。现在，"红树林"成了核爆恐怖后果的代名词。爆炸点方圆 30 千米以内的居民被迫迁出，该区域被划为隔离区。尽管如此，仍有 20 万以上的人因此患病或死亡。

切尔诺贝利核电站的事故给当事人造成了严重的生理和心理创伤，爆炸多年后，核事故在人们心中的阴影仍然挥之不去，但是自然界的伤口已经愈合。新生的植被旺盛生长，原来的厂区被植物入侵，建筑融入新形成的森林中，形成独特的生态景观。红树林里出现了很多野生动物，棕熊、野牛、狼、猞猁、普氏野马，以及两百多种鸟类在这里自由生活。由于是人类的禁区，这里的野生动物反而比原来更多。它们像替代了原来在厂区生活的人类，成了这里的主人。

在人类主宰这块土地时，一切都是设计的。植物的种类、植物的分布都由人决定，植物的作用只是点缀城市。动物除了是人类的食物，就是人类的宠物，能够讨好人类的生物，就能在这里生存。核辐射驱除人类以后，自然选择的力量重新主宰了这片土地，植物之间相互竞争，更高大的乔木占据获取阳光的优势，逐渐成为优势物种。其他植物只有能够适应阴暗环境才能继续留在这个生态系统中。植物类型确定后，适应这个环境的动物会被保留，其他动物或者离开或者死去。不同物种相互适应，生态系统重生了。这是生态系统的演化与细胞和个体演化的最大差异。生态系统的演化没有一个预先制定好的蓝图，是组成这个系统所有元素互动和相互选择的结果。同一地区进行两次演化最终形成的生态系统也许结构相似，但是物种组成却会出现差异（见图 5-9）。

图 5-8　红树林

图 5-9　切尔诺贝利的次生演替

现在的切尔诺贝利虽然看起来生机勃勃，但是事故附近的辐射量仍高于一般地区。对这一地区的动物调查发现，鸟类和小型哺乳动物的大脑都偏小，在核辐射高危区，有 40% 的鸟类缺乏生育能力。红树林的树木生长速度明显较慢，而且死亡 10 ~ 15 年后的树木仍然不会腐烂，这要比相似的森林慢得多。科学家注意到，红树林缺乏细菌和真菌等分解者，这有可能是辐射量较高导致的。死亡的植物无法被分解，矿质元素被储存在植物遗体中，这使得新生植物无法得到营养，从而导致生长减缓。在没有兴建核电站之前，切尔诺贝利也许是野生动物的理想家园，人类的活动改变和破坏了原有自然环境，这种改变随着人类的离开而逆转。但是，辐射这个环境因素阻碍了生态恢复的步伐。也许有一天，这里的辐射会下降到不再影响生态系统的水平，到那时人类对切尔诺贝利的影响将彻底消失。但是，并不是人类对生态环境的所有影响都能逆转，在下一章中我们会讲述相关的问题。

切尔诺贝利就像一个正在愈合的伤口。那些因为事故而凋零的生命对于生态系统而言只是新陈代谢的一种形式，他们已经被新的生命取代，就像伤口的细胞会被新生细胞取代一样。但这些生命写在人类的共同记忆中，他们中有人因鲁莽惹下大祸，有人不顾安危保护家园，有人忍着一身病痛背井离乡……他们写下的历史会被人类记住，用来防止类似灾难的发生。

第六章 系统失调与溃散

一、失调

系统演化到一个相对稳定的阶段以后，组成系统的所有成分将会相互制约，去除某一成分可能引起连锁反应。

麦夸里岛是澳大利亚的一座岛（见图6-1），19世纪之前这里没有人类居住，岛上有一些稀有的鸟类，还有海豹。19世纪，有人开始上岛捕猎海豹，他们还带去了一些常见动物——兔子、猫和老鼠。这些动物导致海鸟数量减少。兔子吃掉了大量的草，导致了土地荒芜，这对在地上筑巢的鸟类影响特别大。于是在20世纪60年代，动物保护主义者决心去除这些兔子。他们使用了生物武器——兔黏液瘤病毒。兔子的数量从13万只减少到1万只。可是海鸟的命运并没有改变。兔子少了以后，猫的食谱发生了变化。本来猫主要以兔子为食，现在吃不到兔子的猫只能去吃那些珍贵的鸟。动物保护主义者又不得不杀死猫。2000年，岛上的猫没有了，兔子数量马上又上来了，而且这些兔子是经历过病毒选择的，根本没法再用原来的方法除掉它们……

图6-1 麦夸里岛上的企鹅和兔子洞

人体系统的问题有时比生态系统更为复杂。人体系统除由人体细胞构成的各种组织、器官以外，还包括大量的微生物。共生的微生物比组成一个人的体细胞数量还多。这些微生物多数对人体无害，当然有些微生物会引起人类的疾病。在人类发明抗生素前，外伤感染致死率很高，肺结核等于不治之症。抗生素在对抗细菌和真菌引起的疾病上效果非常明显，让人类平均寿命至少增加 10 年，被称为人类医疗史上最重要的发明也不为过。但是，抗生素在杀死致病微生物的同时，也会抑制那些无辜的微生物，尤其是肠道菌群。正常条件下肠道中的微生物种类及比例比较稳定，这是它们与人类和平共处的基础。抗生素对人体细胞没有危害，却能改变微生物之间的平衡关系。艰难梭状芽孢杆菌是肠道菌群的成分之一，正常条件下比例很低。这种细菌对氨苄青霉素的抗性很强，服用这种抗生素后，其他肠道微生物被抑制，为艰难梭状芽孢杆菌的大量增殖创造了条件。艰难梭状芽孢杆菌可产生外毒素，少量的外毒素对人体并没有什么影响，但大量的外毒素会损伤肠壁细胞，还会引起免疫系统攻击肠壁细胞，造成腹泻。这还只是对一个个体的影响，人类开始使用抗生素还产生了两个附加结果：一是微生物耐药性出现；二是与人类共生的微生物种类减少。这让人类面临很大麻烦，经过抗生素筛选产生的超级耐药微生物会让人类无药可用。而一些长期与人类共生的微生物的消失可能与过敏、肥胖、抑郁症等疾病的发生有密切的关系。

就人体自身系统而言，各系统之间也必须通过负反馈调节维持各种物质或状态的相对稳定。其中免疫系统的平衡是非常重要的。"提高免疫力"这句话常被人说起，但有时免疫力过高非常可怕。这是因为免疫功能之一是攻击和杀伤自身细胞，免疫力过强会导致对自体细胞的强烈攻击。一些致死性强的传染病，致死原因并不是病原体本身的活动，而是这些病原体引发的过度免疫。2019 年发现的新型冠状病毒是一种让人类陷入恐慌的病原体，其特点是传染性强、致死率较高。一些患者在感染病毒后体内产生了大量的细胞因子。细胞因子在正常人体中起到激活免疫系统的作用，但过多的细胞因子会引发免疫系统对自身细胞的强烈攻击，这种细胞因子风暴才是引发患者死亡的真正原因。相反，一些病毒会降低机体免疫能力，典型的例子就是 HIV 病毒。这种病毒通过抑制辅助 T 细胞导致人体免疫功能下降，辅助 T 细胞就是一种能释放细胞因子的细胞。而埃博拉病毒更是能把这两种技能集于一身，成为杀人机器。埃博拉病毒会进入一种抗原呈递细胞，抗原呈递细胞是病原体的报告者，埃博拉病毒的行为就像窃贼潜入前破坏监控摄像头，这样人体就不会产生针对埃博拉病毒的免疫。等到埃博拉病毒大量增殖的时候，它们就会触发强烈的细胞因子风暴，随后引起的免疫攻击血管壁，造成血液渗出，人体各处出现出血症状。埃博拉病毒的致死率高达 88%，不过也正是因为这种病毒对人类的强致死性，才让这种可怕的病毒不能在人群中传播。随宿主的死亡，病毒的传播途径也会中断。

失调的后果非常可怕，常常会导致一个系统的稳定性下降，甚至完全崩溃。

二、褪色的大堡礁

大堡礁是著名的旅游胜地，它是沿着澳大利亚东北海岸分布的世界上最大的珊瑚礁区，长逾 2 000 千米，距海岸约 16～300 千米，400 多种形态多样、色彩缤纷的珊瑚分布在温暖的浅海中。珊瑚为其他生物创造共同家园，有超过 1 620 种鱼类、2 000 种海绵、14 种海蛇、300 多种软体动物物种、630 种棘皮动物和 500 种海洋藻类共同生活在这里，形成了地球上最复杂、生物多样性最高的生态系统。2017 年，大堡礁珊瑚出现了大量漂白事件，五颜六色的珊瑚突然褪去颜色（见图 6-2），到底发生了什么事情呢？

图 6-2　褪色前后的大堡礁

要解释珊瑚漂白现象，我们需要先近距离观察珊瑚。珊瑚并不是生物，它是珊瑚虫的外骨骼。珊瑚虫属于腔肠动物门珊瑚纲，腔肠动物的另一个代表是水母，这两种生物在结构上有相似之处，珊瑚虫像一个微小水母（珊瑚虫一般只有几厘米），倒坐在自己的外骨骼里。没有外骨骼的水母在水中自由漂泊，而珊瑚虫却一生定居在自己构建的房子里。珊瑚虫在生长过程中吸收海水中的钙和二氧化碳，分泌碳酸钙作为外骨骼。外骨骼在珊瑚虫死后不会消失，新一代的珊瑚虫就在老一代珊瑚虫的外骨骼上继续盖房子，这样一层一层堆积的外骨骼最终形成了珊瑚。

珊瑚虫像建筑师一样，为海底城市建造了珊瑚这种大型建筑，一些珊瑚群甚至会形成岛屿。海底建筑为很多鱼类提供了生活场景，鱼类在这里更容易躲避天敌和获取食物，它们的聚集锁住了生命必需的元素。充足的阳光、温暖的海水加上生命必需元素的积累让珊瑚礁所在海域生机勃勃。珊瑚虫能够从海水中获得食物，但是它们获取能量的更主要方法是从与它们共生的小伙伴那里获取。小伙伴的名字叫虫黄藻，是一种单细胞藻类。虫黄藻能在珊瑚虫细胞内生活，为珊瑚虫提供葡萄糖、甘油、氨基酸、氧气等光合产物。作为回报，珊瑚为虫黄藻提供保护、居所。珊瑚虫所需能量的 90% 来自于虫黄藻。珊瑚礁生态系统中一些鱼类和海星以珊瑚虫为食，所以虫黄藻和珊瑚虫的共生体也是这个生态系统的生产者之一。海水温度升高会导致虫黄藻离开珊瑚虫，珊瑚就会失去多彩的颜色，这就是珊瑚漂白的原因。短期的漂白是可以恢复的，毕竟珊瑚虫还有一些从外界获取有机物的能力，只要气温恢复，珊瑚虫就能重新获得共生藻，但是长时间的漂白会导致珊瑚虫营养不良而最终死亡。

人类观测到的大堡礁白化事件共有 4 次，分别发生在 1998 年、2002 年、2016 年和 2017 年。前两次影响范围较小，2004 年，科学家已经观察到漂白的珊瑚礁出现恢复的迹象。2016 年和 2017 年，大堡礁三分之二的珊瑚受到了高温天气影响，很多珊瑚已经无法恢复。这不仅影响了澳大利亚的旅游业，同时珊瑚礁生态系统也面临巨大的危机。直接受到影响的是以珊瑚虫为食的动物，但这只是前奏。珊瑚会被海水侵蚀，海浪也对珊瑚有惊人的破坏力，只有靠珊瑚虫不断繁殖，才能抵消海水对珊瑚的消耗。珊瑚不可逆的白化表明珊瑚虫已经死亡，这意味着珊瑚只会不断被消减。栖息环境被破坏后，珊瑚礁原住生物的数量和多样性都将下降。

与系统失调可能导致的系统溃散不同，珊瑚礁生态系统可能的溃散源于维持这一生态系统的基石受到的直接打击。在生态系统中，生态系统基石遭到破坏的案例屡见不鲜。外来的入侵物种会对本地生态系统的生产者产生直接影响。葛根是一种原产于中国的植物，它们能够顺着其他植物的树干攀爬而且生长迅速。1935 年，为了防止水土流失，美国开始大面积种植葛根，但随后葛根的发展失控了。当地没有动物喜欢吃这种植物，同时由于攀爬能力强，葛根能够爬到乔木顶端获取光能，当地植物在与葛根的竞争中节节败退。葛根为当地带去的不是欣欣向荣的绿色，而是单调乏味，如图 6-3 所示。

图 6-3　葛根入侵美国

人类活动也是破坏生态系统基石的重要力量，这种破坏同样会对人类的发展形成反制，后面我们会看到自然界反制人类产生的可怕后果。

三、消失的文明

复活节岛位于南太平洋东部，该岛以近千尊巨大的石雕人像著名，这也是该岛最神秘的地方，如图 6-4 所示。1774 年，英国航海家詹姆斯·库克（James Cook）船长访问复活节岛时情景是这样的，岛上的居民只有 2 000 人，整个岛只有 3 条简陋的小船，长仅 3 米，最多乘坐两个人，还会漏水。这样的小船只能在岸边行驶，不可能到深海去。岛上土壤非常贫瘠，当地居民只能种植甘薯，这是他们主要的食物来源。可以说复活节岛的居民一直生活在饥饿状态中。这样差的生产水平与巨大宏伟的石像形成了极大反差。石像意味着先进的文明，但怎么也看不出小岛有先进的样子。

当代的科学家通过花粉遗迹发现复活节岛曾经是一片富饶的土地。花粉壁中所含有的胞粉素是细胞外壁的主要成分，化学性质特别稳定，能保护土壤中的花粉颗粒不被破坏，这些花粉最终会形成化石。不同植物的花粉形态结构有所不同，根据在显微镜下观察到的土壤花粉化石可以推测曾经出现过的植物种类。通过这种手段科学家发现在人类出现之前，复活节岛是被森林覆盖的，有棕榈树、托罗密罗树和其他高大树木。而现在的复活节岛只有 47 种高等植物，而且多数都是矮小的草本植物，如图 6-5 所示。在公元 800 年以后，棕榈树开始减少，15 世纪初棕榈树在复活节岛绝迹。棕榈树灭绝的原因是什么呢？

图 6-4　复活节岛石像

图 6-5　复活节岛生态环境

一些人类学家通过分析古代垃圾找到了答案。公元 900—1300 年，海豚骨大量出现在垃圾中，这说明海豚是当地居民的食物来源。海豚生活在深海，所以古代复活节岛居民具有航海技术，这种技术需要大型船只，而制作船只的原料就是棕榈树。岛民通过渔业过着富足的生活，人口逐渐增加，从公元 1200 年开始，岛民建造巨型石像，岛上文明进入繁荣阶段。造船和捕鱼是复活节岛繁荣的原因，也是它衰落的原因。食物的增加导致人口爆炸，人口爆炸导致更多的食物需求，岛民们需要更多的棕榈树建造船只出海捕鱼，这导致了棕榈树在岛上灭绝。这样远海的渔业也不能维持，人们只得开始种植甘薯等农作物。但是由于大型树木被砍伐导致了严重的水土流失，土壤也不适于耕种。据估计，复活节岛人口曾经达到 8 000 ～ 20 000 人，但是 15 世纪以后人口锐减，只能维持在 2 000 人左右的水平，曾经繁荣的文明就此终结。

　　复活节岛文明的衰落并不是个例，美洲丛林中掩埋了一个更庞大、更先进、持续时间更长的文明——玛雅文明。玛雅人有自己的文字，在石碑上刻着精美的图案和灿烂的历史。他们修建了高达 30 米的金字塔和神庙，如图 6-6 所示。但是如此先进的文明却在一千多年前戛然而止。对玛雅失落之谜一直有各种解释，一些生态学家认为玛雅文明消失的原因与玛雅人的生活方式有关。玛雅人在进行农业生产时先把雨林中的树木砍倒，干燥一段时间以后放火焚毁，用草木灰做肥料。这种农业在当时是很先进的，农业产出让玛雅人口大增。从公元前 400 年玛雅人口就开始迅速增长，到衰落时人口总数达到 500 万，相当于现代发达地区的人口密度。但人口增长需要更多的食物支持，人们只能更多地毁林开荒。

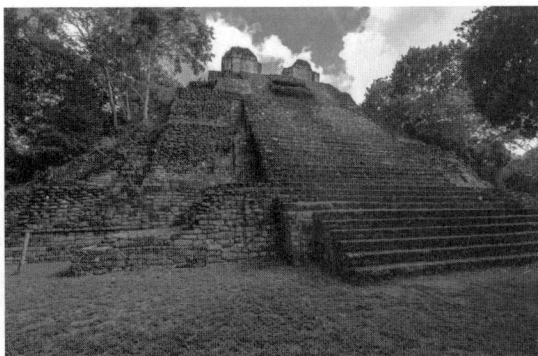

图 6-6　玛雅金字塔遗迹

　　玛雅地处热带，气候特别适合植物生长，所以自然条件下，玛雅是热带雨林的状态。在热带雨林中，生物的种类和数量都非常多，优势物种是各种参天蔽日的树木，其他植物使用攀缘、寄生、阴生等生存技巧，在雨林中占据一席之地。由于水分和光照适宜，各物种生长速度都非常快，其中植物生长会吸收土壤中大量的无机盐，这让热带雨林土壤贫瘠。玛雅人的农业方式使得林木中的无机盐返回土壤，所以刚开荒时农田产量很高。但是农作物固定无机盐的能力比雨林中的树木低得多。在热带雨林状态下，生物体死亡后组成元素很快被释放，这些元素会立刻被周围生物吸收，各种矿质元素在系统内部循环利用。失去热带雨林后，土壤中的矿质元素会随水土流失离开这一地区。玛雅农业给元素循环提供了出口，却不能从外界获取新的元素，这样的新循环导致矿质元素持续减少，粮食因此减产，到了无法再满足人口需求时，玛雅文明便衰落了，玛雅人放弃了自己创造的灿烂文明，返回了丛林。

　　农业是文明的基础，土壤又是农业的基础。玛雅和复活节岛曾经拥有发达的技术，但这种技术榨干了文明赖以生存的土壤。当维持一个系统的底层要素受到系统发展的破坏时，这个系统演化的方向注定是灭亡。

两种古代文明的衰落是否为现代人类文明敲响了警钟呢？

四、什么是死亡

生命是一个低熵系统，它要不断从外界获取能量维持低熵状态。为此，它必须一方面从外界获取信息，另一方面通过调节维持系统内部的平衡。运行良好的系统通过演化扩展系统。相反，失衡会导致系统死亡。什么是死亡？低熵系统熵增的过程就是死亡。

细胞有两种死亡方式：细胞凋亡和细胞坏死，如图 6-7 所示。两者结果相同，都是一个细胞的消亡。但在微观尺度上观察两者区别很大。凋亡后细胞形成很多生物膜包裹的小泡，过程很像一个大肥皂泡断裂形成一连串小肥皂泡，这些小泡会跟周围细胞发生融合。细胞坏死就像把那个大肥皂泡扎破一样，细胞一下爆开了，里面的物质被释放出来。其中的大分子物质是周围的细胞一般无法直接接受的，机体需要指派吞噬细胞去处理。在坏死细胞的附近出现大量的趋化因子，这种信号指引吞噬细胞赶往事故现场。这个事件最终会以炎症的方式汇报给人体，就是坏死细胞引发的红肿、疼痛。对于细胞这个系统而言，无论凋亡还是坏死，它们一生经营聚集的物质都将被耗散。但是对于人体这个更大的系统来说，这些物质仍然聚集在系统内部。所以，包括人类在内的多细胞生命体都将细胞凋亡的信息写进了遗传信息编码中，虽然开启这段编码的细胞会死亡，但是却对整个个体的生存有积极意义。

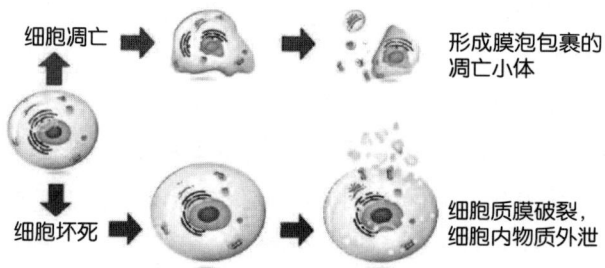

图 6-7　细胞凋亡与细胞坏死

细胞凋亡的例子有助于理解死亡。个体死亡的结果是这个个体不再有维持自己系统低熵的能力，但是从生态系统的角度来说，个体耗散的物质却不能轻易离开这个系统。在热带雨林里，没有一点元素会被轻易浪费，一片落叶会被微生物迅速分解，然后成为植物之间相互争夺的资源。沙漠中的绿洲有独立于沙漠的小气候，绿洲的水能为植物生长提供条件，而植物又起到保水的作用。生态系统可以看作高于个体的生命存在形式。与个体相同，生态系统也是通过获得能量聚集物质。而生态系统也面临着死亡威胁，系统失调最终会传递到生态系统的基石。当生产者大量死亡时，生态系统获取能量的能力将大幅下降。这影响了生态系统聚集物质的效果，元素的流失会进一步导致生产者死亡。当世界上的元素均匀分布时，所有的生态系统都会死亡。

但是，这种大规模的熵增情况在以亿年为衡量尺度的未来都不太可能出现。一个生态系统可能死亡，但它的物质会被聚集到另一个生态系统中，就像细胞凋亡后被周围细胞吸收一样。生命系统是反熵增的，而现阶段地球反熵增的能量主要来源于太阳能。在地球元素守恒的条件下，光能的输入会导致有序性的增加而不是相反。即使短暂地停止光照，地球的生命系统也不会中断。科学家推测白垩纪恐龙灭绝的原因是一颗直径 10 千米的小行星撞击了地球，如果撞击真的发生，那么爆炸会产生大量尘埃，阳光被遮挡数月之久，大地一片黑暗，植物死亡。即使如此，地球生命系统还是延续到了今天。

35 亿年前，从一个单细胞开始，生命系统出现。它是一个以 DNA 为信息载体的系统，能够不断复制。它的后代开枝散叶形成形形色色的生物体。经过漫长的演化，后代们适应各种生存环境，遍及地球每一个角落。它们之间彼此竞争，形成越来越强的获取能量的能力。虽然个体会死亡，但是祖先细胞的生命形式一直没有间断过。生命个体会死亡，物质会消散，但这些物质很快会被新的生命利用。生命在地球延续了 35 亿年，从未死亡。

今天，人类智慧让地球生命获得了星际旅行的潜能。祖先细胞发源于地球幽暗的角落，但是它的后代通过不断探索遍布整个星球。未来地球生命形式也可能突破地球的疆界，开始宇宙范围内的探索。这样即使有一天太阳熄灭，地球生命仍然可以在更大范围内延续下去，这样看生命是永生的。

真的是这样吗？生命系统用于对抗熵增的能量恰巧来自于其他系统熵增的过程。一个食肉动物通过捕食获得有机物，这些有机物中的能量可以维持自身的低熵，但代价是被捕食者的熵增。同样，地球生态系统通过吸收太阳能实现熵减，但太阳释放能量的过程是一个熵增过程。如果把地球生态系统和太阳看成一个系统，总的熵值还是增加的。当太阳核燃料燃烧殆尽，地球生态系统将不会再有能量输入，这个孤立的系统熵值不断增加，只有前往其他星球才能逃脱死亡命运。

但是，宇宙也许也是一个孤立系统，熵值也只能增加，即使地球生命散布到整个宇宙，也无法逃脱最终死亡的命运。熵增是宇宙的最终宿命，也决定了宇宙中所有生命系统的命运。

第二编
适应：生命的主旋律

引言　适合，但不完美

生命有着令人炫目的多样性，但背后又蕴藏着令人惊叹的共性，适应就是其中之一。

按达尔文自然选择学说的观点，适者生存，不适者淘汰，现存的生物都意味着是适应环境的，否则它们将被无情地淘汰。

地球上已被发现和被科学家命名的生物大约有 190 万种，而存在于地球上的物种的数量，据推测在 500 万到 5000 万。如果算上微生物，物种数量会大幅增加，增到何种程度则完全无法确定。据科学家估计，从 6 亿年前至今，至少已有 20 亿种生物在地球上出现过，而其中 99.9% 的物种现在已经灭绝。为什么它们会灭绝？显而易见是它们不能适应变化着的环境。

适应无处不在，它们表现在生物的形态结构、生理功能、繁殖等方方面面。例如，植物中虫媒花的构造、颜色、花蜜、香气等与昆虫的传粉是相适应的；由风传播的种子，像蒲公英的种子，在果实上生着毛茸茸的白色纤维适于被风吹走；由动物传播的种子，如窃衣和鬼针草的种子，果实上有刺，很容易附着在动物身上；鸟类与昆虫有着适于飞翔的翅膀，鲸、鱼类则有着与水中生活相适应的形态结构与生理特征。达尔文考察过的加拉帕戈斯群岛上的地雀拥有不同形状的喙，这些不同的喙适应着它们吃不同的食物。在雨季，较细长的喙能帮助地雀吃到它们喜欢的食物，如仙人掌果和蜱虫，但在干旱期，较粗短的喙能帮助它们吃到不太理想的食物，如较坚硬且营养也不太丰富的种子。

生命体的适应还表现在细胞成分、生理乃至基因与基因的表达等方面。极寒水域中生存的冰鱼形成了抗冻蛋白；高温热泉中的嗜热菌进化出了耐高温的酶；大肠杆菌等微生物则能有什么营养就合成什么酶；生物还能通过核酸的甲基化修饰等表观遗传来适应变化的环境。

适应的意义在于让自己活下去，让种族繁衍下去。因此，生存与繁殖是适应的永恒主题。

但是，适应总是相对的。老鼠在现今世界上可谓是个"大家族"，它们听觉灵敏，奔跑如飞，有时能躲过猫的袭击，迅速钻进洞内。但蛇却可根据其头部的热定位器，准确地找到鼠洞，登门食之。这样，老鼠虽然侥幸躲过了猫，但会丧生于蛇口。浑身长满硬刺的刺猬，一旦遭敌，整个身体就形成刺球，把头等部位保护起来，一般的敌人在它面前常常束手无策，而狐却能撒其尿液，把刺猬"熏"得舒展开，这时狐就咬住其腹部，继而将其作为美食。蛾类结茧，固然有利于保护自身，然而棉红铃虫的悲剧就恰恰出在茧上，金小蜂正是借助于茧对棉红铃虫的束缚作用，顺利地将卵产到它的体内。"作茧自缚"可谓是棉红铃虫的真实写照。仙人掌的叶退化成刺，减少了蒸腾面积，并在肉质茎中贮有大量的水，以适应干旱的环境。它虽有含大量叶绿体的茎来行使光合作用的功能，但其光合作用的强度相对阔叶植物已明显减弱。在加拉帕戈斯群岛上的地雀，粗喙不便于吃仙人掌果，细喙不便于吃坚硬的种子，不粗不细的喙吃这两种食物都不方便。在人类身上，短腿有利于在寒冷气候下保存热量，但不利于长距离高效行走或奔跑。

所以，适应追求的不是完美，而是妥协，而且在某一方面选择了适应，就往往在另一方面付出代价，这样的代价也就抵消了它们带来的好处。生物的每个个体都是适应环境的，但它们同时又都是不完美的。自然选择不断推动生物向着最优进化，但最优几乎总是不可能达到的。

适合，但不完美，这就是最好的结果。

本编不准备系统讲述适应的方方面面，而是通过一些典型的故事与事例，与读者分享对适应的理解。生存与繁殖是适应的两个永恒主题，我们在第七章与第八章中讲述的是生物为了生存与繁殖进行拼力的故事。适应是相对的，进化的过程中需要包容与妥协，这是第九章的内容。生物仅因环境变化而获得的性状改变称为获得性，获得性显然也是一种适应，分子遗传学告诉我们，如果遗传物质没有改变，获得性是不可遗传的。但表观遗传揭示了获得性也可以遗传。第十章中我们将讲述表观遗传的几个典型事例。

第七章　为了生存拼力

地球上的生命可谓是无处不在。从海底热泉到极地冰层，从盐湖到冷凝水，从深达万米的马里亚纳海沟到喜马拉雅山山顶，从几十千米高空到地下几千米的岩层，都能找到生命的踪影。生命体既能在沸腾的水里生存，也能在冰天雪地里泰然自若，既不害怕具有腐蚀性的硫酸，也对有着致死压强的深海毫不畏惧。例如，嗜盐菌可以在含盐饱和的盐湖中存活；嗜酸古菌可以在 pH 为 0 的环境中生长；而嗜碱生物则能生存在富含碳酸盐的碱水湖里；目前已知的超嗜热生物能够在 113℃ 的高温下繁殖。

在漫长的进化岁月中，自然选择造就了生物的适应。

一、冰鱼与林蛙的故事

布韦岛（Bouvet Island）是南太平洋上的一个小岛，大约在非洲好望角西南方 2 500 千米、南美洲合恩角以东 4 800 千米处。小岛覆盖着数百米厚的冰层，边缘是黑色的火山岩形成的险峻峭壁，平均温度在冰点以下。这里人迹罕至，18 世纪 70 年代，库克船长率领皇家海军舰艇"果敢号"在南极海域探险时，两度试图找到这个小岛都没有成功。1928年，挪威探险船"挪威号"登陆布韦岛，船上的一位生物学家迪特里夫·路斯塔德在这儿捉到了一些外形相当奇特的鱼，当地捕鲸者称之为"魔鬼鱼"或"冰鱼"，如图 7-1 所示。

图 7-1　眼斑雪冰鱼

被路斯塔德捕捉到的冰鱼有大大的眼睛和长着长牙的嘴，纤细的鱼鳍骨上覆盖着透明的膜。它没有鳞片，而且某些部位洁白如雪，其他部位则是半透明的。当路斯塔德把鱼剖开的时候，他发现鱼的血液也是白色的——完全不带一点儿红色。这条冰鱼的鳃也很奇特，它们白而柔软，就像香草雪糕一样，相比而言，鳕鱼的鳃是红酒般的深红色，充满了富含氧气的血液。

此后，路斯塔德的同窗鲁德来到南极，希望对这种冰鱼加以研究，以解开它们的血液之谜。他在南乔治亚岛设置了临时实验室，不久就获得了一些珍贵的标本，并小心分析它们身上奇特的血液。他的研究报告在 1954 年发表，研究结果是：这些南极冰鱼没有红细胞！在这之前人们认为，所有脊椎动物血液中都有红细胞，因为需要红细胞携氧，没有这些携氧细胞，脊椎动物将无法生存。人类的贫血，就是因为红细胞数量不足导致的病症。

红细胞之所以重要，是因为它含有大量血红蛋白，血红蛋白是富含铁的蛋白质，在血液循环过程中，细胞用它吸收和释放氧气。

南极冰鱼没有红细胞，它们的血液中没有血红蛋白，那么冰鱼如何生存呢？起初，生物学家认为冰鱼可能通过鳃和极薄的皮肤吸收了许多溶解在海水中的氧，因此它们可以抛弃那些大而柔软的红细胞，冰鱼苍白的血液是对南极冰冷而富含氧气的水环境的典型适应特征。而且，生物学家还推测，较稀薄的血液在身体中循环流动的时候阻力比较小，而节约能量消耗也有利于生存，尤其是在极端环境里。

鲁德首次检验冰鱼血液的四十多年后，研究者们通过 DNA 的比对分析发现：通常有两个基因与血红蛋白中珠蛋白的合成有关，但在冰鱼身上这两个基因一个彻底消失了，另一个仅存无功能的基因残骸。

冰鱼为什么舍弃了这两个基因？这是海洋的温度和洋流的长期巨变造成的。

在 5 500 万年前，南极海域温度下降，某些地方的温度从 20℃降到 -1℃以下。在 3 400 万到 3 300 万年前，地壳的大陆板块移动，使得南极洲自南美洲顶端分离出去，完全为海洋包围。海流随之变化，南极洲周围的海域被隔断，从而限制了鱼类的迁徙，它们若不能适应变化了的环境就会灭绝，而这也正是当时大多数鱼类的命运。冰鱼是少数绝境逢生的物种。

在南极冰冷的海水里，生物体液的黏性会增加，难以在体内流动。大多数生活在南极的鱼类以降低循环血液中红细胞的比容（一定量的血液中红细胞所占的体积比）来克服这个难题。人类的血红细胞的比容大约为 45%，红血的南极鱼类的血红细胞的比容是 15%～18%，冰鱼把这一点发挥到了极致：它们将红细胞完全除去，并允许血红蛋白产生突变而退化。这些鱼的血液相当稀，只有 1% 的血细胞（全部是白细胞），甚至可以说，它们的血管中流的是冰水。在缺乏生存所必需的红细胞的情况下，这类生物是如何存活的呢？

温水与冷水的一个重要区别是水中的含氧量不同，冷水的含氧量要比温水高得多，因此酷寒的海水含氧量是特别高的。冰鱼拥有相对大的鳃，并且皮肤没有鳞片，上面有粗大得非比寻常的毛细血管，这些特征提高了冰鱼从环境中吸收氧的能力。但冰鱼仅有这点儿改变是难以适应寒冷的环境的，冰鱼还需要有更多的改变。

微管是细胞内的重要支架，是细胞的骨骼，它涉及细胞的分裂和运动，以及细胞外形的形成。哺乳动物的微管在10℃以下就会变得不稳定，南极鱼类如果也用相同的微管，它们就无法生存。而冰鱼的微管可在冰点之下正常组成，并且维持稳定的结构。

冰鱼还"发明"了抗冻蛋白，南极鱼类的血浆中充满了这种特别的蛋白质，它们帮助降低鱼体内冰晶形成的临界温度，让鱼能在冰冷的海水中存活。如果缺少这类蛋白质，这些鱼体内就会形成冰晶，这些冰晶边缘像锻造精良的利剑一样美丽，也像利剑一样致命。恒温动物体内具有温度调节系统，因此即使身体处于0℃以下也能生存。但鱼类没有调节体温的能力，形成抗冻蛋白就成为一种生存的策略。

与冰鱼类似，北极的鳕鱼也如此。北极鳕鱼体形细长，体表呈褐色，腹部和鳍则为银白色，长约18～30厘米。北极鳕鱼生存繁衍的区域位于海平面以下900米，纬度和北极相差不超过6°，那里的水域常年水温在0℃以下。

寒冷水域中生存的冰鱼、鳕鱼适应环境的策略之一就是形成抗冻蛋白。抗冻蛋白降低了体液的冻结温度，很像汽车发动机里的防冻剂。

不只是鱼类，北美林蛙也有抗冻的"特异功能"。

北美林蛙（Rana sylvatica），又名阿拉斯加林蛙，是一种十分可爱的小动物，身长只有约5厘米，双眼仿佛戴着一副黑色的面具，就像电影里的佐罗一样。林蛙一般生活在北美洲地区，从美国的佐治亚州北部一直到阿拉斯加，包括北极圈北部的地区，都可以发现它们的踪迹。在早春的夜晚，人们可以听到它们交配的叫声。"嘎！嘎！嘎！"的声音并不那么动听，听起来很像小鸭子的叫声。但是那之后直到冬天结束，就都不会再听到林蛙的叫声了。林蛙与很多动物一样，整个冬天都处于休眠的状态。

一般而言，冬眠的哺乳动物都会进入深度睡眠中，依靠一层厚厚的绝缘脂肪层来保持温暖和提供能量，而林蛙却全然不同，它们会完全进入冷冻的状态。林蛙把自己埋在2.5～5厘米厚的树枝和树叶下，然后开始玩"假死"的把戏。林蛙被彻底冻成冰坨，如图7-2所示。

图 7-2　冰冻的林蛙

冰晶会涨破细胞，对于大多数生物来说，身体结冻都是致命的。林蛙在森林地面上冬眠，没有什么隔温挡风的东西，最极端的情况下，身体里三分之二的水分都会结冰，这时它不呼吸，没有心跳，新陈代谢完全停止，就像一件玻璃制品。林蛙体内的冰主要分布在体腔、皮下、淋巴这些不太要命的地方，脑和内脏保持完好。待到春暖花开时，伴随着温度的回升，林蛙被慢慢解冻，短短几分钟之内，它的心跳就能奇迹般地恢复，同时呼吸也变得正常。它眨了眨眼睛，眼睛的颜色又变回了黑色，然后伸了伸腿，坐了起来！不久之后，它便会活蹦乱跳地加入其他刚刚解冻的林蛙寻找配偶的"合唱"队伍中去。

它毫发无损，好像什么事情都没有发生过一样。

林蛙的抗冻机制是什么呢？林蛙抗冻的主要诀窍有以下三个：

第一个是葡萄糖。葡萄糖可以提高体液的浓度，降低冰点。林蛙分解骨骼肌的蛋白质和脂肪体的脂肪，转化成肝糖原，储存在肝内。然后把肝糖原转化成葡萄糖，运输到全身。启动防冻功能只要一两天的时间。林蛙肝里葡萄糖的浓度最高，脑和心居中，骨骼肌最少，所以外围的组织会迅速结冰，形成一个"冰躯壳"。化冻之后，这些葡萄糖又会在一两天内变回肝糖原的形式，重新储蓄到肝脏，供应它繁殖需要的能量。

第二个是尿素。尿素的作用和葡萄糖类似，通过高浓度防冻，它还可以调节特定种类的酶。尿素来自骨骼肌，通过分解肌肉的蛋白质获得合成尿素的氮。尿素在脑里含量最高。阿拉斯加林蛙体内的尿素浓度是俄亥俄州林蛙的五倍。

第三个是结合水。林蛙会让体内的游离水转化成结合水的形式。在冬天，林蛙的肝和肠失水量会达到一半，骨骼肌失水量达到23%～29%。变成"蛙干"不仅可以减少结冰的水量，还可以提高体液的浓度，降低冰点。

科学家发现，在林蛙的皮肤感知到温度即将降至冰点附近几分钟之后，它开始将血液和组织器官细胞中的水分排出，这一过程不是通过排尿实现的，而是将水分集中储存在了腹部。与此同时，肝脏将大量的（相对于小小的林蛙而言）葡萄糖释放到血液中，并辅以释放额外的糖醇，使林蛙体内的血糖水平上升了数百倍。所有的这些变化都大大降低了林蛙血液中残留水分的冰点，并有效地将其转化为一种含糖的防冻剂。

当然，林蛙的身体里仍然含有一定的水分，只是这些水分被迫进入更为安全的区域，以便将冰晶造成的损害降到最低，而且冰本身可能也会产生一些有益的影响。林蛙是将自己的器官小心翼翼地保存在了冰块中。

虽然林蛙的血液中留有部分水分，但是高浓度的糖不仅降低了血液的冰点，还能迫使冰晶形成更小、锯齿更少的形状，防止晶体刺穿或划破细胞壁或者毛细血管壁，从而将伤害降至最低。再者，即便上述所有行为都未能阻止伤害的发生，林蛙还有一张"护身符"可以保它安然无恙。在漫漫寒冬里，冷冻休眠中的林蛙会产生大量的血纤蛋白原（Fibrinogen），这种凝血因子可能帮助林蛙修复在冷冻期间可能发生的任何损伤。

生物生存的环境是多种多样的，不同环境中生物形成的适应各不相同。冰鱼、鳕鱼、林蛙要解决的是抗寒的问题，而高空飞翔的鸟类则要解决高空氧气稀薄的问题。

斑头雁（见图 7-3）是世界上飞得最高的鸟类之一。它必须飞得足够高，因为它的迁徙路线途经珠穆朗玛峰，那里的海拔超过 8 000米。在这个高度上，周围的空气非常稀薄，氧气含量仅为海平面的三分之一，而鸟儿必须更加拼命地拍打翅膀才能翻越山峰。攀登珠穆朗玛峰的登山者在到达这一海拔高度时需要借助氧气罐，而乘坐喷气式飞机的乘客则需要加压舱的保护。斑头雁无法借助这些技术，只能借助自己的身体，那就是它有特殊的血红蛋白。与人体内的血红蛋白相比，斑头雁体内血红蛋白与氧气结合的能力

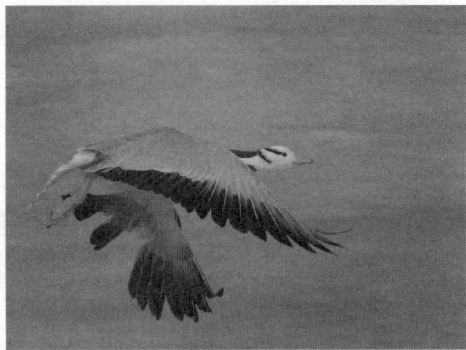

图 7-3　斑头雁

更强，它能从稀薄的空气中摄入氧气分子，在别的鸟类因为过高的海拔而望而却步的时候，斑头雁仍可以继续勇往向前。

冰鱼、林蛙和斑头雁的适应让人叫绝，但自然界中，适应的顶级高手非微生物莫属。

二、从嗜热菌说起

美国的黄石公园（Yellowstone National Park）是世界著名的旅游目的地。公园内遍布着各种间歇喷泉、温泉、蒸汽泉、泥泉等地热景观，如图 7-4 所示。不断有地下水补充

的称为热泉（Hot Spring），不断喷发的称为喷泉（Fountai），定时或不定时喷发的称为间歇泉（Geyser），还有只冒气、不喷发的蒸汽泉（Steam Geyser），喷泥巴的泥泉（MudPot）……这些泉水的温度都很高，而且含有丰富的硫化氢，远远地就可以看到从这些泉中冒出来的白烟，走近了会闻到浓浓的刺鼻硫黄味。看着那些翻滚冒泡的泉眼，一般的游客大概会觉得这是生命的禁区，事实上，泉眼四周看上去就是不毛之地，见不到动物与植物。

图7-4　美国黄石公园的热泉

但这些泉仍然是生命的活跃之地，它吸引了各式各样的细菌在此生活，这些细菌各有不同的鲜艳色彩，将这些热气地带染得五彩缤纷，艳丽夺目。在这里，科学家发现了古细菌以及 PCR 中用到的耐高温的 Taq 酶。

1966 年夏末的某一天，美国微生物学家托马斯·布罗克（Thomas Brock）和他的学生赫德森·弗里兹（Hudson Freeze）正在黄石国家公园的间歇泉和温泉边徘徊，想找找看有什么微生物生长在这些池子周围。几眼泉周边的橙色菌落将他们吸引了过去，好几个温泉流出的水也被染黄了。

蕈状泉是下间歇泉盆地的一个大池子，水源温度高达 73℃，这在当时被认为是生物能忍受的最高温度。他们在此处收集到一些微生物样本，并从中分离出一种新的菌，那是一种可以在热水中蓬勃生长的物种。事实上，最适合这种菌生长的温度大约就是这个温泉的温度，他们将这种嗜热性生物命名为水生栖热菌（Thermusaquaticus）。布罗克也注意到，有些更热的泉水附近存在一些粉红色的丝状物，这让他心生疑窦，猜测有生物能在温度更高的环境中生存。

翌年，布罗克尝试用一种新的方法来获取黄石国家公园温泉里的微生物。他的方法很简单：把一两片显微镜的载玻片绑在长线的一端，将其浸入池中，线的另一端绑在树干或岩石上。几天后，他收回载玻片，发现上面有丰富的样本，有些甚至在载玻片上形成一层膜。布罗克的推测是正确的，确实有生物能在超过原先所预想的高温中生存，但是他没有预料到它们能在沸水中生存。它们不仅能忍受 100℃ 以上的高温，甚至能在公园中泥火山区域和浓烟滚滚、沸腾的酸性硫黄池中生存。布罗克在黄石公园的发现让人们对生物的超凡适应力大开眼界。他鉴定出一些稀奇古怪但又重要的新物种，如硫化叶菌属（Sulfolobus）和热原体属（Thermoplasma），同时开启他称之为"超嗜热菌"的科学研究。

布罗克把这些新发现的超嗜热菌归入了"细菌"。的确，在显微镜下，它们和普通细菌很像。但 10 年后，伊利诺伊大学的乌斯（Carl Woese）和福克斯（George Fox）发现，多种亲硫、亲甲烷和亲盐的菌形成了一个完整的生物域。它们和细菌不同，正如细菌与真核生物不同。这个新的第三生物域，或者说生命类别，现在被称为古细菌域（Archaea）。

古细菌的细胞膜与普通的细菌以及真核生物是不相同的。

普通细菌以及真核细胞的细胞膜都是以双层磷脂分子为基本骨架的。磷脂为两性分子，一端为含磷酸与胆碱基团的亲水的头，另一端为疏水（亲油）的长烃基链。当把两亲性的磷脂放在水里时会发现，磷脂分子能自动形成两层磷脂分子构成的囊泡。亲水的头部向着水分，和水分接触，亲脂的尾部受到水的排斥相对排在内部，彼此以色散力相吸引。细胞膜以及细胞内的各种膜都是这样形成的。

但磷脂分子构成的这种膜在高温的环境中是难以稳定的。古细菌在严酷的环境中放弃了使用含脂肪酸的磷脂，而是采用聚异戊二烯的脂肪链。聚异戊二烯的长链通过醚键（—C—O—C—）和甘油相连，如图 7-5 所示。这样的分子也能在水中形成双层膜结构，但是由于醚键比酯键稳定得多，亲脂的尾巴还带有侧链，使得古细菌的细胞膜更加结实稳固。

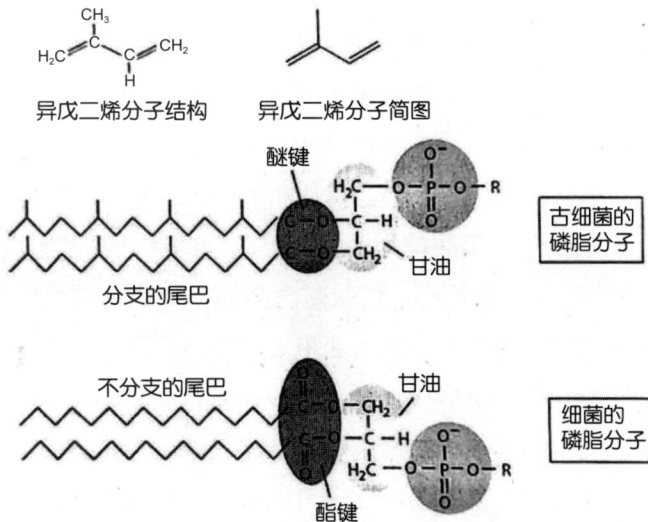

图 7-5　古细菌与细菌的磷脂分子

细胞中的生理反应都需要通过酶来催化。对于生活在高温环境中的嗜热菌而言，细胞中的酶需要能够耐受高温。事实也是如此，在 PCR 中利用的耐高温的 DNA 聚合酶正是从黄石公园泉中的嗜热细菌——海栖热袍菌中提取分离出来的。

PCR 的全称是聚合酶链式反应（Polymerase Chain Reaction），简单说就是用人工技术不断复制 DNA，让它一变二，二变四，越变越多。自然状态下提取的 DNA 样本浓度一般都比较低，通常要通过 PCR 扩增后才能用于检测、测序、转基因等操作。

布罗克在美国黄石公园的热泉中发现并成功分离出了水生栖热菌，而 Taq 聚合酶则是我国台湾科学家钱嘉韵（Alice Chien）女士所分离出来的。1973 年，钱嘉韵就读于美国俄亥俄州辛辛那提大学生物系，她的导师对水生栖热菌十分好奇，就让钱嘉韵以该细菌作为研究主题。钱嘉韵从水生栖热菌中成功分离出了耐高温的 Taq DNA 聚合酶。

在 PCR 反应中，DNA 聚合酶是最关键的因素。PCR 最初使用的 DNA 聚合酶是大肠杆菌 DNA 聚合酶 I 的 Klenow 片段，但该酶存在很多缺陷，使之不能广为应用。比如，热稳定性差，每次 DNA 热变性后大部分酶都被灭活，需要重新加入，每个循环都要重新加入；Klenow 酶反应温度较低，引物和模板容易形成非特异性配对，产生非特异性扩增。后来人们曾使用过 T4DNA 聚合酶和 T7DNA 聚合酶，两者虽使扩增特异性增加，且使 DNA 合成速度提高了，但是由于其对热的稳定性差而未能广泛应用。直到耐热的 DNA 聚合酶被发现，PCR 技术才得到迅速的发展和广泛的应用。

在极端环境下，生物要立足，就需要形成不同的适应机制，这些适应包括从细胞壁、细胞膜、酶与 DNA 等各个方面。概括而言，不同类型的适应特点如下：

（1）嗜热适应。绝大多数耐高温细菌的细胞壁是由肽聚糖及短肽构成的三维网状结构，这增强了细菌的耐热性；嗜热菌的细胞质膜随环境温度的升高，类脂总含量和高熔点饱和脂肪酸也增加；嗜热菌的蛋白质分子高温适应机制包括呼吸链蛋白质、胞内蛋白及许多酶热稳定性高。在嗜热菌的核酸分子高温适应机制方面，DNA 反解旋酶以及与 DNA 分子相结合的带正电荷的蛋白质、聚胺类物质以及高浓度的钾盐是其胞内 DNA 分子维持热稳定性的重要因素。另外，tRNA 的 G、C 碱基含量高，提供了较多的氢键，故其热稳定性高；专性嗜热菌株的质粒，携带有与抗热性相关的遗传信息。

（2）嗜冷适应。嗜冷菌的细胞膜中脂类含量较中温微生物多，脂类成分里直链和支链不饱和脂肪酸可以降低脂类的熔点，使细胞膜在低温条件下保持良好的流动性，有助于其在低温条件下生存。在低温条件下，嗜冷菌还可大量分泌胞外脂肪酶、蛋白酶等，将环境中脂肪、蛋白质等生物大分子降解成小分子，有利于营养物质通过细胞膜，从而保证微生物营养需求；嗜冷菌 tRNA 中二氢脲嘧啶含量高，有助于维持 tRNA 局部构象，有较好的柔韧性、流动性，这也是对低温环境的一种适应；嗜冷菌代谢产生的低温酶分子结构一般具有较好的柔韧性，在低温条件下能快速进行构象上的调整以适应催化反应的需要，减少了能量消耗；嗜冷微生物所处环境温度下降时，可产生多种胞内冷休克蛋白，有研究者认为这些冷休克蛋白有助于嗜冷菌在低温条件下合成生长繁殖所需的蛋白质。

（3）嗜酸适应。嗜酸微生物的细胞膜表面会聚集很多金属离子，在酸性环境中这些金属离子会与氢离子发生交换，避免过量氢离子对细胞的毒害作用；通过平衡机制和氢离子的扩散作用，质子梯度和跨膜电位差趋于零，从而使嗜酸微生物细胞内维持中性环境。

（4）嗜碱适应。嗜碱微生物的细胞壁含有大量酸性小分子，这些酸性小分子带负电荷，可以中和细胞表面的 H^+；嗜碱微生物的细胞膜通过一定生理机制抵御细胞内 pH 值的变化，维持胞内的 pH 值接近中性；嗜碱微生物的某些 DNA 与耐碱性有关。

生命对环境的要求似乎一点都不挑剔。地球上任何地方，只要具备液态的水、有机分子与能量，就会有生命。生物能在被称之为"绝境"的恶劣环境中生存，是因为它们发展出了耐高温与低温、耐盐、耐酸、耐碱等特性。

不只如此，生物在进化中还发展出了随机应变的策略。

三、随机应变

大肠杆菌是人和动物肠道中最主要和数量最多的一种细菌，主要寄生于大肠内。每个人每天平均从粪便中排出 $10^{11} \sim 10^{13}$ 个大肠杆菌。大肠杆菌经常作为细菌的模式生物广泛用于科学研究。

一般情况下，大肠杆菌在培养基中有葡萄糖时，首先将葡萄糖作为碳元素的来源，当培养基中没有葡萄糖而只有乳糖时，大肠杆菌便会合成半乳糖苷酶，使乳糖分解为葡糖糖和半乳糖，当培养基中的乳糖被分解完毕时，大肠杆菌便不能合成半乳糖苷酶了。

这是为什么呢？ 1961 年，法国学者雅各布（F. Jacob）和莫诺（J. Monod）通过对大肠杆菌乳糖分解代谢的研究，发现了原核细胞基因表达的调控机制。为此，他们获得了 1965 年的诺贝尔生理学或医学奖。

雅各布和莫诺通过反复实验，对这一现象提出了合理的解释。他们认为，调节乳糖分解代谢的根本原因是大肠杆菌 DNA 上存在着乳糖操纵子，它由一个操纵基因（O）、三个结构基因、启动子（RNA 聚合酶结合位点 [P]）和调节基因（I）组成，三个结构基因分别是 Lac Z（编码半乳糖苷酶）、Lac Y（编码半乳糖苷透过酶）和 Lac A（编码半乳糖苷转乙酰酶）。培养基中乳糖的存在与否，直接影响三个结构基因的表达。

当培养基中没有乳糖时，调节基因的产物调节蛋白会与操纵基因结合，从而阻碍 RNA 聚合酶与启动子的结合，使三个结构基因无法转录，也就不能合成分解乳糖的半乳糖苷酶。

当培养基中只有乳糖存在时，乳糖可以与调节基因的产物调节蛋白结合，使调节蛋白不能与操纵基因结合，从而使 RNA 聚合酶顺利地与启动子结合，促进三个结构基因的转录，也就促进了半乳糖苷酶的合成，使乳糖被分解为葡萄糖和半乳糖，如图 7-6 所示，满足大肠杆菌生长的需要。

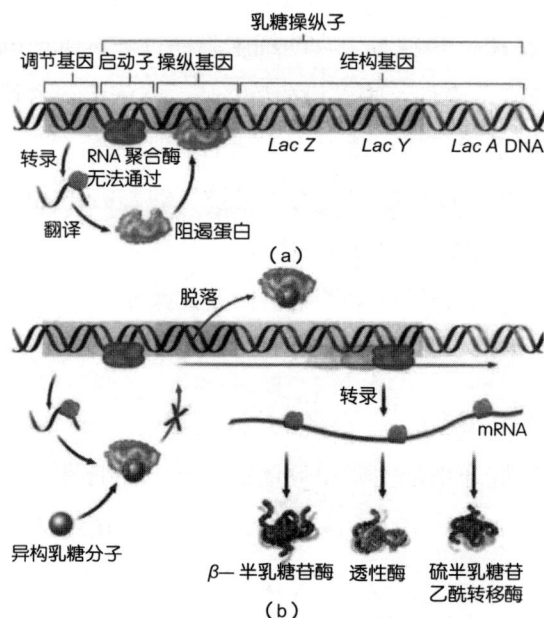

图 7-6　大肠杆菌半乳糖苷酶的合成调节

但这只能解释大肠杆菌为什么只有在存在乳糖的情况下产生半乳糖苷酶从而能利用乳糖，并不能解释为什么在葡萄糖与乳糖同时存在的情况下不利用乳糖。

那是因为乳糖操纵子中启动子的功能不强，需要激活因子来增强它。在葡萄糖浓度很低的情况下，细胞内会产生大量的环磷酸腺苷（cAMP）。cAMP 可以结合在另一个蛋白质——cAMP 受体蛋白（CRP）上。由 cAMP 和 CRP 组成的蛋白质复合物就成为激活因子，可以合到启动子中一个 DNA 激活序列上，促进基因的转录，使细胞去利用乳糖。如果有葡萄糖，cAMP 的浓度就会降低，形成 cAMP-CRP 复合物的数量也很少，不能促进乳糖操纵子中基因的转录，利用乳糖的酶就会减少，细胞也就转而利用葡萄糖了。

大肠杆菌为什么不时刻准备着半乳糖苷酶呢？要知道如果大肠杆菌准备半乳糖苷酶，那仅仅准备好一个或几个是不够的，至少需要 3 000 多个半乳糖苷酶才行，合成它们的每一个分子都需要超过 1 000 个氨基酸分子，合成的原料与能量均需要由细胞提供。按生物学的调节原理，细胞会对半乳糖苷酶的合成进行调节，以避免浪费原料，也许我们可以认为细胞中持续合成半乳糖苷酶对细胞的代谢与繁殖不会产生太多的影响，而且时刻准备着的好处是，当环境中突然出现乳糖时，细胞就能在营养的利用上获得先机。

2005 年，以色列魏茨曼研究所的埃雷兹·德克尔（Erez Dekel）和尤里·阿龙（Uri Alon）表达了半乳糖苷酶的确切消耗。他们欺骗细胞，让它们以为周围的环境中有乳糖，实际上却并没有。被骗的细胞合成了半乳糖苷酶，如果这种浪费足够显著，将会在细胞分裂的速度上有所体现。事实上也的确如此，细胞的分裂速度降低了数个百分点。打个比方，这就像资金周转不畅的开发商在房屋施工时，非要修一个并不需要的游泳池，游泳池占用了他的资金和物料，最后只能牺牲室内的装潢。相比之下，另一个更优秀的建筑商会尽快完工，卖掉房子之后再建新的房子，而此时上面说到的那个开发商还在为游泳池里铺什么样的瓷砖而头疼。

仅仅几个百分点的工程拖欠似乎算不上什么大事，对于大肠杆菌 20 分钟左右产生一代的分裂速度而言，一分钟的差距好像不足为奇，但是这一分钟的延迟从长远来看却是致命的。如果一个菌群中有 50% 的细菌存在这一分钟的缺陷，80 天之后，存在缺陷的细菌数量将不足 1%，而 300 天之后，这个比例会降到百万分之一以下。它们很快就会不可避免地被繁殖相对较快的同类排斥殆尽。因此，我们可以推测，当初的细菌确实有些是修游泳池的，但他们在竞争中落败了，因为它们选择了不利于竞争的策略。自然选择历来残酷无情，只有适者才能生存。

随着"食物"成分的改变，细胞的代谢途径也随之发生变化，这是许多微生物的生存策略，这样的策略既能保证它们在多变的环境中生存下去，又能避免合成不需要的酶而导致浪费。想象一下，一小块泥土中有数十亿个细菌，只要偶尔给它们一点接济，如一片掉落的叶片，一具腐烂的尸骸，或者一个从树上掉下的熟透的苹果，它们就能生生不息。这些食物中的营养物质丰沛，不过前提必须是细菌有能耐消化和吸收它们。换句话说，也就是细胞得有适当的酶，可以利用外来的物质合成自己需要的生物成分。当可用的食物全部耗尽，只要有一个细菌拥有利用不同物质的能力，它就很可能会成为其他嗷嗷待哺的细菌的救世主。此时，新的性状就是微生物延续生命的关键。

生物的生存不仅需要适应无机的环境，还需要在与其他生物的斗争中获得一席之地，因此生物之间不可避免地要开展军备竞赛。

四、军备竞赛

"为什么会是这样？"爱丽丝大叫，"我觉得我们一直都待在这棵树底下没动！"

"废话，理应如此。"红桃皇后傲慢地回答。

"但是，在我们的国家里，"爱丽丝说，"如果你以足够的速度奔跑一段时间，你一定会抵达另一个不同的地方。"

"现在，这里，你好好听着！"红桃皇后反驳道，"以你现在的速度你只能逗留原地，如果你要抵达另一个地方，你必须以双倍于现在的速度奔跑！"

这是刘易斯·卡罗尔（Lewis Carroll）的一部文学作品《爱丽丝漫游奇境记》中的故事。人们引用这个故事用以说明为确保整体的和谐一致，个体之间必须完全同步发展，否则就会掉队，落后的个体会被淘汰、消亡、灭绝。这个故事蕴含的道理也被称为"皇后定律"。生物学中则常常用皇后定律来说明生物之间的"军备竞赛"。由于每个新进展产生的同时也将催生反进展，因此最终双方难分高下。然而这样的过程却给双方都带来了新的性状，这就造成了这样的怪圈：所有的生物都在变，到头来却发现它们彼此之间的关系依然如故，丝毫不受影响。

这个世界上不存在绝对王者的生物，每种生物都存在着生存的威胁，面对这些威胁，每种生物都发展出了自己的应对策略。制造毒性物质是许多看起来是弱者的生物应对天敌的化学武器。

1979 年 7 月，一名来自美国俄勒冈州的 29 岁大学生在一次聚会上突然晕倒，不久后去世。据说，他的死亡原因是他在大量饮酒后吞下了一条长 20 厘米的蝾螈。他吞下蝾螈后 10 分钟就开始嘴唇扭曲，麻木、体虚，他告诉他的朋友说他感到自己快要死了。果然，不久他便离世。可以说，他是被蝾螈毒死的。

蝾螈是一种两栖动物，看起来温驯、柔软又可爱，因此通常被人当作宠物来养。蝾螈生活在丘陵沼泽地水坑、池塘或稻田附近，多在水底觅食蚯蚓、软体动物、昆虫幼虫等。蝾螈体内的毒素叫河豚毒素（Tetrodotoxin，TTX），是与河豚体中相同的一种毒素。当蝾螈受攻击时，会立即分泌这种致命的神经毒素，给对手致命一击。

TTX 是一种生物碱，其分子式为 $C_{11}H_{17}O_8N_3$，为氨基全氢喹唑啉型化合物，是自然界中所发现的毒性最大的神经毒素之一，曾一度被认为是自然界中毒性最强的非蛋白类毒素。其毒性比氰化物还要高 1 250 多倍，0.5 毫克即可置人于死地。该毒素对肠道有局部刺激作用，吸收后迅速作用于神经末梢和神经中枢，可高选择性和高亲和性地阻断神经兴奋膜上钠离子通道，阻碍神经传导，从而引起神经麻痹而致死亡。

河豚曾是我国长江中下游地区的一道美食，但它必须由专业的厨师来烹饪。烹饪不当，食用了带毒的河豚，那就是"拼死吃河豚"了。

蝾螈比河豚要小得多，但一只区区 15 克的蝾螈也足以毒死一个 75 千克的成年男子。可见，其他捕食者将其吞下会是什么后果。但有一种袜带蛇（Thamnophissirtalin），蝾螈一旦遇上它，就会陷入一场生死苦战，而且蝾螈很可能就成了袜带蛇的美食。袜带蛇之所以不怕 TTX，是因为它进化出了抗毒的能力。这是蛇与蝾螈进行军备竞赛的结果。

试图吃下蝾螈的蛇都会出现 TTX 中毒的现象：摇头晃脑、变得软趴趴的，并且无法自行恢复正常。实验室研究发现，大多数蛇会放走蝾螈，而后痊愈。大型的蛇纵使能将整只蝾螈吞下，最后也会瘫痪死亡。只有少数的蛇可以成功地把蝾螈消化。

你或许会想，蛇干吗要冒着这么大的危险进食蝾螈呢？其实这就像我们面对丰盛大餐一般，很难抵抗诱惑。当然，要逞口腹之欲就得付出代价——过度饱胀会让人不舒服好一阵子。这些抵抗力较强的蛇可以吃蝾螈，其他蛇就不行。吃下蝾螈之后，虽然会感到眩晕，但总比不吃来得强。这种抗毒性是遗传而来的，所以它们的后代会比抵抗力较差的蛇更有"优势"。而对于蝾螈来说，也必须形成更强的毒性才能与蛇抗衡。蝾螈在与蛇的较量中不断升级自己的毒性，而蛇则提高自己的抗毒能力。蝾螈毒性的增加，从某种程度上说需要感谢蛇，因为蛇抗毒性的升级，使得蝾螈的毒性也不断升级，从而在自然界中不会成为更多捕食者的美餐。

夜行性昆虫与蝙蝠之间的军备竞赛也十分经典。

夜行性昆虫和其他一些小型节肢动物是食虫蝙蝠最主要的食物来源。在蝙蝠出现前，黑暗对夜行昆虫构成了保护，它躲避了饥饿的鸟类和哺乳动物，因为大部分的脊椎动物捕食者在黑夜中视力很差，因此很多昆虫进化出了夜间的生活方式。但自从蝙蝠进化出复杂的回声定位系统后（见图 7-7），夜行昆虫在黑暗中也变得不安全了。

图 7-7　蝙蝠具有回声定位系统

目前，在世界上的所有蝙蝠种类中约有 70% 是食虫的。蝙蝠所捕食的昆虫种类很多，小到双翅目翼展仅有几毫米的蠓科和摇蚊科昆虫，大到体长超过 5 厘米的鞘翅目甲虫。因此，蝙蝠使得夜行性昆虫的生存面临着越来越大的威胁。

面临着蝙蝠的强烈捕食，昆虫当然不会坐以待毙，而是采取各种方法来逃避被捕食的厄运。

比如，有很多昆虫进化出探测"敌人信号"的"预警系统"和"应急系统"，即通过超声波听觉而产生相应的逃跑行为来抵御回声定位蝙蝠的捕食。

对于飞行能力较强的鳞翅目蛾类来说，探测到超声波信号一般会产生两个阶段的逃避反应。低强度超声波信号使蛾类飞离这种声音；高强度超声波信号诱使蛾类产生复杂的螺旋、绕圈、俯冲飞行或者停止飞行，使蛾类迅速地逃离蝙蝠的攻击路线。有报道认为，蛾类探测到与蝙蝠距离大于 5 米时仅简单地改变其飞行路线，而探测到与蝙蝠距离小于 5 米时，则倾向于盘旋或向地面俯冲。据估计，这些策略使其在野外被捕食的概率下降了40%。表现出逃跑行为的蛾类被捕食概率常显著小于不表现出该行为的蛾类，被蝙蝠捕食的蛾类中，87% 没有表现出逃跑行为。飞行能力稍差的昆虫则没有这么复杂的防御行为，如草蛉科昆虫在飞行时遇到蝙蝠超声波刺激后仅会折起翅并落到地面上，直翅目昆虫同样会合上翅并落到地面，或者用特殊的飞行转向运动飞离声音源。

有些昆虫探测到蝙蝠的回声定位信号以后，并不是进行消极的逃避，而是积极地"反击"，对蝙蝠的捕食发出强有力的警告。一些灯蛾科种类昆虫能释放出强烈的超声波"滴答"声作为对蝙蝠超声波信号的强有力回应。科学家研究表明，这种回应的超声波能削弱正在进行攻击的蝙蝠的回声定位能力，并且可能通过产生一系列错误回声阻塞蝙蝠的回声定位系统，从而影响其对捕食目标的范围测定。

当然，"道高一尺，魔高一丈"，食虫蝙蝠针对昆虫的防卫也进化出了适应对策。

比如，一些蝙蝠利用高频的回声定位信号中振幅和频率的变化来探测和识别猎物，这大大超过了同域蛾类的听觉能力，使得蝙蝠可以在回声定位信号被探测到以前靠近蛾类，等蛾类发现危险时已来不及逃脱。因此，这些信号对于具有听器防御的昆虫来说有不可探测性，就好像战场上的隐形战斗机一样，可以在敌人发现之前靠近并给予致命一击。

很多蝙蝠进化出了适用于地面搜索的捕食模式，即从空中捕捉到从地面搜索。"地面搜索"蝙蝠靠近地面或者围绕植物搜索猎物时，通过使用视觉或利用昆虫在植物中活动的声音、扇动翅膀的声音或者为交配而发出的鸣声来捕食昆虫，并且更多地利用回声定位作为导航的工具，而不是作为对猎物的探测器。同时，此类蝙蝠还可以降低其回声定位信号的时程或强度，从而使其更难引起昆虫注意。一些"地面搜索"蝙蝠甚至在它们靠近猎物时完全停止其回声定位信号。这些信号特征大大降低了声音信号的显著性，并且使它们对具有听器的蛾类享有明显的捕食优势。

类似的例子还可以举出很多，比如如果羚羊跑得更快了，那么豹子也得加快速度或者提高自己的智商；如果草变得更粗硬，那么马就必须进化出更强有力的牙齿；人类使用了抗生素，那么细菌就会发展出针对这些药物的耐药性。

生物不会刻意地进化，但是生物种群还是不可避免地要发生改变，这是因为它们不得不适应变化着的生存环境，而环境中最重要的组成部分之一就是共处其间的其他生物。一种生物发生变化，必将迫使与其关系密切的其他生物也做出相应的调整。生物间的军备竞赛永远也不会停止。

长时间的军备竞赛也会使竞争双方的关系缓和下来。原来敌对的双方改善关系成为合作或同盟关系，大家各显其能并且齐心协力。

五、结成同盟

生物之间结成同盟关系的例子中，大家最熟悉的可能就是豆科植物与根瘤菌的关系了。

土壤里的细菌入侵了豆科植物（三叶草、苜蓿和各种豆类家族成员）的根部，在细菌的刺激作用下，植物的根部膨大并形成结节，入侵的细菌便在此寄居。细菌从植物那里获取糖分，而植物从细菌那里得到基本生存物质——氮。尽管空气中的氮气含量丰富，但是植物并不能直接利用这种气态的氮，而细菌却可以把气态氮转换成土壤里的氨和硝酸盐，植物可以利用这些形式的氮来合成自己的氨基酸、核苷酸等物质。植物给根瘤菌的回报便是提供充足的营养物质以及庇护场所。豆科植物与根瘤菌之间互惠有利的关系称为互利共生。

互利共生可不是豆科植物与根瘤菌的专利。

蚜虫是一类植食性昆虫。目前已经发现的蚜虫总共有 10 个科约 4 400 种，其中多数属于蚜科。蚜虫也是地球上最具破坏性的害虫之一，其中大约有 250 种是对农林业和园艺业危害严重的害虫。

蚜虫是依靠吸食植物的汁液生存的，但植物的汁液营养并不丰富。植物的汁液中缺少蚜虫生长必需的一些营养成分，包括几种必需氨基酸。为解决这个问题，蚜虫和一种大肠埃希氏菌的近亲 Buchnera aphidicola 结成了联盟。Buchnera aphidicola 成了蚜虫不可缺少的重要组成部分，缺失这种原生共生菌后，蚜虫将不能繁殖后代。

蚜虫和体内细菌的同盟关系使得它们可以同时受益，这种关系就是互利共生。蚜虫体内的细菌不光栖息在蚜虫体内，而且直接栖息在蚜虫的细胞内。它们为宿主细胞提供了救命的物质：合成必需的营养分子，尤其是蚜虫本身不能合成且在植物汁液中也无法摄取的必需氨基酸。对于蚜虫而言，体内的细菌就如同延续自身生命的工厂。

鉴于细菌的汗马功劳，蚜虫也会投桃报李。栖息在蚜虫细胞内的细菌简直就像漂游在一碗肉汤里，可谓养尊处优，任何食物都伸手即可取用。除了食物，蚜虫细胞还为细菌提供了安全舒适的庇护所。身携细菌到处游走的蚜虫可以为细菌遮风挡雨，御寒保暖。与蚜虫共生的细菌不需要担心作物歉收，不用提防掠食者或者其他威胁，它们只要兢兢业业为宿主服务就能衣食无忧。蚜虫体内的细菌犹如与世隔绝的度假者，悠闲地徜徉在大海里，享受着阳光和沙滩，任凭一阵阵温柔的波浪晃动自己的身躯，消磨无聊的时光。

臭名昭著的病毒给人的印象似乎是一无是处。自1892年发现烟草花叶病毒（TMV）以来，病毒主要作为病原体而被人们所认识。这种对病毒的片面了解导致了人们对病毒的误解，以至于甚少有研究者了解到病毒对其宿主有益的一面。某些病毒感染确实能导致动植物以及人类患上严重的疾病，但也有许多病毒对宿主的生存是有益甚至是必不可少的。

多分DNA病毒（Polydna-viruses，PDV）共生在膜翅目姬蜂科和茧蜂科寄生蜂体内，是目前研究得最为透彻的互利共生病毒。该类病毒种类上千，预计约3万种姬蜂和茧蜂寄生蜂都携带PDV。PDV将大部分的病毒基因导入寄生蜂的基因组，导致病毒颗粒壳体化寄生蜂的一些基因，这些基因在寄生蜂将虫卵注入鳞翅目昆虫寄主后表达。许多寄生蜂在将其卵产于昆虫幼虫时会激活幼虫的血细胞免疫系统，免疫系统形成包囊杀死侵入的虫卵或幼虫，但是由PDV颗粒携带的寄生蜂基因能有效抑制该过程，从而保护寄生蜂后代顺利完成发育。可以说，没有PDV的帮助，寄生蜂的卵就不能存活。有些寄生蜂的寄主昆虫在酚氧化酶的作用下形成黑化包囊，产生的氢醌或毒醌对寄生蜂的后代有毒杀作用，而某些寄生蜂的PDV具有抑制寄主酚氧化酶活性的能力，如甜菜夜蛾镶颚姬蜂的PDV能抑制粉纹夜蛾和烟芽夜蛾的酚氧化酶活性，从而保护寄生蜂后代免遭毒杀。

共生的最高境界就是融为一体，分不清彼此。真细胞中普遍存在的线粒体很可能就是被收容的入侵者。

1970年，生物学家林恩·马古利斯（Lynn Margulis）提出了一个大胆的理论。她提出，线粒体曾经是一种独立的真细菌。在某个时候，一个早期的真核细胞吞下了一个真细菌，但是它并没有将之消化，相反，真核细胞允许真细菌在其细胞里生存、分裂、繁衍。寄主真核细胞的后裔和真细菌的后裔从此过上了幸福的共生生活，如图7-8所示。

最初相信马古利斯理论的人寥寥无几，但是随着人们检测、读取的基因序列越来越多，支持这种观点的科学家也越来越多。

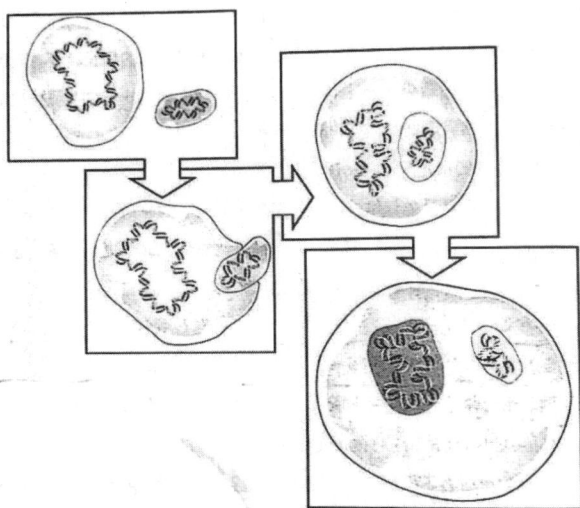

图 7-8　马古利斯理论：一个真核细胞吞了一个真细菌

大约 20 年后，比尔·马丁（Bill Martin）和米克洛什·米勒（Miklós Moller）提出了对于马古利斯理论的新解读。当时，大多数专家都假设获得了线粒体的细胞是一种早期的真核细胞，尽管如今并没有这种原始真核细胞存在的痕迹。马丁和米勒则提出这一始祖一定是一个古细菌。大约 20 亿年前，这个古细菌为细胞增大的能量问题找到一个机智的解决办法：它吞食了一个小真细菌，并将其变为能量源。

古细菌第一次吞食真细菌但不消化它一定是一个偶然情况。尽管它们最后实质上是互利共生，但也许这种关系的最初阶段其实更像寄生物和宿主之间的关系。或许是小真细菌进入古细菌内部后发现那里又舒服，营养又丰富，它在那里既有吃的，又能躲开残酷而危险的外部世界；又或许是这两种细菌之前有过某种形式的合作，现在只是增进一下已有关系而已。

对双方来说，不管最初的目的是什么，这两种细菌通过某种方式共存了下来，并学会了团队合作，共同繁荣。真细菌在古细菌里繁殖，为古细菌提供充足的能量。也许古细菌利用这能量，在其他真细菌和原始细菌无法生存的环境中定居了下来。

支持线粒体曾经是一种真细菌的证据可谓铺天盖地。

对线粒体的研究发现，线粒体更像是一个细胞。它被两层膜（外膜和内膜）包裹，有自己的 DNA，有自己合成 mRNA 和蛋白质的系统。它的 DNA 是环状的，类似于细菌的环状 DNA。它合成蛋白质的核糖体（70S）不像真核生物的核糖体（80S），而像细菌的核糖体（70S）。它的基质相当于细菌的细胞质，里面含有三羧酸循环系统。像细菌那样，线粒体的基因也是组织在操纵子（Operon）中的，即功能相关的基因共用一个启动子，而不像真核生物那样，每个基因有自己的启动子。线粒体也像细菌那样，通过分裂来繁殖。真核细胞不能制造线粒体，所有的线粒体都必须从已有的线粒体分裂而来，这也符合"细胞只能来自细胞"的定律。

对线粒体中基因的分析发现，它们和一类细菌，即变形菌门（Proteobacteria）中的 α-变形菌的基因最为相似。据此，科学家认为，线粒体是某种古细菌"吞并"了 α-变形菌，彼此形成共生关系而演变出来的。

当然，对于古细菌是如何吞食原始变形菌的还存在不同的假说，真核细胞中的线粒体是被收容的原始细菌已是一种共识。无独有偶，叶绿体的来源与线粒体类似，也是被收容后形成的同盟体。

为了活下去、活得更好，生物体拼尽全力，用尽了各种招数。但对于物种而言，仅仅个体生存下来是不够的，它们还必须为后代拼力。

第八章 为了后代拼力

就物种而言，个体的生存并不是它的最终追求。如果个体不能产生后代，个体就失去了存在的意义与价值。自然选择造就适者，但自然选择青睐的是具有繁殖优势的个体。所以，生物不仅要为自己活下去拼力，还需要为物种延续下去拼力，有时候为了繁殖，牺牲自己也在所不惜。

一、病毒来袭

自 2019 年年底以来，新型冠状病毒（2019-nCoV）在短短的几个月就席卷了全球，感染人数超过一千万。病毒的繁殖能力令其他生物望尘莫及。

病毒无处不在，海洋、陆地、地底深沟，到处都有它们的踪影。只要有生物，有细胞，就能携带病毒，每个藻类、细菌、植物、动物都是如此。病毒栖息在一个肉眼完全看不见的世界里。

世界上病毒的数量之多，令人难以想象。1989 年，来自挪威卑尔根大学的奥伊文·伯格（Oivind Bergh）及其同人发表了一篇具有开创性的论文。科学家用电子显微镜来计算病毒的数量，结果在每毫升海水中共找到 2.5 亿个病毒颗粒。一项研究表明，如果地球上所有的病毒头尾相连排成一列，那么这一病毒链的长度大约将达到 2 亿光年，大大超出了银河系的边缘。

病毒主要是由衣壳和核酸构成的，衣壳由相同的蛋白质单位组成，这些组成衣壳的蛋白质单位叫作壳粒。衣壳的形状常为多面体。有些病毒的外面还有脂质包膜环绕。病毒的种类庞杂，据估计有数百万种之多。它们的遗传物质可以是 DNA，也可以是 RNA。DNA 中可以是单链 DNA，也可以是双链 DNA；RNA 中也可以是单链 RNA，或者是双链 RNA。单链 RNA 中，可以是正链（直接含有编码的链）或者反链（正链的互补链）。核酸可以是环状的，也可以是线状的。线状的可以是单条，也可以是多条。

病毒都不具有细胞的结构，离开细胞是不能繁殖的。宿主细胞不同，病毒感染入侵细胞的方式也不同。

噬菌体是细菌病毒，宿主是细菌。由于细菌的细胞膜外面有细胞壁，整个病毒要进入细菌是困难的，因此噬菌体是将自身的 DNA 注入细菌中，而将蛋白质的外壳留在细菌外。

植物细胞也有细胞壁，而且植物细胞的细胞壁较厚，病毒也难以侵入其中。但如果植物受伤，病毒就可以从伤口进入植物细胞。一旦进入细胞，病毒就能通过胞间连丝从一个细胞进入另一个细胞。

动物细胞没有细胞壁，因此病毒可以直接和细胞接触。病毒通过细胞表面异性的蛋白与细胞结合，然后以内吞的方式进入细胞。病毒进入细胞后，衣壳被细胞降解，释放出遗传物质。如果病毒外面还有脂质成分的包膜，包膜会与细胞膜融合，使病毒的衣壳和遗传物质进入细胞，然后衣壳被降解，遗传物质被释放出来。

病毒入侵细胞是具有特异性的，某种结构的病毒常常只能感染适合它的细胞，而不能感染别的类型的细胞，如植物病毒、噬菌体不能感染动物细胞，动物病毒也不能感染植物或细菌；动物病毒中，许多感染动物的病毒也不能感染人体细胞，即使是感染人体细胞的病毒，也不能感染人体所有类型的细胞，如艾滋病的病毒感染的主要是 T 淋巴细胞，而并不会感染肝细胞，乙肝病毒也不能感染皮肤细胞。

不同的病毒拥有的基因都是不相同的，病毒之间遗传物质的类型、大小也都是有差异的，而且外形和遗传物质的类型也没有固定的关系。病毒遗传信息的表达方式有如下一些类型（见图 8-1）：

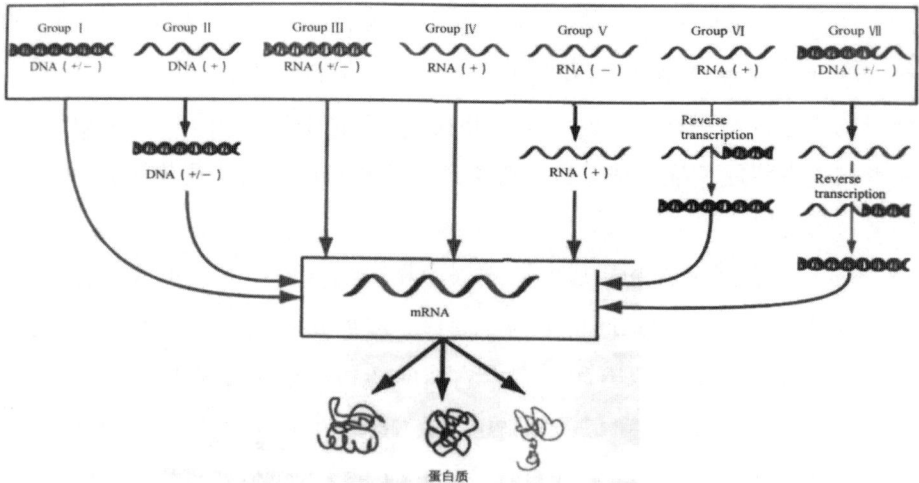

图 8-1 病毒的核酸类型与表达方式

（1）双链 DNA 病毒。这类病毒的 DNA 复制在细胞核中进行，类似细胞复制自己的 DNA，而且必须依赖宿主细胞的 DNA 聚合酶。病毒利用双链 DNA 为模板合成自己的 DNA，同时用宿主的 RNA 聚合酶合成自身的 mRNA。另一种双链 DNA 病毒是需要进行逆转录的。病毒的 DNA 进入宿主细胞后，形成环状 DNA，以 DNA 为模板合成正链 RNA，以这条 RNA 为模板逆转录形成 RNA 或 DNA，再合成双链 DNA。

（2）单链 DNA 病毒。这类病毒的 DNA 是环形的正链，复制在细胞核中进行。单链 DNA 先作为模板合成互补的新链 DNA（负链），形成双链的 DNA 中间物，再以新合成的负链 DNA 为模板合成 mRNA 及正链 DNA。

（3）双链 RNA 病毒。这类病毒的繁殖过程与 DNA 无关，复制在细胞质中进行。病毒用自己编码的 RNA 聚合酶（依赖 RNA 的 RNA 聚合酶）以 RNA 为模板直接复制自己。由于病毒具有相当于 mRNA 的 RNA 链，可以直接指导蛋白质的合成。

（4）单链 RNA 病毒。包括正链 RNA 病毒、负链 RNA 病毒和正链 RNA 逆转录病毒。

①　正链 RNA 病毒。病毒的 RNA 在性质上类似于 mRNA，可以直接与宿主的核糖体结合而产生蛋白质。病毒的 RNA 合成也在细胞质中进行，病毒用自身编码的依赖 RNA 的 RNA 聚合酶合成负链 RNA，然后再合成正链 RNA。

②　负链 RNA 病毒。由于病毒的 RNA 是负链的，不能直接与宿主的核糖体结合合成蛋白质，病毒得先用自身编码的依赖 RNA 的 RNA 聚合酶合成正链 RNA，再以正链 RNA 为模板，指导病毒蛋白质的合成。正链 RNA 也可以做模板合成负链 RNA。病毒 RNA 的复制在宿主细胞的细胞质中进行。

③　正链 RNA 逆转录病毒。病毒的 RNA 是正链的，以它为模板通过逆转录形成一条 DNA 的单链，这条单链与 RNA 互补结合在一起，接着这条单链 DNA 再复制出一条互补的 DNA 单链，形成双链的 DNA，而互补的 RNA 被降解。逆转录形成的双链 DNA 以负链为模板，转录出 mRNA，然后指导蛋白质的合成。病毒的正链 RNA 也以双链 DNA 中的负链为模板合成。

由于病毒的繁殖离不开细胞，这就意味着它们必须不断地转换宿主，想尽一切办法从一个细胞转移到另一个细胞，从一个个体转移到另一个个体。但生物体也并非任病毒宰割的羔羊，生物体的细胞也会想尽一切办法对抗病毒，阻止病毒进入细胞，或杀死进入机体的病毒。

以人体为例，人体的免疫系统会持续向病毒施加压力，采取各种策略阻止病毒进入人体，或者在病毒设法入侵人体后抓住并杀死它们。这就使病毒面临这样的选择：如果向外传播，就有被人体免疫系统捕获的风险；如果保持潜伏休眠状态，虽然可以自我保护，但会失去繁殖后代的机会。

在斗争中，病毒学会了选择时机。我们以单纯疱疹病毒所致的普通单纯性疱疹为例，来阐释病毒为适应人体这一复杂的栖息地所面临的一些挑战。这些病毒在人体神经细胞中找到了庇护所。因为神经细胞在人体内享有特权和保护地位，免疫系统对其的关注程度低于皮肤、口腔或消化道细胞。但待在神经细胞里一直不向外扩散的疱疹病毒只有死路一条，因此疱疹病毒有时通过神经节扩散到人脸上，引发病毒性的单纯性疱疹。此举为病毒的人际传播提供了一条路径。

对于病毒如何选择扩散时机我们知之甚少，但它们肯定对所处环境变量进行了监测，并以此为决策依据。很多感染单纯疱疹病毒的成年人知道压力可引发此病，一些人也能举出例子，说明怀孕似乎容易引起活动性感染。虽然还是猜测，但如果病毒在栖息的人体环境中捕捉到严重的压力或是怀孕这样的线索，由此激活自身也并不奇怪。因为一方面，严重的压力显示有死亡的可能性，宿主的死亡也意味着病毒的死亡，这也许是病毒传播的最后机会。另一方面，怀孕为病毒传播提供了机会：或者通过母亲分娩时生殖器与婴儿接触传染病毒，或者在婴儿出生后无法避免的亲吻中传染病毒。

病毒还常常让我们咳嗽或者打喷嚏，借此经由我们的呼吸向外传播；让我们腹泻，借此通过水源传播；让我们皮肤上生疮，借此经由人与人的皮肤接触而传播……

病毒是借细胞进行复制繁殖的，而对于细胞生物来说，繁殖的方式可概括为两类：无性生殖与有性生殖。

二、没有父亲的无性生殖

1997 年 2 月 22 日，英国罗斯林研究所的研究人员向公众宣布，经过几个月的精心呵护，他们用体细胞克隆技术培育出来的小绵羊"多莉"正在苗壮成长，如图 8-2 所示。5 天后，也就是 2 月 27 日，英国《自然》杂志全文刊登了罗斯林研究所的实验结果。这一消息震惊了世界，人们在措手不及之中迎来了克隆时代。至今，获得任何克隆动物或人在技术上应该都是可能的。《西游记》中孙悟空拔一把毛就"吹"出小猴子来，似乎也已不再是神话。

什么是克隆？其实就是无性生殖。自然界中许多生物都采用这一繁殖方式。

无性生殖是生物体不需要经过两性生殖细胞的结合，由母体直接产生后代。它是一种没有父亲的生殖。

无性生殖的常见形式有出芽生殖、分裂生殖（二分裂、复分裂、细胞质分裂）、幼体生殖、多胚生殖、再生生殖等。上面说的克隆，是人为控制条件下的无性生殖。

自然条件下，无性生殖普遍存在，并没有被淘汰，无疑它是有优势的。

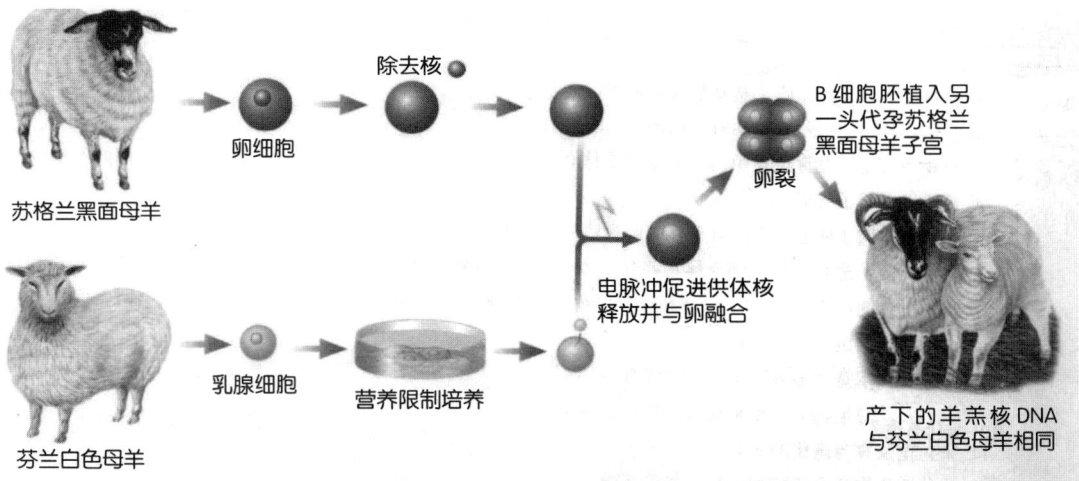

图 8-2　多莉的克隆过程

　　有一个故事，一位漂亮的女演员在一场宴会上向爱尔兰剧作家萧伯纳（George Bernard Shaw）求婚，她说："我们应当生个孩子，这样就会让我的容貌和你的头脑融为一体。"谨慎的萧伯纳却说："要是孩子有我的容貌和你的头脑，那该怎么办？"萧伯纳的担忧是有道理的。有性生殖的过程就是一个基因重组的过程，它塑造了一个基因组合，但很快又要把它们拆散。萧伯纳有可能与漂亮的女演员塑造出一个有着聪明头脑与漂亮脸蛋的孩子，也完全可以塑造出一个有呆笨头脑与丑陋脸蛋的孩子。但如果这位女演员能自己生子，她的后代一定与她同样漂亮；如果萧伯纳能像孙悟空一样"吹"出一个小萧伯纳来，这两个萧伯纳的头脑至少在生物组成上应该是一样的。无性生殖，可以避免让这个漂亮的女演员与萧伯纳生出一个既不漂亮又无智慧的后代的风险。

　　无性生殖保持了亲代的性状，使物种可以保持遗传基因在代代之间稳定不变地传递，从而赋予动物体形态结构的稳定。从生物进化角度看，稳定的形态特征往往意味着对特定环境的高度适应而被自然选择下来。例如，镰刀型细胞贫血症（Sickle Cell Anemia）是一种严重的遗传病，会导致红细胞扭曲成僵硬的镰刀状，无法挤过较细的毛细血管，如图 8-3 所示。这种病是因为从父母那里遗传了一个基因的两份"坏"拷贝，那么自然选择为什么没有把坏的基因给筛选掉呢？这是因为在某些情况下，单独一份"坏"基因反而是有好处的。如果我们从父母那里遗传来一份"好"的、一份"坏"的，那我们不但不得镰刀型细胞贫血症，还更不容易得疟疾——另一种影响红细胞的疾病。单独一份镰刀状红细胞基因的"坏"拷贝会改变红细胞的细胞膜，阻挡疟原虫进入细胞，但又不会让细胞变成危险的镰刀形。可是，唯有克隆（也就是无性生殖）才能把这个有益的混合基因型每次都照样传下去，而有性生殖却会无情地把基因打乱重组。假设父母双方都拥有这个混合的基因型，那么大概会有一半的孩子也会遗传得到混合基因型，但是四分之一的孩子会得到两份"坏"基因，从而患上镰刀型细胞贫血症，还有四分之一的孩子会得到两份"好"基因，他们将来有很大的风险患上疟疾——假如他们生活在地球上蚊子肆虐的广阔地带（蚊子会传播疟疾）。换言之，更大的多样性反而使一半的人口陷入了严重疾病的危险之中。性可能让生命直接遭殃。当然，性的风险远不止这些，比如，萧伯纳如果真与那位漂亮女演员生子，他还得承担那位女演员是否携带艾滋病病毒的风险。相比而言，无性生殖就没有这些风险。

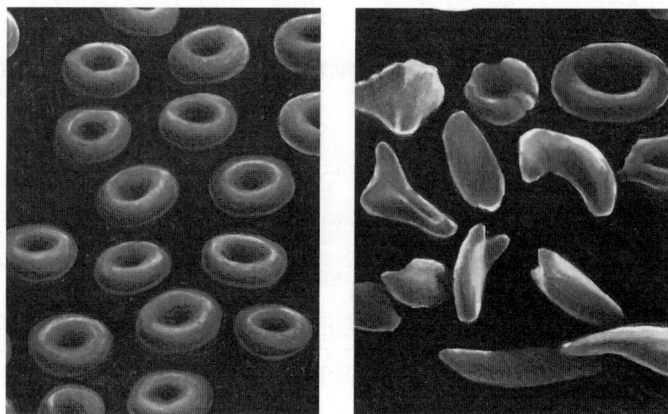

图 8-3　正常红细胞（左）与镰刀型红细胞（右）

其次，无性生殖方式不需要形成生殖细胞，这对获取能量有限的简单低等动物而言是一种比较节能经济的生殖过程。

从细胞层面说，细胞的无性生殖就是一个细胞分裂成两个细胞。而有性生殖是反过来，精子与卵细胞融合成一个受精卵，是两个细胞变成一个细胞。从基因数目上看，性付出的是双倍的代价：每个性细胞（精子和卵细胞）只携带着亲本 50% 的基因传给下一代；两个细胞融合时，基因总数才恢复定额。从这个意义上说，如果一个个体能够通过无性生殖的方式把自己的 100% 的基因传给所有的后代，那就等于自带了双份的优势，因此每个无性生殖个体传递的基因数是有性生殖个体的两倍，它的基因应该会很快在群体中扩增开来，最终彻底取代有性生殖的基因。

从个体层面说，性意味着要寻找另一半，追求"性生活"就要付出高昂的代价，比如扎根地上的植物，它们是怎么追求另一半的呢？开花招蜂引蝶就是它们的策略。对于一株植物来说，开花是"稳赚不赔的买卖"。花朵依靠华丽的色彩和各异的形态吸引传粉者，产出甜美的花蜜来让传粉者的拜访物有所值，还要精心安排自己的分布——不能太近，不然近亲交配就让性失去意义；也不能太远，不然传粉者到不了那么远的地方。一旦植物选中了合意的传粉者，花朵就开始和传粉者平行演化，各自向对方施加收益和代价。而为了植物能原地不动地完成性生活而付出的所有代价中，最极端的莫过于小小的蜂鸟所付出的。

蜂鸟必须长得很小，因为再大的鸟就无法像它那样悬停在花朵深深的管颈上，这需要每分钟振翼 50 次。身体那么小，悬停在半空中所需的新陈代谢速率又是如此庞大，意味着蜂鸟几乎得一顿接一顿地吃——它们每天访问上百朵花，吃下的花蜜比自身体重的一半还多，如图 8-4 所示。假如迫使它们长时间（其实就是几个小时）不吃东西，它们就会陷入一种类似昏迷的沉睡之中：心跳和呼吸速率跌落到正常睡眠的几分之一，而体内温度更是直线下降。受到植物那"魔法毒汁"的引诱，它们要么不顾一切地从一朵花飞向另一朵花，播撒着花粉，要么陷入昏迷当中，很快就会死掉。植物为了性的浪漫，不仅自己付出了代价，也引诱着蜂鸟，让它陷入了终身的奴役之中，过着惨不忍睹的生活。而如果植物选择无性生殖，无疑代价要小得多。

图 8-4　蜂鸟通过振翼悬停空中取食

此外，无性生殖能在较短时间实现种群数量快速增加，有利于占据环境。这是因为无性生殖的特点缩短了生物的生命周期，这样既减少能量再分配过程，又相对提高繁殖下一代的成功率。例如，水螅在温度适宜、环境食物资源丰富的季节将通过出芽生殖的方式大量繁殖产生新个体；日本血吸虫的幼体寻找到中间寄主钉螺后，能够充分利用软体动物丰富的营养，采用幼体生殖的形式快速繁殖。无性生殖还形成了一种补偿性保护机制，如低等无脊椎动物应对环境变化的反应比较简单，它们无论是在形态结构还是生理功能方面都尚未达到较高进化水平，因此需要形成一种抵御环境变化所致的机体损伤的补偿机制，以便提高自己生存的能力或实现繁殖成功的需要。例如，蚯蚓、涡虫等的再生现象就是当机体遭受损伤后能够快速修复自体的一种有效适应；普遍存在于昆虫中的多胚生殖，则是昆虫通过一个胚的多次无性繁殖而产生大量能够正常发育为新个体的胚，从而保证物种的延续；幼体生殖也是如此。

性需要付出代价，但如果说性是愚蠢的，那么没有性似乎是更糟糕的，因为无性大多数情况下都将导致绝灭。

三、性的奖赏

自然界中绝大部分的动物和植物都是只能靠有性生殖来繁殖后代的。一个没有性的世界，不会有男人、女人、鸟儿和青蛙的歌声，不会有花朵的华丽纷繁的色彩，也不会有那么多的爱情故事，那将是一个了无生趣的世界。

性的魅力是巨大的，即使是病毒与细菌也懂得"拈花惹草"（详见第十四章）。一些看似进行无性生殖的单细胞生物往往也是兼性有性生殖的。换言之，它们偶尔也会放纵一次，纵情声色一回，尽管有时少到每三十代才有一次有性生殖。人体消化道里的一种叫贾第虫（Giardia）的寄生虫，从来没有被人们抓到过出轨的现行，但是它们还保留着减数分裂的全套基因，这意味着它们可能是趁着研究者不注意的时候偶尔偷偷摸摸苟合一回。这充分说明性是多么有吸引力。

性带来的最大好处就是将基因进行重新组合。在产生性细胞的过程中，通过减数分裂把基因变为新的组合。这相当于把一副牌洗好，打乱先前的组合，保证每位玩家摸牌的概率是一样的。这意味着玩家重摸的牌可能与原来差不多，也可能变成一把烂牌，当然还有可能摸到一副好牌。重新洗牌的结果是增加了后代基因型的多样性，在多变的环境中，多样便意味着总有一款是适合的。不适合的淘汰，适合的保留下来，优良的组合被发扬光大。而如果一成不变，现在可能是与环境高度适应的，但环境一旦发生改变，原来的优势可能就成了灾难，灭绝似乎就是必然的结果。也因此，动物界的昆虫、蛇类、鲨鱼中存在一些不需要进行有性生殖的物种，但这些物种的存在历史都不长。它们的灭绝速度很快，靠无性繁殖很难生存几百万年以上。在哺乳动物中还未发现有通过无性生殖繁殖后代的物种。

性还能将突变产生的优势在后代中迅速体现出来。基因突变是低频的，如果有两个突变同时发生，最可能是发生在不同的个体上，在同一个个体上发生的概率如同一个人同时被两个闪电所劈。变异是不定向的，两个有利变异在一个个体上发生的机会就更小了。如果是无性生殖的群体，发生在两个个体上的两个有益的突变是没有机会结合到同一个个体中去的，但有性生殖让两个个体的有益基因结合到一个个体中的机会大得多。如果某一雌性个体产生的卵细胞中含有一个突变产生的有益基因，与之交配的雄性个体产生的精子中有另一个突变产生的有益基因，那么它们就进入同一个受精卵中，这个受精卵发育成的个体就具有这两个有益基因。所以，性能让突变的基因迅速地在群体中扩散开来，从而使群体更好地适应环境，加速进化。

关于有性生殖的优势我们将会在第十四章中做更具体的论述，但这些论述的优势大多是针对种群而言的，或者说性能够给后代带来好处。如果性不能给个体带来奖赏，两性个体何必去承担性带来的高昂成本与风险呢？要知道两性寻偶、求偶、竞争、交配的过程都是要付出代价的，如果仅仅是为了给群体带来好处，那个体又何必如此执着地追求性呢？如果个体不想事，那性带来的好处也就没有了意义。

所以性必定得有对个体付出的回报与奖赏。我们无法测定动植物对"性"与"爱"的感受，但人类对性与爱的体验有着无数从生物学以及文学等不同角度的描述。

从生理学的角度来说，人类得到性的回报与奖赏与脑中多巴胺的分泌有密切关系。当男性进行性活动时，中脑的腹侧被盖区（Ventral Tegmental Area，VTA）会活动起来分泌多巴胺，接着多巴胺运输到大脑的回报中心，使人产生愉悦感。女性在进行性活动时，中脑的导水管周围灰质（Periqueductal Gray，PAG）区域被激活，而杏仁核（Amygdala）和海马（Hippocampus）的活性降低，这些变化可为女性需要感觉到安全和放松以享受性欢乐做出解释。

在性高潮发生时，无论是男性还是女性，左眼后的外侧前额皮质（Lateral Orbitofrontal Cortex）区域将停止活动。这个区域的神经活动被认为与推理和行为控制有关。性高潮时这个区域的活动被停止，也许能使人摒弃一切外界的信息，完全沉浸在性爱的感觉中。

对于男性来讲，射精是使精子实际进入女性身体的关键活动，没有射精的性接触对于生殖是没有意义的，所以男性的性高潮总是发生在射精时，即对最关键的性活动步骤以最强烈的回报，以最大限度地促使射精的发生。

为了给性活动以最大限度的回报，演化过程发展出了多种神经联系来传递性感觉。性器官的神经联系高度密集，光是阴蒂就有 8 000 个神经末梢。而在男女两性中，传输性感觉的神经通路都不止一条。性活动不仅给人提供生理上的快感，还在精神上提供奖励，如对异性的欣赏与追求。在恋爱期间，血液中的激素水平、生长因子以及多巴胺等水平均会增加，它们使人产生愉悦感。

正是因为生理和精神的双重回报，使得几乎所有的人都无法在一生中完全回避性活动，无法抗拒有性生殖给我们带来的巨大驱动力。求偶也就成为自然界中生物存在的普遍现象。

四、求偶行为

"男欢女爱"普遍存在于自然界中，用美国著名作曲家科尔·波特的话来说："鸟儿做这事，蜜蜂做这事，连跳蚤也做这事。"

求偶是动物繁衍的前奏，也是动物种群自我选育、优育的基础。动物的求偶行为即交配前行为，是繁殖行为的重要环节，目的是吸引异性完成交配。动物求偶可通过声音、炫耀、行为动作、建巢穴、信息素、喂食以及一些其他方式中的一种或多种进行。求偶行为能选择出合适的配偶，激发异性性活动，具有种间特异性，推动物种进化。

动物求偶行为十分复杂，包含丰富、复杂的生物学信息。大多数物种是雄性主动向雌性求偶，也有少数是相反的，如鸟类中的瓣蹼鹬科、三趾鹑科、彩鹬科等。还有雄雌同样参与求偶，如海鸟。动物没有"语言"，但求偶形式多样，千奇百怪。

有些动物是靠声音通信求偶的，常见于存在空间距离使视线受阻的鸟类和视觉欠缺的昆虫类。鸟类的鸣叫是种群内个体相互沟通的"语言"，具有明显的节律性变化，发情期的雄性动物发出自己特有的声音吸引异性。有些鸟类天生一副"好嗓子"，会尽情歌唱（鸣叫）向配偶表达爱意。"两个黄鹂鸣翠柳"便是黄鹂的情歌。大多数鸣禽（如云雀、画眉、百灵等）的雄鸟，在繁殖季节都能唱出某种曲调多变、婉转动听的歌声。而那些不善于鸣唱的鸟类，则常通过一系列单调却特别的叫声或通过身体某一部位的特殊结构发出的声音来求偶，如啄木鸟敲击枯木发出一连串的声响来吸引异性。

昆虫也会鸣曲求偶。通过鸣曲定位，昆虫可准确而快速地确定异性个体的位置，并及时而迅速地找到异性个体，进而实现交配，比如蝉就是醉心"恋歌"求偶的。盛夏，蝉儿每天都在翠绿的枝头引吭高歌，演唱那动听的蝉曲。蟋蟀、纺织娘等也都有一副"金嗓子"，其演唱技能并不逊色。夏过秋来，一些"金嗓子"鸣声不减。此时，雄虫更加卖弄歌喉，唱起一曲曲醉心的"恋歌"，以获雌虫的欢心。雌虫听到这美妙的歌声，便循声而来，以求婚配。有人试验，把一只雌蟋蟀放在录有雄性鸣声的录音机旁，录音机一打开，雌蟋蟀便会朝鸣声方向微微摆动触角，还以为是"情郎"在向它求爱呢！

"稻花香里说丰年，听取蛙声一片"，蛙声是青蛙求偶的声音信号。雄性青蛙的叫声音域广阔，气势虽不宏大却持久执着，传播范围广，很容易引起雌性青蛙的注意，将其吸引过来，进行抱对授精，如图8-5所示。

有些动物是靠华丽的外表求偶的。繁殖期间，雌雄的一方（通常是雄性）通过改变体色、羽毛、体型（体色更突出，羽毛更亮丽，体型更鲜明），来从正面或侧面在异性面前炫耀，通常见于鸟类、昆虫类，如发情期的公鸡显露彩色的羽毛、竖起鲜红的鸡冠；孔雀开屏；雄性黄腹角雉抖动平日藏着的翠蓝色肉角；求偶的鹤形目鸨科雄性大鸨的身形可以从 U 形变为 V 形等。炫耀求偶主要靠刺激异性的视觉，持续时间长，直到成功交配。会炫耀的雄鸟往往有多个配偶，这也与它们的外表有关。

很多动物会通过行为求偶。雌雄一方（通常为雄性）舞蹈、戏飞、婚飞或双方通过身体接触、击喙、亲吻、头颈交缠、身体相依、竞技等行为完成交配，常见于昆虫、猛禽、水鸟等多种生物，如蝶类戏飞；非洲鸵鸟半蹲半坐，不断摇晃身体，并把翼、尾羽轮番展示给雌鸟；雄杜父鱼等在洞口，咬住经过的雌鱼头部看其是否挣扎，不挣扎者则可以交配；海豹、驼鹿双雄决斗；雌雄蟾蜍聚集到池塘、湖泊进行配对和产卵；雄性火鸡结伴求偶却只有其中一只交配；热带大陆的雄性侏儒鸟、欧亚矶鹞在充当求偶助手时夺取了交配领地，自己参与交配；天鹅、鸭子头颈交缠、身体相依等。这些行为在雌性周围进行并刺激雌性对自己的选择，但这种求偶方式高耗能、生命受到威胁，获胜者才能完成交配。

一些动物通过建造坚固且华丽的巢穴吸引异性，完成交配，例如，雄性园丁鸟用细枝编织巨大的鸟巢，并用鲜花和各种物件来装饰以求偶；雌织巢鸟通过观察雄织巢鸟所建鸟巢的坚固程度选择雄性，如图 8-6 所示；沙蟹掘穴，堆成金字塔形，以显示自己的位置等。雌性通过巢穴选择雄性可以给产卵、孵化选择安全的环境，提高后代成活率。另外，有些雄性动物通过反射紫外线吸引异性，而雌性动物利用眼底的紫外线敏感细胞做出反应，如热带丛林中的安乐蜥、一些蝴蝶等。

图 8-5　青蛙的抱对

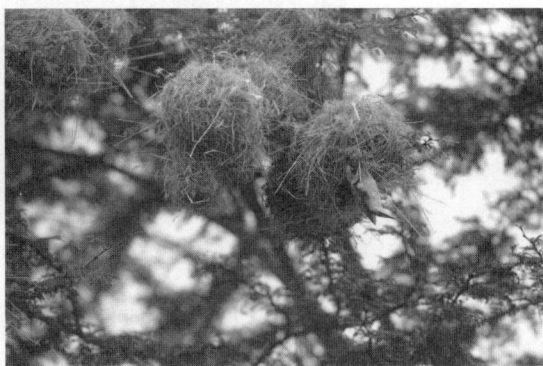

图 8-6　织巢鸟筑巢以吸引异性

一些动物可以向周边散发化学物质求偶。目前，已知有 250 余种昆虫有性引诱现象，利用信息素求偶。多数种类昆虫是由雌虫释放信息素，以引诱雄虫。例如，雌舞毒蛾分泌的信息素可把远在 400 米以外的雄蛾吸引到自己身边来；若将雌性松叶蜂放入笼中，置于田间，可招引来多达 11 000 只雄性松叶蜂。有些种类昆虫是由雄虫释出信息素，以引诱雌虫。例如，某些斑蛾雄虫可分泌性信息素，从而"召唤"雌蛾。雄蛾以定型的姿态释放性激素，召唤雌蛾，特点是"静"。雌蛾感受雄蛾的信息，以定型的行为程序寻找雄蛾，其特点是"动"。两者表现不同，但从生物学意义看，同是求偶行为。

喂食求偶是一种比较特殊的求偶方式。一些动物为了能有机会与另一方进行交配，往往携带食物给对方，进行利诱，减少其逃跑或攻击反应的可能性，如雄猴给雌猴献上野果，雄燕鸥叼着鲜鱼送给雌燕鸥；还有的是避免求偶时被异性吃掉。

最有趣但在人类看来又是最残忍的是螳螂的交配。在交配中，双方一旦交上了尾，雌螳螂便用铡刀一样锋利的前足把雄螳螂紧紧夹住，然后用大颚咬掉雄螳螂的头，如图 8-7 所示。奇怪的是，掉了头的雄螳螂的交尾动作反而更加强烈，据研究可能是由于雄螳螂食道下神经节被切断，致使交尾的神经冲动变得更加强烈的缘故，结果就在雌螳螂大快朵颐之时，雄螳螂把精荚送入雌螳螂体内，完成最后的生殖使命。雄螳螂的婚礼便是它的葬礼，从人类道德观念的角度出发，雌螳螂这种残忍的杀夫行为是根本无法理解的，但动物世界只遵循自然的法则，不受人类道德理念的约束，即凡是有利于物种延续的事物便都有存在的价值。

图 8-7 雄螳螂的婚礼就是它的葬礼

无独有偶，蜘蛛的求偶与交配同样惨烈。雄蜘蛛在寻找另一半时，有时会上演一场"死亡之战"。对天性孤独的蜘蛛来说，要找到合适的伴侣并非易事，但也并非完全没有希望，雄蜘蛛会跟踪雌蜘蛛留下的信息素痕迹找到它。但遗憾的是，如果有许多雄蜘蛛同时出现，战争就不可避免，大家以实力说话，用战斗来决定最后的胜出者。即使某只雄蜘蛛在打斗中占据了上风，艰难的求偶之路也才刚刚拉开序幕。在交尾的过程中，它还必须时刻保持谨慎，适时地发出适当的信号，如果雌蜘蛛发出可以接受的信号，它就可以大胆行动，否则一步不慎，它就有可能成为雌蜘蛛的口中食。有几个种类的雄蜘蛛在交尾完成后会自动奉献自己。从表面上看，这更像是一种自杀行为，但从进化的意义上来看，雄蜘蛛同时为雌蜘蛛奉献精子和营养，以确保成功地延续自己的后代。

格斗也是动物求偶的一种方式。在"一夫多妻"制的猴群中，要想成为猴王，除了长得强壮、灵活、英俊外，还要有一手格斗的好本领。待老猴王年老体弱不再称职时，成年的雄猴要相互竞争，以灵活的手脚功夫战上几十个回合，而雌猴则悠闲地玩耍，一边大嚼手边的食物，一边观赏这场争雄格斗。待见分晓，全胜者必将获得众猴的青睐和拥戴，成为继任猴王，从而也获得交配权。大象的激烈争夺丝毫不亚于猴子，长长的象牙成为格斗的武器，平添了几分惊险。另外，鹿的长角也是强有力的进攻工具。然而，有意思的是，无论格斗持续多久，它们之间似乎都只是用恐吓、威胁来赶走对方以达到目的，绝不伤害种群，也不置对方于死地。

动物王国中的"爱情生活"是丰富多彩的，其中有些也是匪夷所思的。

比如跳蚤的求偶。雄性跳蚤很狡猾，它们使用一种偷偷摸摸的策略让雌虫就范。雄性跳蚤在求偶时，先是悄悄地接近雌虫，然后轻轻地推一下雌虫的头，雌虫的反应是转身逃走，不料却将后背留给了雄虫，而这正是雄虫想要的结果。雄虫乘机快速溜到雌虫身下，用触须上的吸盘和腹部的卷须将雌虫强力拢住。整个过程经过精心策划。雄性跳蚤的性器官是动物世界中最为复杂的，其长长地蜷曲在雄虫体内，宽度却只有1毫米的百分之一，薄得令人难以想象。以如此复杂的结构来完成受精任务，难怪跳蚤的交尾过程有时会持续好几个小时。在这漫长的过程中，雌虫一直努力想要逃离，直到最后完全挣脱。

具有"若为爱情故，生命也可抛"情怀的还有雄蜂。当一群雄蜂围绕着一只蜂王打转时，它们的短命"人生"便被注定了。雄蜂没有采蜜授粉的器官，没有通过采蜜自食其力的能力，也没有蜜蜂所独有的尖刺。当交尾的机会到来时，成百甚至上千的雄蜂围绕着蜂王打转，竞争相当激烈。在竞争中获胜的雄蜂也同时失去了继续生存的机会——交尾后，雄蜂的性器官被撕掉，留在蜂王的体内。

为爱而死可谓是壮举，但也有找不到爱就死去的。

深海里有一种鱼叫安康鱼。安康鱼广泛分布在温带、亚热带的海底，生活在50～100米的深海。但奇怪的是被捕捞的安康鱼几乎全都是雌性，这是为什么呢？

原来雄性安康鱼是依附在了雌性安康鱼身上（见图8-8）。雄性安康鱼体型非常小，生命也很短暂，最短的只有几个月。它们在这几个月中，必须疯狂找配偶。雄性安康鱼如果长时间找不到雌性安康鱼依附，其消化系统会慢慢变差，进而影响正常进食。雄性安康鱼如果幸运地遇到一只雌性安康鱼，就会用嘴咬住雌性安康鱼的身体，并且释放出一种消化酶。这种消化酶可以起到一种类似黏合剂的作用，让雄性安康鱼接入雌性安康鱼的身体循环系统，这样雄性安康鱼就可以共享雌性安康鱼的营养了。

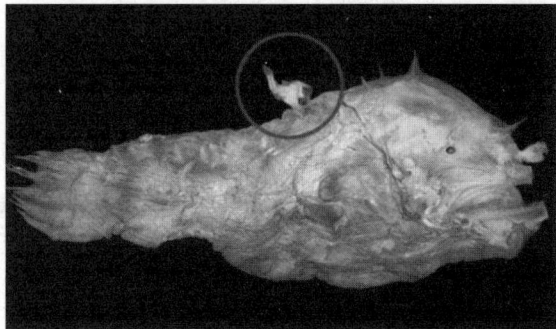

图 8-8　安康鱼（图中圈出的是雄性安康鱼）

与雌性安康鱼形成共生关系之后，雄性安康鱼会做什么呢？什么也不做！找到依附的雄性安康鱼，其眼睛、身体内的脏器都会慢慢退化，只保留繁殖功能。连在一起的雄鱼与雌鱼构成了一个雌雄共同体，它们能同时排出精子与卵细胞以便于受精。

生物这些千奇百怪的性行为其实只有一个目的，就是有效地通过性将基因传递下去，使物种得以延续。

五、两性结合的有性生殖

生物求偶的方式多种多样，生殖的方式也是多样的。有性生殖方式通常包括卵生、胎生、卵胎生和单性生殖的孤雌生殖等。

（1）卵生。卵生代表动物"以量取胜"的生殖策略，如昆虫、鱼、两栖类、寄生虫等卵生动物都具有大量产卵的能力，这可抵消卵在体外发育过程中遭遇的各种不利因素的影响。例如，一尾体重 24.5 千克的鳕鱼，怀卵量达 2 800 万粒；带鱼的怀卵量算是比较少的，但一般也有 2.5 万～3.5 万粒，而鲤鱼约为 10 万粒。虽然产卵量高，但最后能成活并能够繁育后代的个体不多，原因是产出的卵在体外并不可能全部受精，而受精卵在孵化过程中会受外界环境变化（水温、含氧量等）的影响不能全部孵化，即使孵化出来，个体在生长过程中还要经受环境的考验和天敌的捕食等。换句话说，每一步均会有损失，所以缺乏保护机制或保护结构的鱼类采取的生存策略是高产卵量。

动物卵的体积通常较小，表面还有保护结构，这既可抵御环境不利因素的影响，也可利用环境因素为胚胎发育创造条件。例如，蟾蜍的卵表面有胶性蛋白可防止水分丢失，还有黑色素分布，能更好地吸收光能，增加热量。鱼类的卵有不同的性质，有可使受精卵在水中漂浮发育的浮性卵；有可使受精卵黏附于植物体等基质上固着发育的黏性卵；还有可使受精卵沉于水底发育的沉性卵。卵的这些特点可大大提高后代的存活率。

卵生具有在不利条件下形成休眠卵躲避恶劣条件的生理特性。例如，大量昆虫在冬季来临时，因饥饿或不能承受低温而死亡，但它们的卵却能以不同方式保留在自然界中，度过恶劣环境时期，待到春天时节再复苏继续发育。

为减少损失，有些鱼类还可分批产卵以适应江河湖泊水质的不断变化，甚至有些卵生动物还可以将卵产于其他宿主体内暂时寄生，或者筑巢产卵、将卵产于卵袋中等。例如，蜘蛛将卵产于由蛛丝编织成的卵袋中；蚯蚓将卵产于由环带形成的蚓茧内以更好地保护卵。

卵生动物可以通过卵黄物质的多寡来调节发育形式以适应环境。卵大、卵黄物质多的卵，其足以满足胚胎发育的营养需要，发育过程一般为直接发育；而卵小、卵黄物质少的卵，其发育过程一般需要变态。这种变态发育虽由先天营养不足所致，但也有适应价值：卵发育至成体的不同阶段可以充分利用差异化的环境资源，不同发育阶段的虫体还可借不同形态、保护色等避免全部被天敌捕食之厄运。

（2）胎生。胎生动物的幼体发育需要依赖母体的营养物质供给。哺乳动物的特征之一即胎生。除哺乳动物外，胎生也存在于某些昆虫、鱼类中。胎生的适应意义在于为胚胎发育提供了更为安全、有效的保护，胎生动物的胚胎通过母体与胎儿之间共同形成的胎盘结构从母体获得更多、更丰富的营养物质，从而摆脱对外界环境的依赖，极大地提高了幼体存活率，胚胎发育也更充分。胎生动物产仔数虽然比较少，但后代的存活率普遍较高，因此胎生动物在生殖竞争中选择了"以质取胜"的生殖策略。

很多胎生动物从出生就能站立行走，如斑马、羚羊等落地几分钟就可以在草原上纵横往来，但也有些胎儿在发育很不成熟的情况下就出生了。例如，袋鼠是一种胎生动物，但胎儿在子宫里的时间并不长。就拿澳大利亚最大的大袋鼠来说，母体怀孕 5～6 个星期就会分娩。刚出世的幼儿发育很不完全，赤裸裸的，一点儿毛也没有，浑身鲜红柔软，只有人的大拇指那么大。刚生出的小东西缓慢地爬到母亲的育儿袋中，留在那里，靠乳汁生活（见图 8-9）。刚出生的幼体，只要找到一只乳头就含住不放。由于乳房生就一种特殊的肌肉，以致乳头的末端深深地塞到幼仔的喉咙里，想吐都吐不出来了，于是幼仔便这样悬挂在乳头上。这时，乳头四周的肌肉做有规律的自动收缩，把乳汁喷射到幼兽的口内。

图 8-9 出生后的小袋鼠离不开母亲的育儿袋

（3）卵胎生。卵胎生在田螺、食蚊鱼、海蛇、鲨鱼、蜥蜴、蚜虫等动物中普遍存在。卵胎生动物的幼体在发育过程中不与母体发生营养物质的交换。卵胎生方式的选择与物种系统进化有关。例如，海洋爬行动物的羊膜卵需要氧气，不能忍受缺氧的水环境，所以海洋中生活的爬行动物要么回到陆上产卵，要么选择将卵留在母体内孵化。比如，鱼龙由于高度适应海洋游泳生活，四肢已经特化而无法登陆。因此，其生殖方式改为卵胎生，即鱼龙的卵在母体内孵化成幼体后再排出体外，周氏黔鱼龙即一例证。这种孵育幼体的卵胎生生殖方式也时常见于鱼类，如软骨鱼的鲨鱼类，其祖先生活在淡水环境中，在进化过程中，虽成功迁入海水中生活，但其所排的卵仍保留了在淡水生活状态下的低渗特性，不能在高渗的海水中存活，所以这类鲨鱼只能转变为卵胎生或胎生。此外，卵胎生方式还与动物特定的生活栖息条件密切关联，在高海拔森林区域生活的蛇，因受低温影响，单纯靠自然环境温度难以将卵孵化成功，所以采用卵胎生生殖来克服环境长期低温对胚胎发育的制约。有些爬行动物还能依据海拔不同转变生殖方式以主动适应特定环境。例如，西藏沙蜥在海拔 2 000～3 000 米的区域以产卵方式生殖，当其栖息地升高到海拔 4 000～5 000 米时，便转变为卵胎生生殖。

可见，卵胎生方式的适应性主要表现在通过延长受精卵在母体内的发育时间，使母体对胚胎起到较好的保护和孵化作用：一方面，这种生殖方式可以最大限度地减少外部不利环境因子的破坏性影响；另一方面，在母体内发育可以保证胚胎正常发育所需要的温度，减少动物体对外界发育条件的依赖，有利于后代存活。卵胎生动物的产仔数也比较少，也属于"以质取胜"的生殖策略。

（4）孤雌生殖。孤雌生殖是指雌性个体产生的卵无须受精，便可发育成新雌性个体。植物也可能有类似的情形，但植物受精作用的细节多少有些不同，所以这个定义只适用于动物。孤雌生殖有三种类型：一是偶发性孤雌生殖。偶发性孤雌生殖是指某些动物在正常情况下行两性生殖，但雌性偶尔产出的未受精卵也能发育成新个体的现象，常见的如家蚕、一些毒蛾和枯叶蛾等。二是恒定性孤雌生殖。恒定性孤雌生殖也称永久性孤雌生殖。这种生殖方式在某些动物中经常出现，而被视为正常的生殖现象。可分为两种情况：在膜翅目的蜜蜂和小蜂总科的一些种类中，雌成虫产下的卵有受精卵和未受精卵两种，前者发育成雌虫，后者发育成雄虫。有的昆虫在自然情况下雄虫极少，甚至尚未发现雄虫，几乎或完全行孤雌生殖，如日本棘竹节虫（*Neohirasea japonica*）。三是周期性孤雌生殖。周期性孤雌生殖的动物通常在进行一次或多次孤雌生殖后，再进行一次两性生殖。

孤雌生殖在特定条件下具有不可替代的适应性意义，主要体现在：① 在种群缺少雄性个体，或者雄性个体寿命较短，雌性个体难于通过两性结合方式来完成繁殖的情况下，通过孤雌生殖就可以实现繁衍群体、扩大种群数量的目的。② 防止种群数量急剧波动，维持种群结构的动态平衡。雄性个体在一个种群内占比过高，往往引起强有力的竞争，易致种群动荡。例如，蜂群中雄蜂的数量由蜂王的孤雌生殖决定，这可以避免蜂群经常性的分群现象产生。③ 成为扩大分布的一种新形式。如果单一雌体因偶然因素漂移到新环境，通过孤雌生殖方式便可获得大量后代，对扩大种群、占据环境空间具有重要适应价值。

在漫长的进化历程中，生物进化出了多种多样的生殖方式。但是，仅有这些多样的繁殖方式还不够，生物还进化出了千奇百怪的招式，以保障这些繁殖方式得到有效进行。

六、操纵

猫是老鼠的天敌，如果说一只老鼠闻到了猫尿的味道而迅速逃离，那是一件天经地义的事。但是如果说有一只老鼠见到猫不仅不害怕，而且还会被猫尿的味道吸引，这可能就是奇闻了。

然而这样的事确实存在。老鼠不怕猫，不是老鼠变得强大而不再把猫放在眼里，而是因为老鼠体内有了一个操纵者——弓形虫。

刚地弓形虫（Toxoplasma gondii）是一种几乎可以感染所有恒温动物的寄生虫，但是这种弓形虫的繁殖能力只能在猫的体内延续下去。刚地弓形虫通过在宿主体内复制自己进行无性繁殖，只有在猫的体内才会进行有性繁殖，并产生新的卵囊，从而可以继续寻找新的宿主。受感染的猫会通过粪便传播卵囊。卵囊具有双层囊壁，是一种生命力非常顽强的小生物，对酸、碱、消毒剂均有相当强的抵抗力，在极端恶劣的环境中能存活一年之久。当啮齿动物、鸟类或其他动物吞食了卵囊以后，它们就会被感染；动物也可能因为吞食了受感染的动物的肉而被感染；人类如果食用了未煮熟的肉类、未洗干净的蔬菜，或者处理了猫砂，也可能摄入卵囊，如图 8-10 所示。一旦动物被感染，弓形虫细胞就会通过血液遍布全身，进入动物的肌肉和脑细胞中。这听起来有点儿恐怖，但是对于大多数人来说，这种感染通常被认为是良性的（但越来越多的研究表明，弓形虫也会影响人的行为与健康）。与此同时，弓形虫感染也是极其普遍的疾病，世界有近一半的人口被弓形虫感染过，而且弓形虫感染肆虐之处有可能是你完全想不到的地方。

但是，既然弓形虫的有性生殖只能在猫的体内进行，那么在其他动物体内寄生的弓形虫是如何回到猫的体内的呢？

原因就是弓形虫在操纵。刚地弓形虫可谓熟练的宿主操控能手，尤其是在操控老鼠方面。

当老鼠吃了被感染的猫的粪便时，寄生虫便会以其惯用的伎俩进入老鼠的肌肉和脑细胞中。一旦进入老鼠的大脑，寄生虫就会对老鼠的行为产生深远的影响。首先，老鼠会变得肥胖而又无精打采。然后，它就会失去对其天敌——猫的天然恐惧，如图 8-11 所示。事实上，一些研究已经表明，受感染的老鼠非但没有逃离有猫尿标记的地方，反而会被猫尿的气味吸引。

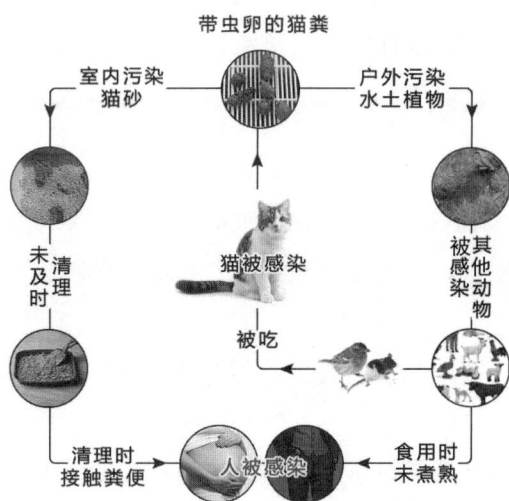

图 8-10　弓形虫感染途径

图 8-11　被弓形虫操纵的老鼠不再怕猫

感染了弓形虫的老鼠的古怪行为是如何产生的呢？

研究者将弓形虫植入一只实验鼠的体内，弓形虫从老鼠的内脏进入神经系统，大约用了 6 周的时间。它们在老鼠体内形成了卵囊，最后占据了整个鼠脑。接着，研究者发现，弓形虫会占据脑部杏仁核里的神经元树突，也就是神经元相互联系的分支和线路，并扼杀这些树突，借此切断大脑回路，使那里的细胞变少。弓形虫会活跃于大脑中与恐惧至关重要的区域，从而消除对捕食者的恐惧感。奇妙的是，感染弓形虫的老鼠对于其他它原来畏惧的事物的恐惧感依然存在，如它们依然畏惧在白天与空旷的场所活动。可见，弓形虫只是摧毁了某种特定的恐惧反应。

在动物大脑杏仁核既存在与恐惧有关的回路，也存在与性相关的回路。弓形虫感染的小鼠脑部，与恐惧相关的回路被抑制，而与性相关的回路却被激活。把感染了弓形虫的雄鼠放到大量猫信息素旁边，它们的睾丸就会变大。弓形虫以某种方式让猫尿对啮齿动物产生性唤起效果。

研究者发现，弓形虫的基因组里存在着一个酪氨酸酶羟化酶基因，这种基因能控制合成酪氨酸酶羟化酶，而酪氨酸酶羟化酶可用于催化多巴胺的合成，多巴胺是大脑里的一种神经递质，主导回报和对回报进行预期。弓形虫进入神经系统后，会释放酪氨酸酶羟化酶，从而激活与唤起了小鼠的性回路。

弓形虫通过操纵宿主小鼠的行为，使自己能从小鼠体内进入猫的体内，从而实现有性生殖，可以说是煞费苦心。操纵宿主不只是弓形虫的行为，在寄生生物中可以说是普遍存在的。

一种原产于中美洲地区的圆蛛（Plesiometa argyra）与其他蜘蛛一样，会绕着"靶心"织出一张大圆网。这种蜘蛛与一种名为 Hymenoepimecis argyraphaga 的黄蜂之间存在着寄生关系。这种寄生关系是科学家威廉·埃伯哈德（William Eberhard）潜心研究的课题。下面就是科学家揭示的圆蛛与黄蜂的故事。

圆蛛在哥斯达黎加的丛林中自由自在、快乐地生活着，每天织着圆形的蜘蛛网，并将自己挂在网中心，等待着自投罗网的猎物，然后将其包裹起来以备日后慢慢享用。直到有一天，黄蜂不知从哪儿突然飞了过来，乘其不备蜇了圆蛛一下，圆蛛立马被麻痹。这时，黄蜂乘虚而入，迅速在圆蛛的腹部产下了一颗虫卵。10～15分钟后，圆蛛苏醒过来，又开始继续织网、捕猎。可怜的圆蛛完全不知道，从黄蜂第一次将毒针刺向它的那一刻开始，它的命运就被改变了。成年黄蜂存放在蜘蛛体内的卵很快孵化成为幼虫。幼虫开始在蜘蛛的腹部打洞，慢慢吸干它的血。在接下来的几天里，黄蜂幼虫一直依靠着蜘蛛生存，而蜘蛛一如既往地织着网，浑然不觉。

然后，当黄蜂的幼虫准备做茧，并开始完成其转化为成年黄蜂的最后一个阶段时，黄蜂幼虫便向圆蛛的体内注入一种化学物质，这彻底改变了蜘蛛的行为，成功地将它变成自己的奴隶。此时的蜘蛛不再织圆形的网，而是在相同的几根网丝上来回移动，如此反复编织多次，最终织出一张可以保护黄蜂幼虫的茧的特殊之网。之后在午夜时分，蜘蛛坐在这个特别的网的中心位置，一动不动。接下来就是黄蜂幼虫的"独角戏"了。

黄蜂幼虫杀死了一动不动的圆蛛，并把它彻底吸干。饱餐一顿之后，它将圆蛛的空壳无情地丢弃在了丛林的地面上。第二天晚上，黄蜂幼虫做出一个茧，把自己紧紧裹住，茧悬挂在由死去的圆蛛编织的加固网中，幼虫进入了它生长期的最后阶段。大约一个半星期以后，一只成年黄蜂终于破茧而出。

目前，研究人员还未完全确定黄蜂幼虫是如何迫使圆蛛改变其本能的织网行为的。需要明确的一点是，圆蛛并非完全另辟蹊径进行织网，它重复编织特殊"茧网"的步骤其实也是编织正常蛛网所必经的基础步骤的前两步，它只是一遍又一遍地重复着这两个基本步骤，就像某首歌曲不断地循环播放一样。埃伯哈德博士认为："黄蜂幼虫可能是通过某种生化物质操控了蜘蛛的神经系统，导致蜘蛛只执行了织网子程序的一小部分（通常只编织圆形网状结构的一部分），与此同时压制了其他所有的程序。"

此外，埃伯哈德博士的研究也明确地告诉我们，无论黄蜂幼虫注入蜘蛛体内的生化物质起着何种作用，这种作用起效很快，并且会持续一段时间。在实验室研究中，在蜘蛛开始织"茧网"，但是织网活动还未结束（也就是在黄蜂幼虫已经对蜘蛛实施了精神控制，但是还未杀死它）时，研究人员将寄生在蜘蛛体内的黄蜂幼虫取了出来，可怜的圆蛛又继续织了几天的"茧网"，直到它"神志清醒"，才恢复正常的织网程序。

自然界中操控宿主的例子数不胜数。有种叫作藤壶的寄生虫，它会骑在雄蟹的背上并将雌激素注入雄蟹体内，直到雄蟹的行为雌性化。这样一来，雄蟹就会在沙子里挖一个洞放卵，尽管它根本就没有卵。但雄蟹被藤壶控制了，它给藤壶建了一个窝。

寄生虫对宿主的操纵似乎让人觉得不可思议，但其实这也没有什么可大惊小怪的，因为很多寄生虫繁殖过程的关键一步都离不开它。我们人类也会被寄生生物所操纵，无论是细菌还是病毒，侵入我们的呼吸道就可能会使我们咳嗽或打喷嚏，侵入消化道可能会让我们呕吐或腹泻，皮肤的感染则会引起我们的瘙痒并让我们用手去抓。

对于很多寄生虫来说，所有的努力都将归结为一点：如何从一个宿主的体内迁移到另一个宿主的体内。如果说寄生虫为繁殖而进化出的操纵显得阴险而不地道，那么另一类生物的自我牺牲行为就得说是悲壮了。

七、牺牲自我

帝王鲑是生活在海里的溯河洄游性鱼类。

它们的亲鱼在河流的砾石堆中产卵后不久便死去，只留下受过精的帝王鲑卵在水温 4～16℃下慢慢孵化。刚孵化出的帝王鲑会在它出生的砾石堆中停留一个月或更久的时间，等它们长到足够大，才会离开出生地，向河的下游游去。有些幼鱼会立即降河洄游，另一些则需要在淡水环境中继续停留 2～12 个月，才会游向大海。

通常，在海中生活 4～5 年后，帝王鲑性成熟，便要做最后一件事：回家，即回到最初出生的那条河流，产下自己的后代。

于是，在海中的帝王鲑集结起来，如春运的返乡大军一样浩浩荡荡地向出生的河流游去。洄游期间它们停止摄食，体色也由原来的银色变成了暗灰色直至红色或紫色。雄鱼的上下颌变成了钩状。逆流而上回到河流上游的出生地，意味着有时要跨越瀑布等障碍物。对此，帝王鲑并不担心。它们强有力的尾鳍会猛力击水，凭借超高的游泳速度跃出水面，并越过障碍物。帝王鲑跃起的高度甚至可以达到 2 米（见图 8-12）。这样一路上跨过重重障碍，帝王鲑最终到达此次旅程的终点，也是生命的终点——它们的出生地。

图 8-12　溯河而上的帝王鲑

在这里，雌鱼要产下的鱼卵几乎占体重的三分之一。精选完伴侣后，帝王鲑便会交配。然而，它们在交配的过程中不会有任何身体接触，就像在玩一种"平行游戏"。首先，雌鱼在河底水流较急的沙砾处挖坑（即帝王鲑的产卵区）。它侧着身体，用尾鳍来回拍打沙砾，筑成一个产卵坑。然后，帝王鲑夫妻分工协作：一个在坑里产下卵子，另一个在卵子上释放精子。当然，帝王鲑不会轻率地把所有"鸡蛋"都放在一个篮子里。当完成第一次交配后，雌鱼和雄鱼会一同离开，到其他地方挖产卵坑。它们会多次重复这类平行游戏，直到完成各自的使命。

由于雌鱼携带的卵细胞远大于雄鱼的精细胞，雌鱼更容易耗损精力，因此雄鱼一般有多个配偶。它们就这样不停地繁殖后代，直到耗尽精力，死在河床上。帝王鲑最终用类固醇杀死自己。

帝王鲑一生只能繁殖一次，所有抵达产卵地的帝王鲑都将在它们诞生地结束它们的一生。作为一种溯河洄游的鱼类，帝王鲑生于河，长于海，待到发育成熟后，又回到自己所出生的溪流，产下卵后便死去，它们为种族繁衍献出了宝贵的生命！一代一代，周而复始。少小离家老大回、叶落归根，大概是帝王鲑的写照。

帝王鲑为什么会在产卵后死去呢？原来当到达产卵地时，成年帝王鲑的新陈代谢系统已濒临崩溃。它们在溯河返回出生地时已停止进食，而肾上腺分泌出的类固醇（即糖皮质激素）将致使它们急速老化。此外，类固醇还会导致免疫系统崩溃，使它们饱受全身性真菌感染的困扰。它们的肾脏会萎缩，邻近细胞（称为肾间质细胞，与类固醇有关）将大量增生，循环系统也会受到影响，动脉发生损伤，这也就不可避免地使它们走向了生命的终点。

章鱼的生命故事同样十分感人。它们的生命较短暂，不同种属的章鱼的寿命从几个月到几年不等。

雌章鱼在发出特殊信号后，引来雄章鱼。雄章鱼一般会展示自己巨大的吸盘，像是在展示自己的魅力一样。假若遇到体型比较大的雌章鱼，有可能被其攻击甚至被吃掉，此时的雄章鱼会把自己变成苍白色，小心翼翼地接近雌章鱼，在确认雌章鱼许可的情况下，开始用触手包裹雌章鱼。你可能会问雄章鱼的性器官在哪里？答案是没有。对，章鱼并没有一个特用的性器官，唯独有一只特殊的触手，也叫交接腕，交配时交接腕直接从自己体内取出精蛋，再伸进雌章鱼的外套腔，完成独特的交配。这只交接腕不同于其他触足，它在最前端位置，有部分没有细小的吸盘，但留有沟槽，用来拿取自己的精蛋完成交配。

雄章鱼一生只交配一次，交配完之后就耗尽了毕生的体力。就好比完成了自己的使命，连东西都不再吃，准备迎接死亡。雌章鱼悉心守护着它的卵宝宝。如果环境不适宜，它可能会吃掉那些卵，再另寻更合适的产卵时间或地点。一旦意识到时机成熟，雌章鱼就会停止进食，寸步不离地守护着藏有卵的洞穴，驱赶捕食者。章鱼妈妈能以这种不吃任何东西的蛰伏状态守护着洞穴好几年，而一旦小章鱼孵出，它就会在几天内死去，如图 8-13 所示。

图 8-13　章鱼繁殖后也会死去

现在人们知道，章鱼妈妈并非死于饥饿。她的死亡与体内的两个内分泌腺有关。尽管与眼睛并无关系，但这些内分泌腺被称为视腺，其分泌物控制着交配、母爱行为和死亡。通过手术摘除视腺后，章鱼妈妈的寿命就可以延长。如果只摘除其中一个视腺，经历了孵化期的章鱼妈妈仍能在不吃任何东西的情况下多活 6 周。如果摘除两个视腺，并开始进食，章鱼妈妈不仅能恢复体力，还能恢复原来的体形，并存活 40 周以上。章鱼的牺牲精神已刻入了基因之中。

单细胞的酵母细胞个体也会为彼此的利益自我牺牲。不过，它不是为了后代，而是为了兄弟姐妹。保存了兄弟姐妹，也就意味着保住了种族，从这个角度来说，酵母菌的自我牺牲也是为了种群的繁衍。

酵母菌是单细胞真菌。一些酵母细胞通过出芽的方式进行繁殖。它身上会长出一些小的芽细胞，而当这些芽细胞长到一定程度，就会脱离细胞成为新的个体，在环境中继续生长。酵母细胞繁殖的频率高达每小时两次。一旦从环境中得到丰富的营养，它们就会疯长。当周围环境中的糖用完时，大部分酵母细胞会死于饥饿，少部分会形成孢子，等待下一次快速繁殖的机会。科学家发现，在食物短缺期，细胞并不会饿着等死，而会提前采取行动：一旦发现食物短缺，95% 的酵母菌会通过细胞凋亡程序牺牲自己。它们分解躯体，消化自身的蛋白质，把自己变成表（堂）兄弟姐妹的食物。它们提供的能量让剩余的 5% 的细胞得以形成孢子（也可能是干孢子），获得更好的保护，并有机会开启新生命。

为了繁殖，进化迫使某些生物体做出选择：牺牲自己的生命，确保它们的孩子或其他至亲能够继续生存下去。从进化的角度看，让基因的单个携带者失去生命，以保存种群大家庭的更大规模基因存活下来，似乎是理所当然的。

第九章　包容与妥协也是适应

适者生存，不适者淘汰，自然选择造就了适者。生命的适应，让人对进化选择的力量深为赞叹。但适应也是有代价的，代价会抵消它们带来的好处。自然选择不断推动生物向着最优进化，但最优几乎总是不可能达到的。适应在某些情况下是一种进步，但在另一些情况下可能就是一种不利因素。

一、直立行走的利与弊

双足直立行走与硕大的脑瓜是人类与近亲动物的两个重要区别，有了这两个特征，人才看起来有模有样。

对于人类从四足行走变为双足行走的原因有很多假说，比较典型的观点是"稀树草原假说"。这一理论的支持者认为，我们的类人猿祖先之所以放弃黑暗的非洲森林，迁徙到辽阔无边的大草原上，也许是因为气候变化导致了大规模的环境变化，从而驱使他们做出了这种选择。在森林里，食物品种丰富，各种水果、坚果一应俱全。但是当他们来到热带稀树草原以后，生活顿时变得艰难起来，所以我们的祖先不得不寻找新的途径来获取食物。于是，男性祖先开始勇敢地在草食动物群中狩猎。如此一来，他们不但需要环视四周、寻找食物或者提防掠食者，还要为了食物和水源长途跋涉，这些新的情况组合在一起，使得热带稀树草原上的原始人类开始两足直立行走，如图 9-1 所示。

两足行走带来的第一个明显优势是，双脚站立可以更易于采摘某些果实。以红毛猩猩为例，它们在树上吃东西时，有时是近乎直立地站在树枝上，膝盖伸直，一只手抓住一根树枝，另一只手则用于摘取垂下来的食物。黑猩猩和一些猴子在吃低垂下来的浆果和果子时，也会以相似的方式站立。因此，两足行走最初可能是一种姿势的适应。可能是由于在食物获取方面存在激烈竞争，能够更好地直立站立的早期古人类在食物贫乏的季节能采摘到比较多的食物。在这种情况下，早期古人类由于髋关节更面向侧方以及其他有助于保持直立的特征，使他们在直立时比其他种系更具优势，因为他们消耗的能量较少，能节省更多体力，并且站得更稳。同样，能更有效地直立站立和行走，可能有助于古人类携带更多的果实，就像黑猩猩在竞争激烈时所做的那样。

图 9-1　人进化出了双足直立行走的特点

两足行走带来的第二个优势可能更重要，那就是用两条腿走路可以帮助早期古人类在迁徙时节约能量。最后的共同祖先可能是用指背行走的，指背行走绝对是一种奇特的四肢行走方式，并且也是一种很消耗能量的方式。在实验室研究中，研究人员引诱黑猩猩戴着氧气面罩在跑步机上行走，发现这些猿类行走同样距离所消耗的能量是人类的 4 倍。如此显著的差异是因为黑猩猩腿短，并且它们行走时会左右摇摆，髋关节和膝关节都是弯曲的。其结果是，黑猩猩需要不断耗费大量能量来收缩其背部、髋部及大腿肌肉，以防止栽跟头或摔倒在地。不足为奇的是，黑猩猩行走的距离也相对较短，一天大约只走 2 ~ 3 千米。消耗等量能量的情况下，人类可以行走 8 ~ 12 千米。因此，如果早期古人类两足行走时姿态稳定，并且髋关节和膝关节较直，那么与其他用指背行走的表亲相比，就会在能量上获得优势。当雨林面积萎缩，分布零散，且对外更为开放，导致猿类喜欢的食物变得越来越稀少和分散时，能够用等量的能量走得更远就成了一个非常有益的适应。

但两足行走的缺点也相伴随而来，一个主要缺点出现于应对怀孕时。无论是四条腿还是两条腿的怀孕的哺乳动物，都必须负担不少额外体重，这些体重不但来自胎儿，也来自胎盘和额外的液体。足月妊娠时，人类孕妇的体重增加多达 7 千克。但不同于怀孕的四足动物，这个额外的重量使得人类孕妇有了摔倒的倾向，因为她的重心落在了髋部和脚的前方。任何怀孕的准妈妈都会告诉你，她怀孕期间走路不太稳，也不太舒服，她的背部肌肉必须更多地收缩，这种状态也很疲劳，或者必须使身体向后，把重心移回髋部上方。尽管这种特征性的姿势可以节约能量，但它给下背部的腰椎带来了额外的剪应力，因为腰椎要极力避免彼此之间的滑动，因此腰背痛是折磨人类母亲的一个常见问题。然而我们也可以看到，自然选择帮助了古人类来应付这额外的负担，其方式是增加楔形椎体的数量：女性有三截，男性有两截，女性的腰椎下段呈现弧形。这个额外的弯曲减轻了脊椎的剪应力。自然选择也青睐于腰椎关节得到加强的女性，以便承受这些压力。

两足行走带来的另一个劣势是速度的损失。当早期古人类采用两足行走时，他们就放弃了四足驰骋的能力。根据一些保守的估计，不能四足奔跑使我们的早期祖先快跑时的速度大约只有一般猿类的一半。此外，双肢远不如四肢稳定，因此奔跑时也很难快速转身。肉食动物，如狮子、豹和剑齿虎很可能会大肆猎食古人类，这使得我们的祖先进入开阔的栖息地要冒着极大的风险，风险大到甚至有可能全部灭绝，也就谈不上我们这些后代了。两足行走可能也限制了早期古人类敏捷爬树的能力。尽管很难确定，但早期两足人类很可能无法像黑猩猩那样在树林中蹿跃猎食。放弃了速度、力量和敏捷性，自然选择提供了条件，最终在几百万年后使我们的祖先成了工具制造者和耐力跑远手。

直立以后还让我们的脚变得有苦难言。身体的所有重量将不得不由这两个强大的底座承担，这使得脚成了专业性极强的工具，除了负重与走路外，再没有别的事做——其他灵长类动物的脚还具有灵活的抓握功能。为了适应直立承重，人类的脚部骨骼增大，特别是脚后跟比所有灵长类动物的都要强大，体重100斤的女性的脚骨比300多斤的大猩猩的脚骨还大。增强版的脚骨可以分担来自上部的压力，但骨头一大，密度就容易跟不上，而脚跟主要由稀松的网状海绵骨组成，这就带来了另一个严重的问题——骨骼组织暴露面积增加，钙流失加快，年老以后极易骨折。很多高个子篮球明星的退役时间比其他运动员要早，不是因为他们不想打，而是因为不能再打，他们的身体对脚部的压力过大，骨密度容易跟不上，骨折的风险也就更高。

直立行走带来的麻烦还有一大堆，比如奔跑时下肢承受的压力接近于体重的好几倍，所以骨骼磨损严重，老来难免光景难熬；久站会使肛门血压增加，容易形成痔疮，有一种病叫哨兵痔，就是长久直立造成的；本来动物的内脏都是平放的，现在由于直立行走，内脏被吊了起来，结果各种内脏受到重力作用就容易下垂，诸如胃下垂、肾下垂、子宫下垂、小肠下垂等，都是人类独有的常见病，搞不好连心脏都有下垂的风险，而四肢行走的动物完全没有下垂的麻烦。

尽管两足行走有很多劣势，但直立行走和站立的好处一定是在每个进化阶段都超过了其代价的。直立行走是自然选择赋予我们的金钥匙，它不经意间打开了一个巨大进化的开关，从此开启了不可逆转的演化进程，持续刺激人体的其他特征不断出现，指引着人类大步迈向文明。

适应是相对的，生物在获得某种优势的同时，也往往丧失了另一种好处，或者在另一方面需要付出代价。在加拉帕戈斯群岛上的地雀中，粗喙不便于吃仙人掌果，细喙不便于吃坚硬的种子，不粗不细的喙吃这两种食物都不方便。随着降雨、温度、食物、猎食者、猎物和其他因素每季、每年以及在更长时间跨度内发生着大小幅度不同的变化，每种特征的进化适应价值也会改变。妥协的一个后果是，自然选择很少会达到完美或根本不会达到完美，因为环境总是在不断发生变化。

优势是相对的，劣势也是相对的。有时候看似要命的劣势，却也会带来另一种补偿。

二、疟疾与遗传病

疟疾是一种传染病，每年的感染者达 5 亿之众，其中会有 100 多万人死亡。世界上有一半以上的人口生活在疟疾普遍流行的地区。如果不幸感染了疟疾，你会经历可怕的、周期性的全身发冷、发热、多汗，并伴有关节疼痛、呕吐和贫血等症状。最终，它会导致人昏迷和死亡，在儿童和孕妇中尤甚。

疟疾的病原体是疟原虫（与动物有某些相似性的微生物），疟原虫会通过雌性按蚊的叮咬（按蚊又叫疟蚊，雄虫不会叮咬）进入人体的血液中。疟原虫种类繁多，其中最危险的就是恶性疟原虫。

但是，并不是每一个被携带疟原虫的按蚊叮咬的人都会受到感染。20 世纪 40 年代，英国遗传学家 J. B. S. 霍尔丹（J. B. S. Haldane）就提出，某些群体，特别是具有镰刀型细胞贫血症遗传病倾向的人对疟疾具有更好的抵抗力。

我们在第 8 章中已介绍过镰刀型细胞贫血症。它是 20 世纪初才被人们发现的一种遗传病。1910 年，一个黑人青年到医院看病，他的症状是发烧和肌肉疼痛，经过检查发现，他患的是当时人们尚未认识的一种特殊的贫血症，其红细胞不是正常的圆饼状，而是弯曲的镰刀状。后来，人们就把这种病称为镰刀型细胞贫血症。

1949 年，Pauling L 和 Itano 发现镰刀型细胞贫血症与血红蛋白结构异常相关，病人的血红蛋白所带的电荷不同于正常人的血红蛋白。与此同时，James Neel 发现镰刀型细胞贫血症是一种符合孟德尔遗传规律的疾病。1956 年，Ingram 又证明了镰刀型贫血患者仅仅是单个氨基酸替换。Ingram 用胰蛋白酶将正常的血红蛋白（HbA）和镰刀状细胞的血红蛋白（HbS）在相同条件下切成若干肽段，通过对比两者的电泳双向层析图谱，发现有一个肽段的位置不同。HbA 和 HbS 的 a 链是完全相同的，所不同的只是 b 链上从 N 末端开始的第 6 位的氨基酸残基，在正常的 HbA 分子中是谷氨酸，在病态的 HbS 分子中却被缬氨酸所代替。

在 HbS 中，谷氨酸被缬氨酸代替，这相当于在 HbS 分子表面安上了一个疏水侧链。这一变化致使血红蛋白的溶解度显著下降，但对氧合形式并无影响。伸出 HbS 分子表面的缬氨酸创造了一个"黏性"突起，与另一个 HbS 分子通过疏水作用而聚集沉淀。电镜观察表明，沉淀由直径为 21.4 纳米的纤维组成，每根纤维是一个 14 股 HbS 链的超螺旋。纤维沉淀的形成压迫细胞质膜，使它弯曲成镰刀状。

镰刀状红细胞不像正常细胞那样平滑而有弹性，因此不易通过毛细血管。在氧压力低的毛细血管区，镰刀化的程度将增加，某些细胞破裂，在血管中形成冻胶状血流，血流变慢又使组织中的氧压进一步下降，生成更多去氧 HbS，加重细胞的镰刀状化，引起局部组织器官缺血缺氧，产生脾肿大、胸腹疼痛等临床表现。这是镰刀型细胞贫血症患者死亡的主要原因。

镰刀型细胞贫血症是一种致死性疾病，纯合子患者有的在童年就死去，杂合子患者的寿命虽也不长，但却能抵抗一种流行于非洲的疟疾，而这种疟疾对携带正常血红蛋白基因的纯合子个体致死率很高。杂合子患者之所以对疟疾有一定的抗性，是因为杂合子患者可加速被感染的红细胞的破坏，从而中断疟原虫的生活周期。虽然镰刀型细胞贫血症的基因会导致死亡，但它能抵抗疟原虫，因此，自然选择没有淘汰致病基因，而是包容并保留下来，其结果是在疟疾高发地区纯合状态的有害作用和杂合状态的抗疟疾作用处于平衡中。

比镰刀型细胞贫血症更能够抗疟疾的一种遗传病叫蚕豆病。地球上大约有 4 亿人患有蚕豆病，如此高的患病概率意味着这种致病基因有着相对的优势而被自然选择保留。

在极端情况下，患有蚕豆病的人在进食蚕豆（或者服用某些药物）后会迅速出现严重的贫血，并且经常会导致死亡。

蚕豆病病因的研究始于 20 世纪 50 年代。当时朝鲜战争正在进行，考虑到远东地区海岸线旁的湿地生活着大量携带疟原虫的按蚊，大多数被派往朝鲜作战的美军士兵都会常规服用伯氨喹以预防疟疾。伯氨喹在当时还是一种治疗疟疾的新药，美国卫生当局原本以为这种新药能够避免非战斗性减员，没想到适得其反，相当一部分非洲裔美军士兵在服药后死亡。此外，伯氨喹还导致 10%～15% 的北非、中东和地中海移民后代的美军士兵患上急性溶血性贫血。美军最高医疗长官对此深感不解，他要求 Stateville 监狱的犯人作为"志愿者"帮助军队找出其中的原因。

因此，Stateville 监狱开始了一系列针对疟疾的非人道的实验研究。实验将犯人分为两组：第一组是对伯氨喹敏感的非洲裔美国人，这些人在服用伯氨喹后会出现溶血等反应；第二组则是对伯氨喹不敏感的人。研究人员采用输血的方式将两组人的血液混合，即将第一组人的血液输入第二组人，而将第二组人的血液输给第一组人。输入的红细胞采用放射性铬进行标记，以便观察。实验的结果是，当第二组人的血液输入第一组人体后，给这些对伯氨喹敏感的人服用伯氨喹，输入的红细胞并没有发生病理性改变；而把第一组人的血液输入第二组人后，给这些对伯氨喹不敏感的人服用伯氨喹，这些输入的红细胞立刻被破坏了。

为了搞清楚其中的原因，研究人员找到了芝加哥大学的内科医生卡森（Paul Carson），希望他能解释实验中所观察到的现象。卡森是一个对各类化学物质所引起的生理反应有浓厚兴趣的科学家，同时他也是一个长于巧妙设计实验的人，因此他正是军方所需要的专业人员。当时，其他一些研究疟疾的科学家已经提出，那些对伯氨喹过敏的人可能存在某种红细胞缺陷，这种缺陷也许来源于遗传，也可能源自其他因素。人们期待卡森针对谷胱甘肽还原酶的研究能够解开这一谜团，因为谷胱甘肽在保持红细胞完整性方面发挥了核心作用。卡森的实验表明，谷胱甘肽还原酶在红细胞氧化还原代谢中发挥作用，它可以保证红细胞内的谷胱甘肽以还原态形式存在，而还原型谷胱甘肽对于维持红细胞膜的稳定性具有重要作用。对于那些缺乏谷胱甘肽还原酶的人来说，伯氨喹仿佛起到了扳机的作用，诱发原本就不够稳定的红细胞被破坏而产生溶血；同时，由于谷胱甘肽还原酶缺陷影响了红细胞的正常氧化途径，导致疟原虫无法获得足够的能量，也就无法生长繁殖。

现已清楚蚕豆病患者是因为他们的体内缺乏葡萄糖-6-磷酸脱氢酶（简称 G-6PD）。G-6PD 被认为存在于人体的每个细胞中，对于红细胞尤为重要，它能够保护细胞结构的完整性，清除细胞中的自由基。由于患者红细胞膜的 G-6PD 缺陷，导致红细胞戊糖磷酸途径中谷胱甘肽还原酶的辅酶——还原型烟酰胺腺嘌呤二核苷酸磷酸（NADPH）生成减少，使得维持红细胞膜稳定性的还原型谷胱甘肽生成减少而不能抵抗氧化损伤，最终导致红细胞破坏并溶血的一种遗传病，如图 9-2 所示。G-6PD 基因位于 X 染色体上，蚕豆病属 X 连锁不完全显性遗传。

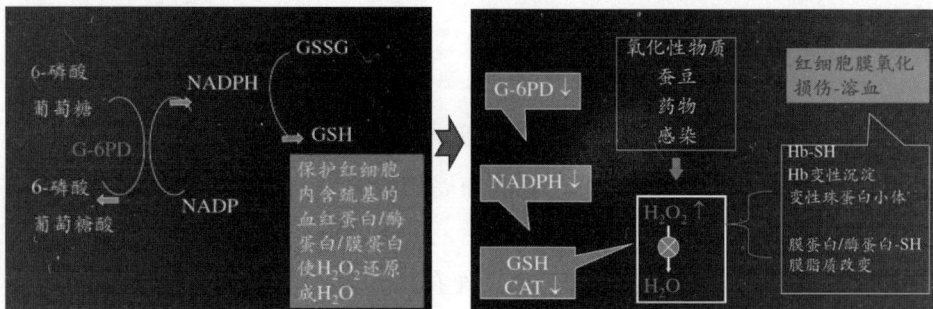

图 9-2　正常人与蚕豆病患者代谢比较：左图为正常情况，右图为患病机制

那蚕豆病与蚕豆有什么关联呢？原来，蚕豆中有两种与糖有关的化合物——蚕豆嘧啶

葡萄糖苷（Vicine）和伴蚕豆嘧啶核苷（Covicine）。这两种化合物在人体内产生自由基，特别是过氧化氢。蚕豆病患者进食蚕豆以后，就会产生较多的过氧化氢。如果过氧化氢不能在 G-6PD 的帮助下得到清除，就会攻击体内的红细胞，并最终导致红细胞破裂、死亡。一旦发生这种情况，其余的细胞也会从血管中渗漏出去，导致溶血性贫血，并可能危及生命。

负责 G-6PD 蛋白生成或导致其存在缺陷的基因与它同名，也叫作 G-6PD，由于基因位于 X 染色体上，所以这一疾病在男性中的发病率要高于女性。对于男性而言，当他的 X 染色体发生突变时，其所有的细胞都会因该突变而发生改变。而倘若一名女性患有严重的 G-6PD 缺乏症，那么必须是她的两条 X 染色体上都发生了突变，如果只有一条染色体上有突变，那么她体内的部分红细胞依然有正常的基因，另外一些红细胞中则是突变的基因，尽管如此，她仍然能够产生足够的 G-6PD 来避免蚕豆病症状。

实验室的实验结果也证实，如果需要在正常的红细胞与 G-6PD 酶缺乏的红细胞之间进行选择，病原虫总是优先选择正常的红细胞。G-6PD 缺乏症患者的红细胞，不仅不适合病原虫寄生、繁殖，而且与正常人群的红细胞比，也会更快地被从血液循环中清除出去。

疟疾与 G-6PD 缺乏症的分布在地理上高度吻合。疟疾主要在热带和亚热带地区流行，遍及全球多个国家和地区。G-6PD 缺乏症主要发生在非洲、中东和亚洲的热带地区。我国 G-6PD 缺乏症的高发地云南、广西、海南也是历史和现今疟疾的高发区，特别是我国受境外周边国家疟疾影响最为严重的中缅、中老边境地区是疟疾最严重的地区，也是 G-6PD 缺乏症高发地区。长期的选择压力使疟疾对 G-6PD 缺乏症具有了选择优势。

在易受疟疾侵袭的地区，疟疾会使人死亡，镰刀型贫血症与蚕豆病也会导致死亡，但带有镰刀型细胞贫血症基因或蚕豆病基因的个体却可能因感染疟原虫而不得疟疾获得选择优势。在疟疾、镰刀型细胞贫血症、蚕豆病之间，进化选择了妥协。

三、两难的端粒

2009 年，因为发现了端粒和端粒酶保护染色体的机理，三位科学家获得了诺贝尔生理学或医学奖，颁奖者对其"有望揭开衰老与癌症的奥秘"的高度评价也使端粒与端粒酶吸引了大众的视线。

什么是端粒呢？在每条染色体的末端，都有一段碱基重复的 DNA 序列，它不带有任何有意义的信息，被称为端粒，如图 9-3 所示。端粒由 6 个碱基重复序列（TTAGGG）组成，重复序列数以千计。在一个功能正常的染色体中，端粒尾会自动折叠，形成一个没有化学反应的整洁末端，使双螺旋不能打开。这有点像我们鞋带两端防止鞋带散开的小金属箍。

端粒的作用当然不只是防止双螺旋被打开。为了更好地理解它的功能，我们得先回顾一下中学学过的 DNA 复制的相关内容。

真核细胞的 DNA 复制发生在细胞周期的 S 期。在解旋（Helicas）的作用下，首先双螺旋的 DNA 同时在许多 DNA 复制的起始位点局部解螺旋并拆开为两条单链，如此在一条双链上可形成许多"复制泡"，如图 9-4 所示，解链的叉口处称为复制叉（Replication fork）。在 DNA 复制时起关键作用的酶是 DNA 聚合酶（DNA polymerase），该酶使游离的脱氧核苷酸准确地与 DNA 上互补的碱基结合并与早先结合形成的脱氧核苷酸新链连接，使新链延长。由于 DNA 聚合酶只能将游离的脱氧核苷酸加到新链的 3′（而不是 5′），因此 DNA 的复制（DNA 的聚合）总是由 5′ 向 3′ 方向进行。

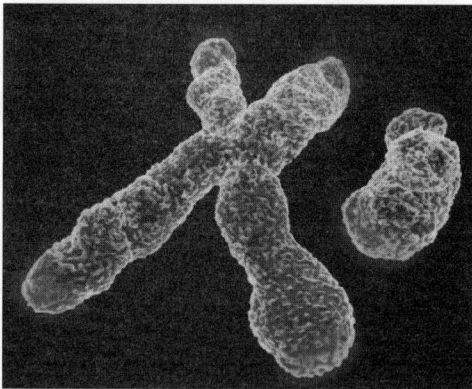

图 9-3　染色体两端有端粒

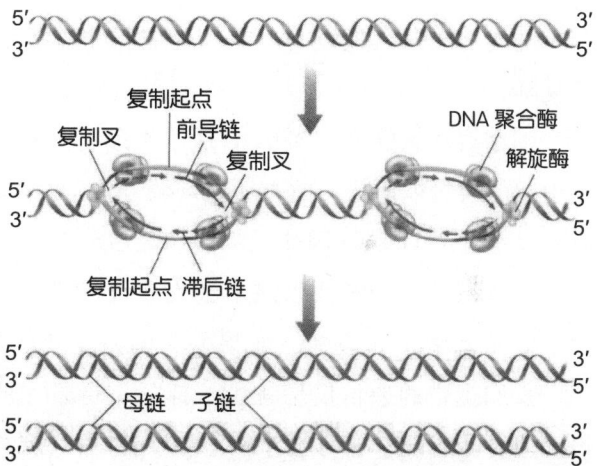

图 9-4　DNA 的复制起点

在亲代 DNA 解旋后的复制叉处，按照由 5′ 向 3′ 方向复制的原则，一条子链可以连续向着分叉处进行复制和延伸（前导链），而另一条子链则不能连续向着分叉处复制和延伸（滞后链）。

DNA 聚合酶从头催化合成 DNA，在合成新的 DNA 单链前，先要在 RNA 聚合酶的作用下合成一段 RNA 短链（称为引物），DNA 聚合酶据此按 5′ 向 3′ 方向使游离的脱氧核苷酸加到新链的 3′ 端。DNA 滞后链的复制和延伸不是连续的，而是分段进行的，每合成的一小段片段称为冈崎片段（Okazaki fragment）。之后，冈崎片段前的 RNA 引物被 DNA 取代，DNA 连接酶（DNA ligase）又使冈崎片段连接成为连续的新链，如图 9-5 所示。

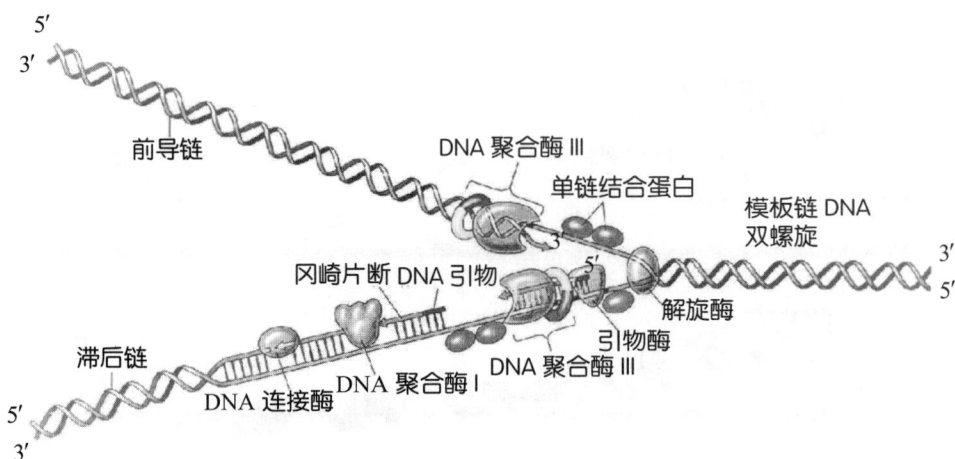

图 9-5　DNA 复制的过程

复制结束后，由一个 DNA 分子形成了两个完全相同的新的 DNA 分子，这两个 DNA 分子都含有一条模板链和一条新合成的与模板链互补的子链，DNA 的这种复制称为半保留复制。

但需要注意的是，DNA 合成时必须要有 RNA 引物，"切除后填补"的过程也不例外：链中间的引物被切除，前方还有冈崎片段，沿着片段往后填补即可。问题在于链最前段没有可以定位的 DNA，因此引物被切除后无法填补空缺。这种特殊的复制过程导致 DNA 复制后两条链不一样长，以滞后链为模板的 DNA 丢失了一小段末端序列。如果继续复制，就会导致末端不断丢失。如果丢失的是重要的 DNA 序列，就意味着细胞每经历一次分裂，我们携带的遗传信息就少一部分。想象一下，现在你的手上有一本手稿需要复印 50 份，但复印店却有意刁难你，他们没有向你收取费用，而是每次复印手稿都要拿走最后一页，那么问题就来了，你的手稿有 200 页，如果每复印一次都将最后一页给他们，那么最后复印的那本手稿就只有 150 页，无论谁拿到它都将错过四分之一的故事。不过作为一个高度进化的生物体，你拥有想出聪明的解决方案的天赋：你在手稿的末尾增加了 50 页空白页，并给复印店提供了一本 250 页的手稿。这样一来，50 本复印手稿都将有完整的故事，除非你决定复印第 51 本，否则你不会丢失有宝贵信息的任何一页。端粒就如同这些空白页。随着细胞的分裂，端粒会不断地缩短，而真正有价值的 DNA 信息却得到了保护，所以端粒的一个重要作用就是保护遗传信息不随分裂而丢失。它是位于染色体末端的一小段 DNA-蛋白质复合体，也可以简单理解为端粒就是 DNA 序列的末端，它是一段重复的、不携带遗传信息的序列。

由于端粒长度有限，因此它的存在还限制了细胞分裂的次数。美国生物学家伦纳德·海弗利克（Leonard Hayflick）是现代老化研究的鼻祖之一。20 世纪 60 年代，他发现细胞在死亡之前，通常只会分裂固定的次数。人类体细胞分裂次数的极限大约是 52 ～ 60 次。细胞增殖的这一极限被称为"海弗利克极限"。这可理解为，细胞经过了 52 ～ 60 次的分裂，端粒的长度已不再足以维持细胞正常的分裂，如图 9-6 所示。

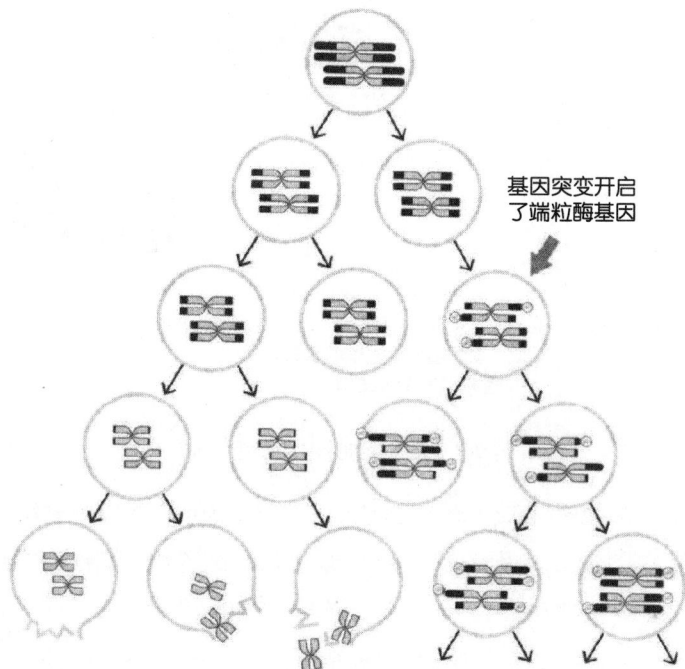

基因突变开启了端粒酶基因

图 9-6　细胞分裂过程中端粒变短（左边），最后细胞凋亡，突变开启端粒酶基因后细胞就会继续增殖

端粒的另一个作用是避免染色体被错误地拼接起来。细胞中染色体的断裂与拼接是经常发生的，细胞只能将染色体断裂后的片段拼接起来，而不能将不同的染色体拼接起来，也不能将同一条染色体的两个端点拼接起来形成环，否则无疑将会带来严重的后果。有研究者曾通过基因修饰的方法将小鼠的一些染色体末端相互连接而接合在一起。不幸的是，小鼠细胞的基因表达变得彻底失控，细胞开启了凋亡程序，小鼠也走向了死亡。端粒的存在为细胞识别染色体的末端与片段提供了标识。

但是，如果所有的细胞都存在海弗利克极限，干细胞就不复存在；精子与卵细胞是细胞分裂的产物，其中的端粒长度也将短于体细胞，那么子代的细胞的端粒长度就肯定要短于亲代，这样繁殖也将终止。如果进化选择这样的策略，那也就没有我们的存在了。进化解决的策略是提供端粒酶。端粒酶能够将变短的端粒补上，如图 9-7 所示，但这些酶只能限定在特定的细胞，如干细胞与产生生殖细胞的母细胞中存在，而在一般的体细胞中处于不表达的状态。

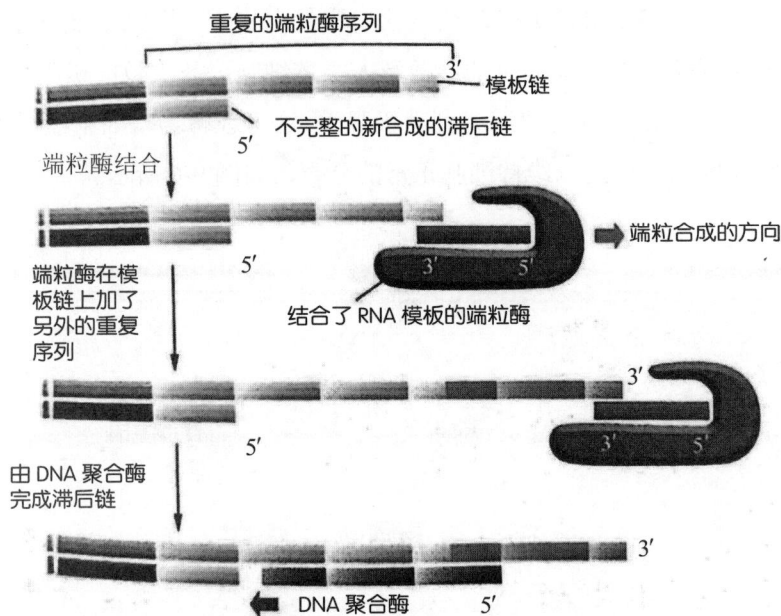

图 9-7　端粒酶把变短的端粒补上

但投机者与违法乱纪者无处不在。机体中的一些细胞会利用各种机会，偷偷使端粒酶基因表达或者激活它的活性，从而使一些不再分裂的细胞处于能够进行无限增殖的状态，这就形成了癌细胞。癌细胞借此成功越过了海弗利克极限，成了一种具有无限增殖能力的不死的细胞。已有的研究表明，90% 的癌细胞中端粒酶都是有活性的，其他的癌细胞则借助其他手段保持端粒的稳定。

可见，端粒处于两难的境地：没有它，细胞将会是一团糟，随着细胞分裂次数的增加，端粒变短，衰老也就相伴而来；而如果每个细胞都补上端粒，一些细胞就发生癌变，也是灾难。

如果说端粒是进化妥协的产物，那么"垃圾 DNA"就是进化包容的结果了。

四、垃圾 DNA

2003 年，人类基因组测序完成，当我们满怀希望地打开"生命天书"时，却尴尬地发现人类的基因是如此之少！控制我们生老病死、喜怒哀乐、性格外貌的基因其实只占"生命天书"很小的一部分，人类细胞中 98% 以上的 DNA 被划入了垃圾的行列——它们不编码任何蛋白质。这些数量庞大的 DNA 序列就像遗传寄生虫那样，在 DNA 分子每次复制时都出现在新的分子中，因此研究人员将这些遗传代码称为"垃圾 DNA"。这非常让人惊讶，因为过去人们一直相信生命都是高效率的生存机器，作为遗传物质的 DNA 也应该是精美的，每个 DNA 的片段都有它的功能，不会有半点浪费。

这样的惊讶是有道理的，98% 以上的 DNA 都是垃圾，就像一部 100 分钟的电影中 98.5 分钟都是广告，这似乎不合常理，更有悖作为生物进化选择的结果。尔后越来越多的研究也进一步证明，许多"垃圾 DNA"确实是有功能的。如此说来，"垃圾 DNA"并不是垃圾。

不过，这里要回答一个问题：究竟什么算是"垃圾 DNA"呢？

其实当初提取"垃圾 DNA"时，是相对编码蛋白质的基因而言的。按传统基因概念，基因就是编码某种蛋白质的一段 DNA。它们就像散落于天幕的星星一样，分散在我们的基因组中。而在这些基因间存在的大片大片的 DNA 片段是不能编码蛋白质的，即非编码序列。由于功能不清，1972 年，遗传学家 Susumu Ohno 提出了"垃圾 DNA"的概念，用来形容那些基因组上没有生物学意义的非编码 DNA 序列。由于当时的科学家普遍认为蛋白质才是决定生物性状的关键，而且也没有一种好的理论和技术手段来解释这些"垃圾"存在的原因，于是"垃圾 DNA"这一观念逐渐根深蒂固，并影响着人们对于基因组的认识与研究工作。

随着研究的深入，科学家发现人与人之间的蛋白质编码基因有 99% 的相似性。但是，个体的"垃圾 DNA"却有着显著的差异，这能够较好地解释为何基因组编码部分大体上相似，每个人却都存在不同。也就是说，是"垃圾 DNA"让每个人都变得独一无二。显然，"垃圾 DNA"是有作用的。

科学家们已经发现"垃圾 DNA"的功能之一是调节基因的活动，它如同一道指令一样控制着基因。"垃圾 DNA"多以重复序列出现，并且具有不稳定性。这些串联的重复序列常常影响临近基因结合到核小体（由 DNA 和组蛋白构成的染色质基本结构单位）的松紧程度，并直接影响基因的活化程度，进而影响相关基因的表达。一些控制基因开和关的特殊蛋白（转录因子）能特异识别基因附近的非编码"垃圾 DNA"，通过与它们相互作用参与基因的抑制与激活。例如，在酵母中，大约 30% 基因上游的非编码 DNA 在基因调控中发挥作用。在拥有更大基因组的哺乳动物中，虽然特殊的有功能的"垃圾 DNA"的分布要比在酵母中分散，但却在编码蛋白序列的上下游区域内呈簇分布。特别在人类中，许多"垃圾 DNA"序列的变化与复杂疾病（如关节炎、共济失调症等）的发生息息相关。不同个体对药物的反应、对疾病易感性的差异在很多情况下也是由一些特殊的"垃圾 DNA"调节的。

在"垃圾 DNA"家族中还有一类特殊的群体，称为假基因。假基因与基因很像，但却不能产生功能性蛋白，常常也被归类为"垃圾 DNA"。科学家预计，人类假基因的数量可能与正常基因的数量相近，大约有 2 万个，目前鉴定的已超过 12000 个。虽然假基因不能合成蛋白，但并不是说它们不具有任何功能，研究发现"假"基因确有"真"本领。研究人员在对小鼠进行遗传改造时偶然造成了一个假基因的缺失，该小鼠的后代发生严重的先天性缺陷，并且寿命急剧缩短，可见这种假基因的作用不可小视，它对健康生命来说是必需的。该假基因是其对应的基因 Makorinl 的缺陷拷贝，长度不到其一半，只能产生小分子 mRNA，却不能合成蛋白质。尽管很小，但是这种 mRNA 有保护真基因免受破坏的功能。如果这个假基因在小鼠或者人类细胞中丢失，真基因的功能也不能正常发挥。研究人员推测，可能是由于假基因 RNA 看起来像 Makorinl，它们掩护真基因，通过牺牲自己将不利因素引开而保护真基因免受干扰，这可能是一种新的基因调节的方法。

此外，也有研究人员使用外显子芯片技术对人类多个组织进行分析，结果发现很多外显子其实都来源于"垃圾 DNA"，随着不同的剪切而转变为不同功能的外显子。还有研究发现，这些"垃圾 DNA"在基因组中有一种重要功能，即某些"垃圾 DNA"如同基因组的标点符号，使基因组的编码部分变得有意义。如果没有这些"垃圾 DNA"作为边界元件，基因组的编码部分就如同没有标点的段落。

很多疾病都与基因的不正常表达有关，尤其是癌症。有科学家研究发现，通常认为是"垃圾 DNA"的序列产生的一种遗传序列组分将有助于乳腺癌和肠癌的诊断。他们发现 7 种有瑕疵的遗传组分在乳腺癌细胞中普遍存在，其中有 5 种只存在于乳腺癌细胞内，另外 2 种在肠癌细胞和乳腺癌细胞中均有发现。除了癌症，科学家还发现"垃圾 DNA"与其他疾病也有关系。日本大阪大学的 Shigekazu Nagata 等创造出缺少编码 DNaseII 基因和其他基因的小鼠模型。结果，不能降解体内"垃圾 DNA"的小鼠模型表现出了与人类风湿性关节炎很相似的症状。它们的关节不但出现发炎症状，而且还具有类似人类在发生关节炎时制造的特征化合物，包括炎性信号分子白介素和干扰素。英国科学家研究发现，某些"垃圾 DNA"中的重复序列能够激发某种反应，最终阻止特定的基因被打开，干预细胞的"基因沉默"机制，进而影响疾病。

美国伯克利劳伦斯国家实验所的研究人员发现，"垃圾 DNA"中有一些序列片段，可以像开关或放大器一样影响脸部基因的作用。眼睛的大小、鼻子的挺拔、头颅的形状等可能都与这些被称为"增强子"的序列片段密不可分，如图 9-8 所示。

研究负责人、遗传学家阿克塞尔·菲泽尔说："人类基因组中可能有成千上万个增强子，它们都在某种程度上影响脸形的形成，但我们尚不清楚这些增强子怎样发挥作用。"为验证他们的发现，研究人员培育了缺少 3 个已知增强子的转基因小鼠，接着用计算机断层成像来获取这些小鼠 8 周大时的头颅三维图像。结果与所预料的一样，转基因小鼠的头颅比普通小鼠的头颅要长或短些，或显得更窄或更宽些。更重要的是，删除这些增强子没有引起腭裂、下巴突出或其他问题，所带来的只是细微的脸部结构调整。

图 9-8　人的相貌可能与"垃圾 DNA"相关

研究人员表示，就像指纹一样，每个人的脸形都独一无二。即便是双胞胎，脸形也会存在细微的差异。

但这些依旧只能说明有些"垃圾 DNA"并不是垃圾，"垃圾 DNA"的比例缩小了，并不能说明"垃圾 DNA"不存在。

有科学家认为，人类基因组中有一半基因是寄生虫 DNA 的复制品，这些寄生虫 DNA 又叫转位子，它们往往不断复制直到发生变异后失去活性，并没有特别有用的功能。这些转位子只有少数具有活性，会导致人体发生疾病。研究人员发现，在哺乳动物的超保留 DNA（非编码 DNA 中不受外界环境影响而发生变异，在遗传中一成不变地保留了下来的 DNA）中，转位子占 5%，这些转位子中有些也参与基因调控，但大多数并不是人类基本活动所必需的，这些基因的功能可有可无。研究者从人类基因组中选取了 44 个大型基因序列，其中 4.9% 是保留 DNA，结果表明，大约一半的保留 DNA 具有某种功能，而且许多具有特定功能的非编码 DNA 在人体内存在，但在老鼠中却没有保留下来。这些结果表明，这些重要的基因序列决定了人类不同于老鼠。虽然这些非编码 DNA 具有区别物种的重要功能，但是在整个基因组中只占极小比例，大多数可有可无，只是在进化过程中偶然出现的，既不会妨碍也不会帮助生物的发育。

科学家认为，要弄清这些基因的功能只有通过实验设计，从动物体内除去这些基因，然后观察是否会对动物造成严重的后果。研究者从老鼠体内删除两个大型非编码 DNA 片段，这些 DNA 片段每个约包含 100 万个碱基对，结果表明实验中的动物很健康，研究人员惊奇地发现，被移走基因的老鼠与正常老鼠相比，发育、寿命、生育能力、体重以及血化实验结果并无差异。

也有研究者认为，有些"垃圾 DNA"并不直接影响性状的调控，而是在进化中起作用（当然这就涉及"垃圾 DNA"的界定了）。生物进化的内在驱动力是基因突变。突变是随机的，就是说在整条 DNA 上任何一个位置，不论是有用基因还是垃圾基因占据的位置，发生突变的概率是均等的。在进化过程中，子代往往从父辈那里遗传了一大堆突变基因，如果这些突变造成严重的后果，有些子辈在未生下自己的子嗣之前就会死去。进化通过这种方式来阻止一个物种中有害突变的逐代积累，否则就会危及整个物种的生存。倘若我们身上大多数的 DNA 具有某种生理功能，那意味着大多数突变将落在这些 DNA 序列上，大多数子代将会因有着这样或那样的缺陷而不能传宗接代。为了得到一个健康的孩子，要以生下很多有缺陷的孩子为代价，这是与实际情况不符的。相反，如果我们的大部分 DNA 是垃圾，那么大多数的突变就不会对我们的繁衍造成影响。有研究者计算了一下，如果整个基因组的 DNA 序列都具有生理功能，在不同情况下为了能够进化，一对夫妇大约需要生 1 亿个孩子，才能保证其中有两个是正常的（两个是保证人类不至于数代之后灭绝的最低数目）。即使基因组中只有四分之一的 DNA 序列具有生理功能，每对夫妇平均也要生近 4 个孩子，才能保证有两个是正常的。考虑到基因突变率和史前人类的平均生殖率，科学家推算，我们的 DNA 中大约仅有 8% ~ 14% 可能具有某种实实在在的生理功能。

生物是个复杂系统，进化的过程不是推倒重来，而是修修补补，以零敲碎打的方式修整着系统，使之适应新的环境。生命是进化而来的足够好的系统，但不是设计出来的精致优雅的系统。也就是说，生命系统是拼凑而成的系统，这样的系统能够有效地运行下去，但未必完美。生命进化中，随着环境的变化，生命编进了新的适应环境的程序，但原有的一些编码如果无关大局，留着也不伤大雅。生命既然能容忍诸如镰刀型细胞贫血症基因以及蚕豆病基因的存在，也就有理由接受部分"垃圾 DNA"。从这个角度来说，DNA 中存在垃圾似乎也是合理的。我们多次说过，自然选择青睐的是生存与繁殖，但也包容对生存与繁殖影响不大或没有影响的存在。

"垃圾 DNA"中有没有垃圾，还有待科学家做更多的研究。

第十章 拉马克"归来"

适应是进化的结果，进化以可遗传的变异为基础。如果遗传物质没有改变，仅性状改变是不可能遗传给子代的，因此对进化而言也是没有意义的，这是经典达尔理论的观点，也因此，拉马克的"获得性遗传"被作为反例来批判。然而，表观遗传学兴起后，人们惊讶地发现新性状的出现并不一定是 DNA 序列改变的结果，环境可能会催生生物性状的改变，而这一改变也能遗传给下一代，这似乎向人们宣告："拉马克在归来！"

一、拉马克与获得性遗传

拉马克（Jean-Baptiste Lamarck，1774—1892）是法国博物学家。人们普遍认为，他是进化论先驱者，并认为他一生中最伟大的贡献在于创立了生物史上第一个比较完整的生物进化论体系，否定了当时神造万物的概念，给生物学界带来了科学的曙光。

拉马克认为现在的物种是由某种物种经过缓慢、连续的变化而发展来的。他认为生物体内有着一种由低级向高级发展，自身趋向完美的趋势。环境是生物进化的原因，并将生物的进化归纳为"用进废退"和"获得性遗传"的假说。拉马克将"获得性性状遗传"定义为："外界环境的改变使得动物体产生了一种需求，从而使动物产生了由行为到生理以及结构的一系列的改变，使动物体发生了本质上的改变，并且这种改变是可以遗传的。"

具体来说是动物对环境的变化做出反应，引发了下列一系列事态：① 动物的生存环境一旦发生较大的变化就会引起它们的需求发生改变。② 动物需求的任何变化都要求它们的行为进行调整以满足新的需求，结果就形成不同的习性。③ 每一新的需求要求新的动作来满足，这样就要求动物或者较之以前更多地运用躯体的某些部分，从而发展和增强（增大）了这一部分；或者是运用新的部分，这些部分的需求"由于它们本身的内部感觉的作用"而不知不觉地发展了起来。例如，长颈鹿生活于非洲干旱地带，那里牧草稀少，长颈鹿不得不摄取树叶充饥。为达到这一目的，它们便尽力向上伸展。这种习惯持续漫长的岁月，它们的前肢就会变得特别长，脖子和头也长到惊人的程度，如图 10-1 所示。

图 10-1　拉马克理论解释长颈鹿的形成：内在需要驱动进化

拉马克认为，具有神经的高等动物后天获得性性状可以传给下一代，即只要获得的性状为双亲所共有，就能通过繁殖保存在它们的后代中。较有名的例子除长颈鹿外，还有对鹭、鹤等涉禽长腿、长颈的解释，即这些鸟类长期生活在水边，但不喜欢游水，为了不使身体陷进淤泥，就尽力伸长腿部；为了吃到水里的鱼虾，又不至于濡湿身体，就尽力伸长颈部。这样，获得的性状逐代遗传下去，年深日久就成了长腿、长颈的涉禽了。

但实际上，拉马克只是在他 1809 年出版的《动物哲学》一书中系统阐述了他的进化和遗传观点，即通常所称的"拉马克学说"。在进化论发展的历史长河中，拉马克常被诟病为一个"有点愚蠢"的科学家，其学说遭到了众多学者的批判，认为他提出了一系列错误的进化理论，并且最终在一场关于进化论的"知识大战"中"输"给了查尔斯·达尔文（Charles Darwin）。达尔文最终证明拉马克学说的这些荒诞传言是完全错误的，尤其否定了父亲或母亲在其有生之年获得的性状可以遗传给其后代的观点。

事实上，这些传闻中只有极少的部分是真实可信的。与其说拉马克是一位科学家，不如说他是一位哲学家。而他的《动物哲学》一书也更像是一本面向一般读者、对当时进化论进行描述的科普读物，而不是一部经过科学分析的学术专著。拉马克确实推广了"获得性遗传"的概念，也宣扬了进化的概念，然而他自己并没有提出任何一个理论，也从来没有自诩任何理论的创始人。当时，获得性遗传理论其实是被大众广泛接受的，包括达尔文。达尔文甚至在他的《物种起源》（*On the Origin of Species*）一书中赞扬拉马克帮助推广进化论。

但是不幸的是，当教科书中提及获得性遗传理论时，可怜地让拉马克成为这个他从未创立过的理论的牺牲品。不知何时，历史上的一位科普作家（其名字已不可考）从某处获悉，拉马克对获得性遗传理论负有责任，于是一代又一代的科普作家都继承了这个观点，并将其传承了下去。换句话说，有人把这一理论归咎于拉马克，很多人也跟着人云亦云，于是以讹传讹到今天。时至今日，教科书上还在讲述试图证实拉马克学说的愚蠢。

我们姑且不去追究谁首先提出了"用进废退"与"获得性遗传"，但这两个观点在当时确实得到很多人的支持，同时也深深影响了达尔文。"用进废退"很好地反映了实际情况：人不再吃草，阑尾用得少便退化了；生活在黑暗洞穴里的蜘蛛不需要眼睛，眼睛也就退化了；运动员天天锻炼，肌肉发达；科学家喜欢读书、思考，就变得聪明，所以科学家的小孩也会比较聪明……按照这样的观点，你如果希望自己在哪方面有重大的成就，那么努力锻炼就是了。而且，不仅你可以在这方面获得优势，你的子孙也能沾光。

现代分子生物学已经证明，遗传信息是按中心法则传递的，即遗传信息只能从 DNA 传递给 RNA，再由 RNA 传递给蛋白质，不可能从蛋白质传递给 DNA（RNA 病毒的遗传信息也可以从 RNA 传给 RNA 或 DNA）。因此，如果遗传物质没有改变，只是性状发生改变，这种变异是不会遗传给子代的。

但近年来兴起的表观遗传学却为拉马克主张的获得性遗传提供了越来越多的证据，这似乎暗示了"拉马克的归来"。如果拉马克泉下有知，不知道是该高兴还是尴尬。

二、冬日饥荒

1944 年 9 月，第二次世界大战进入最为残酷的阶段，占领荷兰的德国军队禁止将粮食与煤炭运往该国的北部地区，并且全面封锁了水陆交通。鹿特丹港的起重机、船只以及码头全部被炸毁，只留下了一个"在死亡边缘痛苦挣扎的荷兰"。荷兰的内陆河网是四通八达的，但阿姆斯特丹、鹿特丹、乌得勒支与莱顿等城市的食品与燃料供应完全依赖外界定期运输。到了 1944 年初冬，送抵瓦欠河与莱茵河北部省份的战时配给严重供不应求，当地百姓面临着饥饿的威胁。虽然同年 12 月水路重新开放，但是航道已经完全冻结。首先是黄油从餐桌上消失，接下来是奶酪、肉、面包与蔬菜。在绝望、寒冷与饥饿的驱使下，人们先是用自家院子里种植的郁金香球茎与菜皮充饥，然后又被迫开始食用桦树皮、树叶与野草。最终，食物摄入量降至每天约 400 卡路里，只相当于 3 个土豆所能提供的热量。人们"只剩下饥饿与本能"。饥荒一直持续到 1945 年，虽然死于营养不良的男女老幼数以万计，但是最终还是有几百万人得以幸免。时至今日，这段历史依然铭刻在荷兰人民的记忆中，并且被正式称为"冬日饥荒"或"饥饿冬天"。

可怕的饥荒也创造了一个了不起的科学研究案例。因为荷兰拥有优秀的医疗基础设施和医疗记录保存能力，流行病学家得以据此对饥荒造成的长期影响进行跟踪调查，而他们的研究结果是完全出乎意料的。

他们研究的第一个问题是那个可怕的饥荒对当时已经在子宫内发育的胎儿的出生体重的影响。结果显示，如果母亲在孕期一直营养良好，而仅仅在最后的几个月营养不良，她的孩子在出生时很可能体重偏低，而如果母亲只在怀孕的头三个月营养不良（胎儿刚好出现在这个恐怖事件快结束时），但随后孕妇被精心喂养，那么她的孩子很可能体重正常，胎儿"追赶上"了正常的体重。这一切似乎理所应当，并没什么稀奇，因为我们都知道胎儿大部分的体重是在怀孕最后几个月获得的。当流行病学家跟踪研究了这些群体的婴儿几十年后，他们有了令人惊讶的发现。那些出生就瘦小的婴儿一直保持着他们的瘦弱，其群体的肥胖率比一般人群显著降低。经过 40 年或者更长的岁月后，这些人已经能够随意获取食物，但他们的身体却从没有跨越过原来营养不良的范畴。为什么会这样？这些早期的生活经历是如何持续影响这些人长达几十年的？为什么即使生活环境恢复正常，这些人仍不能够回归正常呢？

还有更令人吃惊的发现，在怀孕早期经历饥荒的母亲生出的孩子的肥胖率居然高于正常人群。而最近的报告还表明，这些孩子的其他健康问题发生率也较高，包括某些心理方面。尽管这些人出生时看起来似乎是完全健康的，但在母亲的子宫中肯定发生过什么，而这影响了他们以后几十年的生活。值得注意的并不是这个影响存在的事实，而是这个影响发生的时间。试想一下，一件发生在胎儿发育前三个月的事情（而当时的胎儿还非常小），居然会影响一个人的余生，这真是不可想象。更离谱的是，其中一些效应似乎延续到了这个群体的子代，也就是在怀孕期前三个月遭遇营养不良的母亲生出的女儿的下一代。所以，那件怀孕中发生的事情甚至影响了她们孩子的孩子。突如其来的饥荒不仅对于经历浩劫的幸存者基因产生了影响，而且这些遗传信息还传递到了他们的孙辈，因此某些遗传因素或因子必定已经在饥饿人群的基因组中留下烙印，并且其作用还至少延续了两代人。"冬日饥荒"不仅载入了史册，同时也形成了这个民族的遗传记忆。

那么这个遗传记忆到底是什么？遗传记忆是如何超越基因本身进行编码的呢？遗传学家发现，饥荒幸存者（幸存者的定义很明确，就是群体内所有人都在完全相同的时间里遭遇过一段时间营养不良的人群）的子孙容易发生代谢性疾病，仿佛他们的基因组携带有祖辈代谢异常的记忆。但是基因序列的改变不可能是产生此类"记忆"的原因。这项研究涵盖的人数成千上万，他们的基因不会在祖孙三代人中均发生同样的突变。对于"冬日饥荒"的幸存者来说，一定是基因与环境之间的交互作用改变了他们的表型，同时必定会有某种成分融入了基因组，而这些成分作为遗传标记可以世代相传。

这个遗传标记会是什么呢？

三、DNA 甲基化

我们先来看一个小鼠的实验。实验是 2003 年在美国杜克大学医学中心实验室进行的。

遗传实验的材料是一种黄色小鼠。这种肥硕的黄色小鼠带有一种独特的基因，叫作"鼠灰色基因"或者"刺豚鼠（Agouti）毛色基因"，这种基因使它们拥有了特有的浅色皮毛，并且具有患肥胖症的倾向。当携带鼠灰色基因的雄性小鼠与携带鼠灰色基因的雌性小鼠交配以后，总会产下具有相同特征的鼠宝宝——它们胖胖的，毛发的颜色是黄色的。鼠生鼠，黄毛胖子的后代仍然是黄毛胖子，这符合我们对遗传的认知。

杜克大学的一个科学家团队将一群携带鼠灰色基因的小鼠分成了两组：对照组和实验组。对照组中的小鼠没有获得特殊的优待，其饮食与平日无异。科学家让肥胖的雄性黄色小鼠"米奇"与肥胖的雌性黄色小鼠"米妮"进行了交配，"米妮"最终生下了肥胖的黄色小鼠宝宝——这是毫无悬念的事情。实验组中的小鼠同样进行了交配，但是该组中的小鼠准妈妈得到了稍好的产前护理——除了正常的饮食之外，它们还被喂食了维生素补充剂。事实上，科学家给它们喂食的是一种复合维生素，它是目前妊娠期妇女所服用的产前维生素的一种变体，包含维生素 B_{12}、叶酸、甜菜碱和胆碱。

实验结果匪夷所思，几乎震惊了整个遗传学界。实验组中肥胖的雌性黄色小鼠在和雄性小鼠交配以后，竟然产下了骨瘦如柴的褐色的鼠宝宝。一时间，科学界之前对遗传的所有认识似乎被完全推翻了。之后，科学家对褐色小鼠的基因进行了检测，更是增加了它的神秘感，因为它们的基因居然与其父母的基因完全相同！褐色小鼠的鼠灰色基因仍然存在于它本应该存在的位置上，随时准备发出指令，使它们变得体形肥胖、毛发发黄。所以，究竟发生了什么呢？

研究者发现，给小鼠准妈妈喂食的维生素补充剂中的一种或多种化合物进入了小鼠的胚胎之中，并将鼠灰色基因的开关按在了"关"的位置上。当鼠宝宝出生以后，它们的 DNA 中仍然含有鼠灰色基因，但是已经不再表达，因为一种被称为"甲基"的化合物与基因结合，抑制了基因的表达。这种基因抑制的过程被称为 DNA 甲基化（DNA methylation）。甲基化并没有改变 DNA。维生素补充剂中的化合物含有甲基供体（Methyl donor）——形成甲基的化学分子，能够阻断遗传信号。

DNA 的甲基化是 DNA 分子的碱基上被加上了甲基（—CH_3）。DNA 的 4 种碱基中，能被甲基化的只有胞嘧啶（C）。DNA 的甲基化需要甲基转移酶催化。大多数情况下，甲基转移酶只能催化 G 前面的 C 的甲基化，这个被甲基化的 C 后面紧跟着 G 的结构，就叫作 CpG（见图 10-2）。DNA 的这种甲基化会影响基因的表达，并传递到子代的细胞中，但不会改变基因的碱基序列，如同给基因加上了一把锁。它能调节个体的生长、发育，保障机体的正常生命活动。试想一个神经细胞中，如果血红蛋白基因、胰岛素基因等各种基因都被打开，细胞将会乱成一团，神经细胞的功能就无法保障。对于神经细胞来说，必须给无关自身生命活动的基因加上一把锁，将这些"无用"的基因尘封在细胞中。在环境条件发生改变的情况下，为适应这种变化，细胞会做出多种调控，而甲基化也就是选项之一。

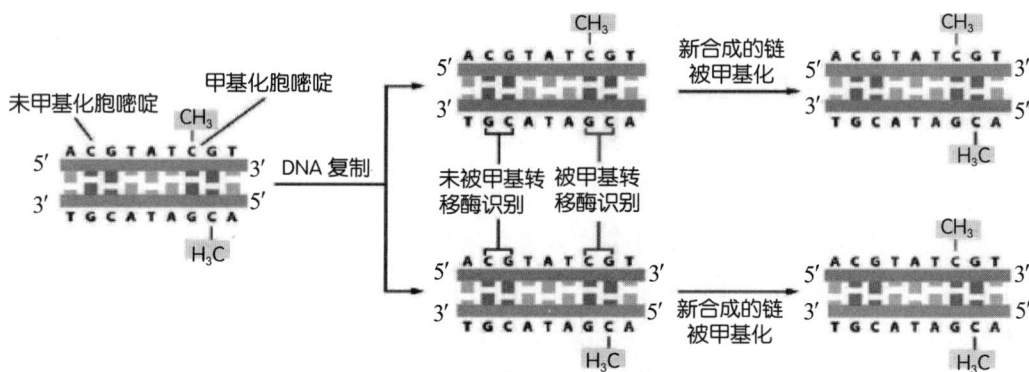

图 10-2　DNA 的甲基化及传递

研究者对荷兰"冬日饥荒"幸存者进行的甲基化分析也显示，与代谢相关的基因上出现了甲基化的变化。尽管这种相关性并不能被证实是直接的因果关系，但发育早期的低营养状态会改变代谢关键基因的表观遗传学特征已得到证实。

怀孕早期的代谢失衡，比饥饿会显著地改变胚胎细胞中的表观遗传学进程。细胞为了适应低营养的环境，会通过改变代谢来尽力保持胚胎的健康生长。细胞通过改变基因表达（如甲基化，但不只是甲基化）以应对营养的匮乏。母亲怀孕早期遭遇饥荒，其孩子在成年后罹患肥胖的概率较高，那是因为子代的细胞被表观遗传编程为尽最大的努力去节约食物的模式。这一设定一直保持，即使是在食物供应充足的多年以后。如果这种修饰不能在形成生殖细胞时全部清零，那么也就可能随着生殖细胞传递给后代。最终，历史的记忆也就转化成了细胞的记忆。

四、玳瑁猫

玳瑁猫因毛的颜色与玳瑁（海龟科的海洋生物）非常相似而得名。其毛色是黑色和姜黄色条纹的混合体。猫身上的每种毛色是由产生色素的黑色素细胞决定的。黑色素细胞生长于皮肤，由特殊的干细胞发育而来。当黑色素细胞的干细胞分裂时，子代细胞停留在相互靠近的位置，同一来源的细胞就形成了一片聚集区。奇怪的是，如果一只猫的颜色是玳瑁纹的，它一定是雌性。

决定毛色的基因只存在于 X 染色体上，一条 X 染色体只能携带一种颜色的信息。黄色和黑色是一对等位基因，也就是说，一条 X 染色体上携带的要么是黄色毛基因，要么是黑色毛基因。一般猫的腹部都是白色的，白色是白化基因起的作用，让猫本来的颜色不能显示出来。这种白化基因并不存在于性染色体上，因而不受 X 染色体失活的影响。

对于只有一条 X 染色体的雄猫，它的毛色要么是黄白，要么是黑白。对于虽然有两条 X 染色体，但是毛色基因一致的雌猫，毛色也是黄白或者黑白。只有杂合体的雌猫，一条 X 染色体上带的是黄色毛基因，另一条 X 染色体上则是黑色毛基因。在胚胎发育的早期，已经形成了多细胞的阶段，两条 X 染色体要失活一条，失活的 X 染色体浓缩成染色较深的染色质体。有些细胞保留黄色毛基因所在的 X 染色体的活性，而有些细胞保留黑色毛基因所在的 X 染色体的活性。而且，由这些细胞分裂出来的子代细胞都保持一样的失活程序。最后出生的小猫身上的花斑就是黄色和黑色混合，这是因为同一色的斑块实际上来自于同一个前体细胞，并保留相同的 X 染色体失活的选择，如图 10-3 所示。

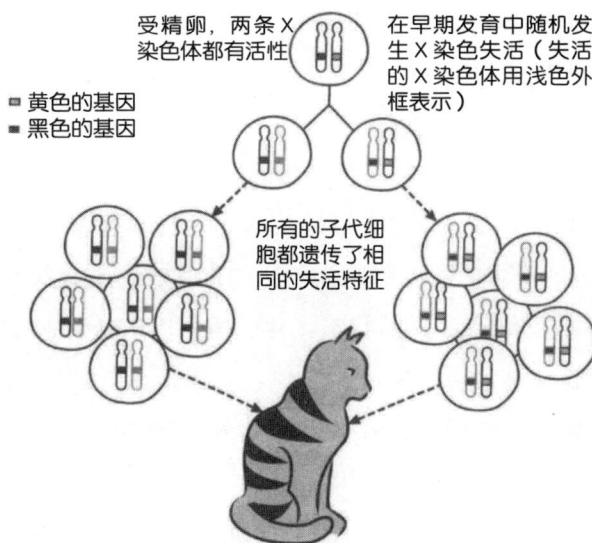

图 10-3 玳瑁猫的形成原因

在哺乳动物中，无论雄性还是雌性，体细胞中只有一条有活性的 X 染色体。在雌性体细胞内，虽然有两条 X 染色体，但是为了保证 X 染色体上的基因表达剂量在一个合适的范围内，在胚胎发育到原肠胚时期，体细胞中两条 X 染色体中的一条随机失活，这就是 X 染色体失活。而且，一旦这个细胞启动了对某一条 X 染色体的失活进程，那么这个细胞的子代细胞都会保持对同样的一条 X 染色体的失活。为什么活性染色体的个数不能太多呢？唐氏综合征（Down's Syndrome）是一个极好的例子。唐氏综合征是一类遗传性疾病，它的病因是患者细胞中有 3 条第 21 对染色体。多一条染色体可不是什么好事，唐氏综合征患者有学习障碍、智力障碍等。剂量补偿效应是 X 染色体失活现象最为流行的假说，也得到了很多科学实验的支持。剂量补偿效应认为，X 染色体上有相当多的参与生理代谢等重要功能的基因，这些基因的表达产物与其他常染色体上基因的表达产物一起协同工作。X 染色体失活可以看作是维持 X 染色体上基因表达在雌性和雄性之间的平衡。

1932 年，缪勒（H.J.Muller）首先报道，在果蝇中，雄性果蝇的 X 染色体的转录效率要比雌性的高，而转录产物最终浓度在两种性别中差不多。1961 年，玛丽·莱昂（Mary Lyon）在哺乳动物中发现了同样的现象，并且提出了 X 染色体失活的概念，即在雌性动物体细胞中只有一条 X 染色体是有活性的，而另外一条 X 染色体失活成为巴氏小体（Barr body）。

那么 X 染色体失活的机制又是什么呢？怎样保证有且只有一条 X 染色体失活呢？

X 染色体的失活起始于 X 染色体失活中心（X Inactivation Center，XIC），失活中心的 Xist 基因正向转录出 XIST RNA，反义转录出 TSIX RNA。在细胞分化之前，雌性个体的两条 X 染色体均低水平表达 Xist。当细胞分化开始之后，Xist 的表达出现差异，即只在一条 X 染色体上强烈表达。强烈表达产生 XIST RNA 的染色体将来会失活，因为 XIST RNA 偏好和转录它本身的染色体结合，使得 X 染色体的 DNA 甲基化，从而失去了转录的活性。其次，将组蛋白进行修饰，如诱导 H3 组蛋白第 27 位赖氨酸的甲基化，引发 XIST RNA 的上调，从而在 Xist 的 5' 端产生一个异染色质的斑块。同时，XIST RNA 还募集多种蛋白质结合到 X 染色体上，维持其失活状态。伴随着 XIST RNA 扩散覆盖染色体导致基因的沉默，X 染色体变成异染色质状的巴氏小体。而保持活性的 X 染色体上 Xist 仍处于低水平表达，并最终沉默。反义 RNA TSIX RNA 是 X 染色体失活的负调控因子，研究表明，存在另一机制使得 X 染色体失活，即 XIST RNA 与 TSIX RNA 通过复性形成二聚体，并被 Dicer 酶剪切成对失活的 X 染色体进行异染色质修饰所必需的 RNA，如图 10-4 所示。

除此之外，DNA 甲基化的差异也与 X 染色体失活过程密切相关：在失活的染色体上，许多基因的启动子甲基化而失去了转录的活性，而 Xist 基因却没有被甲基化，可以持续产生 XIST RNA。相反地，有活性的染色体上 Xist 基因被甲基化了。

可见，X 染色体失活也与甲基化有关，属于表观遗传的范畴。

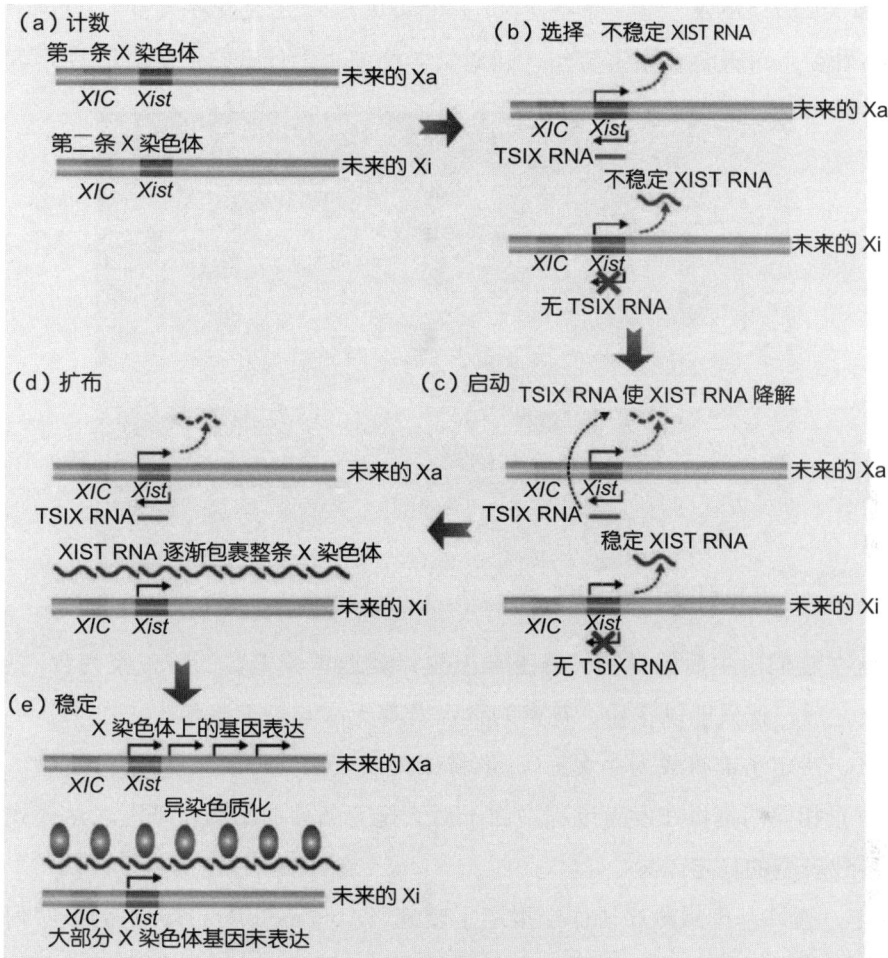

图 10-4　X 染色体失活的过程

五、食物改变命运

　　蜜蜂是组织严谨、具有社会性特征的昆虫，按照不同的职能，可以分为蜂王、工蜂和雄蜂。一个蜂群王国通常是由一只蜂王、300 ～ 400 只雄蜂和数量可达数万只的工蜂组成的，如图 10-5 所示。

　　蜜蜂王国是一个强大的母系社会，雄蜂仅能存活三四个月，其使命仅是与蜂王交配。而蜂王具有强大的生育能力，一次可产卵 2 000 ～ 3 000 个，一生产卵的数量达 100 万～ 150 万。而在每次近 3 000 个受精卵中，仅有一个能发育成为新蜂王，其余的将成为工蜂。

蜂王和工蜂的 DNA 一模一样，但蜂王个头大，一副"王者风范"，全靠工蜂供养；而工蜂娇小勤劳，每天负责采蜜劳作，回巢供养蜂王。为什么它们的命运有天壤之别呢？

图 10-5　蜜蜂是由蜂王、工蜂与雄峰构成的社会性昆虫

秘密就在它们出生后的食物。蜂王一出生，就以营养丰富的蜂王浆为食，营养绝佳。而工蜂出生之后，就只能以花粉、花蜜为食，营养无法与蜂王浆相比。

吃什么，决定了谁将成为"女王"，谁将成为"奴隶"。

遗传背景相同的蜜蜂在发育过程中由于后天抚育条件的不同，基因表达模式出现了差异，最终导致表型的稳定差异。

2006 年，蜜蜂基因组测序协作组报道了蜜蜂（Apis mellifera）的基因组序列，同时他们还发现蜜蜂基因组中广泛存在着 CpG 位点的 DNA 甲基化，并断定蜜蜂的分化发育与这些 DNA 甲基化密切相关。

随后在对蜜蜂的研究中发现，蜂王与工蜂的基因组 DNA 甲基化模式存在着明显的区别，其中蜂王的基因组甲基化程度低于工蜂，如图 10-6 所示。进一步的研究还证实，这种区别与蜜蜂幼虫是否喂食蜂王浆密切相关：与对照相比，喂食蜂王浆的蜜蜂幼虫的基因组甲基化程度低，将来发育成蜂王。蜜蜂的雌幼虫后期是否喂食蜂王浆，可造成基因组 DNA 甲基化程度的差异。同生物系统内的其他生理生化反应一样，甲基化也是一种酶催化反应，承担该催化作用的主要是 DNA 甲基转移酶（Dnmt），该酶能够催化胞嘧啶转化为 5- 甲基胞嘧啶。研究人员在真核生物中发现了 3 类 DNA 甲基转移酶，分别是 Dnmt1、Dnmt2 与 Dnmt3。其中，Dnmt3 被证实是蜜蜂基因组甲基化的主要参与者。通过 RNA 干涉的分子生物学手段，在幼虫时期人为地将 Dnmt3 的基因表达水平敲低，使得雌蜂幼虫表观遗传酶（Dnmt3）的功能发挥遭到破坏性抑制干预，则在同样喂食花粉和花蜜的条件下，正常雌蜂幼虫继续发育成工蜂；相比之下，Dnmt3 功能缺陷的雌蜂幼虫发育成蜂王，如图 10-7 所示。该结果说明，即使在饮食中缺乏蜂王浆的情况下，如果能够利用其他手段降低基因组甲基化水平，雌蜂幼虫仍然能够发育成蜂王，即基因组甲基化水平是决定蜜蜂分化发育的关键因素。

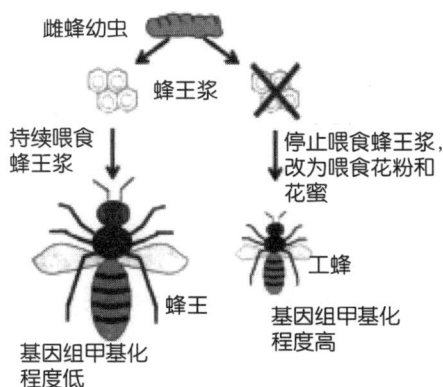

图 10-6　雌蜂幼虫的分化发育与 DNA 甲基化程　　图 10-7　破坏雌蜂幼虫表观遗传酶 Dnmt3，导致
度相关　　　　　　　　　　　　　　　　　雌幼虫向蜂王分化发育

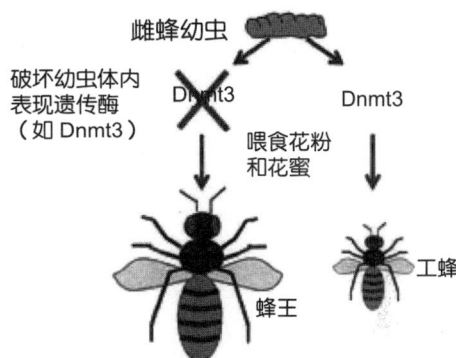

从上述结果，人们很自然地推断：蜂王浆之所以能够影响蜜蜂的分化发育，其原因可能是蜂王浆能够影响关键表观遗传酶基因（Dnmt3）的表达。事实上的确如此，2011 年，我国江西农业大学的一篇研究报道证实蜂王浆的处理可降低蜂王细胞中 Dnmt3 基因的表达水平。之后，他们通过对蜂王浆成分的分析发现，蜂王浆中含有一种被称为 10-羟基-2-癸烯酸（10-HAD，或称为蜂王酸）的成分，可以控制关键表观遗传酶基因的表达，进而影响蜂王分化发育相关基因的甲基化修饰特征，从而使得基因表达模式朝着蜂王方向定向发育。

蜂王和工蜂的故事从一个侧面说明环境因素的重要性，它竟然可以轻而易举地改变一个物种的表型，而表观遗传修饰就是其中的媒介。事实上，表观遗传在生命过程的各方面都发挥着重要调控作用，和基因这个"造物主"比起来，表观遗传就像生命现象的高级管理者。

表观遗传学的发展使我们更好地认识了"基因型＋环境＝表型"这一命题。表型是生物发育过程中基因型与环境相互作用的产物，表观遗传因素可以使相同基因型的个体表现出差异性的表型。而在生物进化中，直接供自然选择挑选的不是基因型而是表型。这也就意味着，表观遗传因素使自然选择有了更多可挑选的对象。表观遗传作为对遗传信息的重要补充，为自然选择提供了更多素材，这对生物进化必定是有意义和价值的。

需要说明的是，虽然环境信息可以铭刻在基因组上，但是其中大多数印记只反映了单个生物体细胞与基因组的"遗传记忆"，它们并不能在日后的繁衍过程中薪火相传。假如某人在意外中失去一条腿，那么该事件将在细胞、伤口以及瘢痕中留下印记，但是此类结果并不会导致其后代的下肢出现短缩。长颈鹿通过努力伸长脖子，有可能使脖子更强健或伸得更长，但这种变化并不会在子代中得到继续。如果你是一个女孩，无论你怎么吃蜂王浆或其他食品，都不能让你变成一个与众不同的"女王"，它只能影响你的胖瘦或者健康与否。所以，表观遗传只是基因组遗传的补充，拉马克获得性遗传具有了某些支持，但这并不意味着拉马克的卷土重来。

第三编
进化：生命永恒的主题

引言　什么是"进化"

本编的主题是"进化"，什么是进化呢？要想回答这个问题得从"生命是什么"开始。那么什么是生命呢？通过前两编的阅读，我想大家一定已经有了自己的想法。其实对于生命的理解不同的人会有不同的角度和看法，也正是因为每个人都可以从自己的角度对生命进行阐述，才使得生命的研究可以不歇不止、永远前进，才使得研究生命的学问——生命科学可以不断更新、永葆活力。观察、思考、研究生命的角度简直太多了：小到量子水平，大到宇宙维度；细至细胞结构，粗达生态系统。好奇的人类在面对生命研究的"复杂"时确实有些晕头转向，但人类总是抱持一种"化繁为简"的执念，总是希望能够找到一条"一以贯之"的思想去探索生命的本真，聪明的人类在不断地尝试后，最终将复杂生命的各种问题集中成了三个统一的本真问题：生命从哪儿来？生命到哪儿去？生命运行过程的基本规律是怎样的？

面对将复杂生命问题化简后的三个有些哲学化的本真问题，人类开始了进一步的艰苦探索，最终形成了两种基本的、能够将整个生命科学统领起来的理论：特创论和进化论。特创论认为，在宇宙历史的某一特殊时刻，由上帝一次性创造出各种生物，最初有多少种，现在就有多少种，各种生物之间没有任何亲缘关系，在以后的发展过程中各种生物也将按照自己的特点（按照神的意志在创造时决定的特点）进行发展，直至永远；而进化论认为，现在地球上的各种生物不是神创造的，而是由共同祖先经过漫长的时间逐渐演变而来的，因此各种生物之间有着或远或近的亲缘关系，在未来，生物也将按照一定的演化规律不断演化下去。随着科学的不断发展，人类越来越意识到进化论是更适合将整个生命科学整体统领起来的理论。

虽然我们知道了进化是一种将整个生命科学整体统领起来的理论，但具体到"什么是进化"这个问题，我们会发现还有很多问题并不容易解决：生命到底从哪里、如何而来？生命运行过程中的基本规律具体是什么？如何研究？有何证据？生命最终向着哪里去？……这一系列的不确定问题和研究方向落点，又使得进化的研究类似于对生命的认识，所以，时至今日，像对于生命没有定论一样，对于"什么是进化"这个问题也并没有一个准确的回答。在学术界，对于进化的定义也是角度多多：牛津简明科学词典对进化的定义是这样的，"现今的各种动植物由早期最原始的生命演变而来的渐进过程，据信该过程过去 30 亿年间一直在进行"；韦氏辞典对于进化的定义是这样的，"物种、生命体或者器官形态从原始到现代、从简单到特化的发展"；而弗图摩（Douglas J. Futuyma）在他的著作《生物进化》（*Evolution*）中为进化下了如下的定义，"在最广泛的意义上，进化仅仅是一种变化，并且随处可见；星系、语言和政治体制概莫能外。生物进化是生物种群性质的变化，这种变化超出了单一个体的寿命。个体发生不是进化，孤立的生命体不进化。种群中可通过遗传物质从一代传给下一代的变化被认为是进化。生物进化可能是细微或显著的，它包含了从一个种群中不同的等位基因比例的一切微小变化（如决定血型的基因），到把最早的原生生物（Protoorganism）变成蜗牛、蜜蜂、长颈鹿和蒲公英的延续变化。"北京大学教授张昀先生对于进化的解释为，"生物进化是生物与其生存环境相互作用的过程中，其遗传系统随时间而发生的一系列不可逆的改变，并导致其相应的表型改变。在大多数情况下，这种改变导致生物总体对其环境的相互适应。"……

对于进化的研究，生物学家们始终孜孜以求、不断创新，这样的努力也让进化的理论得到了不断的发展，从拉马克到达尔文，到现代进化理论，再到中性学说、分子钟……一代代生物学家的持续探索不但让进化成为生命科学知识宝库中不可或缺的重要组分，而且更加使进化成了统领整个生命科学体系的思想脉络。

本编将会从能量、物质、信息、生殖、人和理论六个角度对进化的相关内容进行阐述，既希望通过这样的描写帮助大家从进化的角度认识生命，理解进化这一生命的永恒主题；更希望通过关于进化整体研究的真实案例帮助大家体会到进化的博大精深、魅力无穷与任重道远、潜力无限……

第十一章　地球上"乱撞"的能量如何被生命"收服"

本章希望从能量的角度带领大家领略生命进化的无穷魅力。

一、生命"收服"原始地球上到处乱撞的能量

在 46 亿年前，炽热的原始地球在宇宙尘埃的余烬中逐渐形成，并慢慢冷却形成坚硬的外壳。外壳不断地被撕裂又闭合，岩浆从地底深处带来的浓烟笼罩大地，而彗星这样的宇宙流浪者为地球带来了最早的水。在这个表面被沸腾的海洋覆盖、终日电闪雷鸣、饱受火山喷发和陨石雨摧残的地球上，生命开始了漫长的旅程。当时的地球，能量就像一个精力无限、叛逆无比的小伙子，浑身是劲儿、恣意妄为。

从能量的角度认识生命，生命是一种典型的"叛逆者"。在面对四维空间熵增的能量规律时，生命选择了对抗，生命想方设法地通过让自己熵减来收服乱撞的熵增能量。

生命收服横冲乱撞的能量是从化合物开始的。利用化合物，先将狂乱的能量集中形成一个个能量密集的小能量包，再以这些小能量包为基本单位，通过复杂的排列组合，生成一个个大的能量块，最后再通过有效的分工和合作，将这些大能量块与小能量包有机组织在一起而形成了最基本的能量体——单细胞生命。而复杂的多细胞生命的产生原理与上述"小能量包—能量块—能量体"的构建模式相同，是以细胞这个能量体作为基本单位，通过有机地排列组合与分工合作构建在一起而形成的大能量系统。就这样，生命通过"小能量包—能量块—能量体—大能量系统"的模式，成功地将地球上横冲直撞的熵增能量收服到自己麾下，变为顺服的熵减能量体系——生命就此产生。

上面的文字好像科幻小说一样扑朔迷离，且很难有直接的真实证据进行验证，但在实验室环境下，科学家已经让其中的不少过程得以模拟实现。

二、"从乱撞的能量到小能量包"——能量被有机小分子收服

1824 年，德国化学家弗里德李希·维勒（Friedrich Wohler）在实验室开始了一项新研

究，他试图合成一种名为氰酸铵的化学物质。为此，他将氰酸和氨水——两种天然存在的物质——混合在一起加热蒸馏，然后分析烧瓶里是否出现了他希望得到的新物质。但他发现，反应结束后留在烧瓶底部的白色晶体并不是氰酸铵，而是尿素。

NH_3（氨）+HNCO（氰酸）→[NH_4NCO]（氰酸铵）→NH_2CONH_2（尿素）（这种白色晶体成分直到1828年才被弗里德李希·维勒确认，这是人类第一次完全不依靠生物体合成出生物体产生的物质，其实，时至今日，我们仍然不十分清楚为何氰酸铵会自发重排成为尿素）。弗里德李希·维勒的实验不但第一次证明了生物体产生的物质完全可以直接利用天然存在的物质简单方便地制造出来，而且也使人们意识到：很有可能，在那个能量到处乱撞的原始地球上，能量的供应为组成生命的物质的产生创造了条件，同时伴随着组成生命的化合物的合成，乱撞的能量也被这些物质收纳驯服，成为一个个有机分子形式的、可进一步利用的小能量包。

真的有这种可能吗？原始地球上的物质和能量条件真的能创造出组成生命的物质吗？大名鼎鼎的米勒-尤里实验给出了答案。

1952年，美国芝加哥大学的博士新生斯坦利·米勒（Stanley Miller）说服了自己的导师——诺贝尔化学奖获得者哈罗德·克莱顿尤里（Harold Clayton Urey），设计了一个即便在今天看来也有点科幻色彩的实验：米勒的野心是在小小的实验室里模拟原始地球的环境（包括原始地球的能量氛围和物质条件），看看在那种环境里，构成生命的物质能否从无到有地自然产生。根据当时人们对原始地球环境的猜测，米勒搭建了一个略显简陋的实验装置，如图11-1所示。

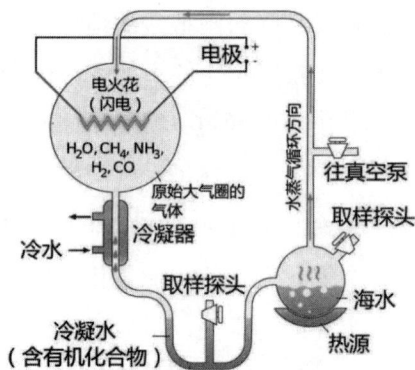

图11-1　米勒-尤里实验

他在一个大烧瓶里装上水，点上酒精灯不断加热，模拟沸腾的海洋。他还在装置里通入氢气、甲烷和氨气，模拟原始状态的地球大气。米勒还在烧瓶里不断点燃电火花，模拟远古地球大气的闪电（代表原始地球上不羁的能量状态）。实验的真实情景是在酒精灯的炙烤下，"海水"不断蒸腾，浓密的水蒸气升入"大气"，形成厚厚的云层，浓云中电闪雷鸣，暴雨倾盆，又在不断搅动沸腾的"海洋"。这套简单的装置，可以说是米勒对原始地球环境的一种非常简单、粗糙的还原。短短一天之后，某些奇怪的事情就发生了——烧瓶里的水不再澄清，而是变成了淡淡的粉红色，这说明有某些全新的物质生成了。一周之后，米勒停止加热，关掉电源，从烧瓶里取出"海水"进行分析，结果"海水"中出现了许多全新的化学物质，甚至包括 5 种氨基酸分子！众所周知，氨基酸是构成蛋白质大分子的基本单位。地球上所有生命体中的蛋白质分子都是由 20 种氨基酸分子排列组合而成的。蛋白质是组成地球生命的重要物质，人体内蛋白质分子占体重的 20%，是占比最多的有机物，不仅如此，在人体的每一个细胞里，都有超过 10 亿个蛋白质分子驱动着几乎全部生命所需的化学反应，说氨基酸分子是构成地球生命的基石，一点儿也不为过。

米勒只需要短短一周，就在一个容量不过几升的瓶子里将激荡的电火花和翻涌的"海洋"中的能量收入有机小分子能量包中，制造出了氨基酸，那么在几十亿年前的浩瀚原始海洋里，在数千万年甚至上亿年的时间尺度里，从无到有地构造出生命现象蕴含的全部化学反应，制造出生命所需的所有物质，乃至创造出生命本身，是不是就不是那么难以想象啦？地球从一个能量冲动激荡的无序状态慢慢被收纳入有机分子中，最终约束在有序的生命体系内，是不是就变得容易理解了？

当然，用今天的眼光看，米勒－尤里实验的设计和解读是有不少缺憾和问题的。在 2007 年米勒去世后，他的学生仔细分析了 20 世纪 50 年代留下的烧瓶样本，证明其中含有的氨基酸种类要远多于最初发现的 5 种——甚至可能多至三四十种。这一发现更强有力地说明了制造构成地球生命的物质并非一件很困难的事情。但是另一方面，今天的研究者倾向于认为早期地球大气根本没有多少氨气、甲烷和氢气，反而是二氧化硫、硫化氢、二氧化碳和氮气更多，因此米勒－尤里实验的基本假设是错误的。当然，后来的科学家（包括米勒的学生）也证明了即便是在这样的条件下，只需要加一些限定，仍然可以很快地制造出氨基酸。

制造出小分子有机物能量包只是收服原始地球乱撞能量的第一步，后续还会按照"乱撞的能量—小能量包—能量块—能量体—大能量系统"的能量收服模式演进吗？请拭目以待。

三、"从小能量包到能量块"——能量被有机大分子收服

前文已经提到，蛋白质大分子是生命现象最重要的驱动力，是绝大多数生物化学反应的指挥官。它们一般由少则几十个，多则几千个氨基酸分子按照特定的顺序首尾相连而成。这条氨基酸长链在细胞内折叠扭曲，像绕线团一样，形成复杂的三维立体结构。蛋白质分子就像精密设计的微型分子机器，它们的功能往往依赖这种特别的三维结构。在一个蛋白质分子中，哪怕一个氨基酸装配错误、一丁点儿三维结构变形，都可能彻底毁掉这台分子机器。在今天的实验室里，我们已经可以利用化学合成的方法，以 20 种氨基酸单体为原料，组装出这样的精密分子机器。中国科学家人工合成牛胰岛素的工作就是一个很好

的例子。牛胰岛素是一个由 51 个氨基酸、两条氨基酸链组合而成的蛋白质分子。如今我们利用机器可以完成这项任务，与此同时，我们也可以用更巧妙的方法，让细菌或者其他微生物来帮助我们批量生产想要的蛋白质分子。

除了蛋白质大分子，DNA（Deoxyribonucleic Acid，脱氧核糖核酸）也是组成生物体重要的大分子物质，它是地球上绝大多数生命体用来储存遗传信息的物质。不管是直径只有几微米的细菌，还是人体内上百万亿个细胞，在这些细胞的深处都珍藏着一组 DNA 分子。对于每一个细胞而言，DNA 分子代表着来自祖先的遗传印记，也决定了它自己的独特性状。和蛋白质分子类似，DNA 也是由许多个单体分子首尾相连形成的链条。但是作为遗传信息的载体，DNA 分子的化学性质其实比蛋白质分子更简单。它的组成单元只有区区四种核苷酸分子。而且和蛋白质不同，DNA 的结构可以看作是一维线性的：四种核苷酸分子的排列顺序形成了某种"密码"，记载着决定生物体性状的信息——从豌豆的花色到人类的身高、智力和相貌。我们现在已经可以用化学合成的方法组装出一段 DNA 分子，或者动用天然存在的 DNA 复制机器——DNA 聚合酶——组装 DNA 分子。在美国科学家克雷格·文特尔（Craig Venter）的实验室里，人们甚至已经可以合成一种微生物（丝状支原体）的整套 DNA，如图 11-2 所示，并用这段长达 107 万个核苷酸分子的环形 DNA 彻底替代了丝状支原体原本的遗传物质。而如果仅仅考虑合成 DNA 的长度，人类还可以走得更远。例如，2017 年年初，美国哥伦比亚大学的科学家人工合成了总长度达到 1 440 万个核苷酸分子的 DNA 链，并且利用 DNA 编码规则，在里面存储了一整套计算机操作系统和一部法国电影。

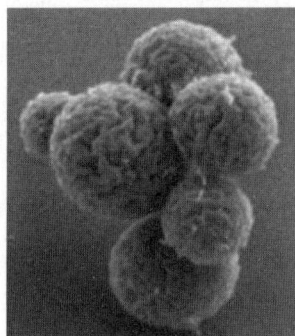

图 11-2　利用人工合成的 DNA 所"合成"的丝状支原体

从米勒-尤里实验我们知道，在原始地球的环境中，自发出现诸如氨基酸和核苷酸这样的有机小分子应该并不是特别困难。但根据上面的描述，在生物体中，大量的氨基酸和核苷酸要按照某种特定顺序组装成蛋白质和 DNA 分子才能发挥真正的生物学功能。只有这样，蛋白质分子才能折叠成三维的分子机器，推动生物化学反应的进行；也只有这样，DNA 分子才能形成长链，储存复杂的遗传信息。因此，我们可能更需要问的问题是：在原始地球环境里，氨基酸和核苷酸分子自发连成长串，是不是件容易的事情？当然不是。让氨基酸和核苷酸单体分子组织在一起变成蛋白质和 DNA 链是一件非常困难的事情。

从能量的角度分析，以蛋白质为例，在地球的生命体内把单个氨基酸串在一起形成蛋白质需要消耗很多能量。蛋白质是按照氨基酸的顺序进行装配的，场面有点类似组装汽车的流水线。每个氨基酸单体首先要被机械手抓取，然后准确地安放在上一个氨基酸的旁边，最后组装好的半成品蛋白质再沿着流水线向下移动一格，腾出空间，让机械手装配下一个氨基酸。粗略估计一下，一个细胞中95%的能量储备都用来支持蛋白质组装了。按照我们这个世界运行的基本原理，从混乱（单个氨基酸）中产生秩序（氨基酸按照特定顺序组装起来）本身就是件极其困难的事情。依据热力学第二定律，任何一个孤立系统的混乱程度——物理学家更喜欢用"熵"这个物理量来表述——总是在增大的。通俗的解释就是，如果没有"看管"，任何一个成型、有序的事物（如一座大楼）都会最终破败、消散（大楼坍倒为瓦砾）。请大家特别关注一下"看管"二字，换句话说，如果有"看管"，那么熵的增加是可以被制止甚至逆转的。用能量来理解"看管"，我们可以得出这样的结论：如果存在外界能量的注入，一个局部系统的混乱度确实可以下降而不违反热力学第二定律。这也正是薛定谔在《生命是什么》一书中的名言——有机体以负熵为生。

地球环境中有如此之多的能量（从一亿五千万千米远道而来的太阳光、在大洋底部从岩石缝隙中喷涌而出的热泉等都让我们生活的地球从来不乏能量），在不断收服能量的过程中，有机小分子能量包是完全有机会生成有机大分子能量块的。但是，环境中的这些能量究竟是如何被利用的呢？面对这个问题，科学家采取"逆向"的逻辑展开了探索，即想要研究小分子有机物如何利用环境的能量合成大分子有机物，我们就将大分子进行分解或者将需要这些物质供能的生命活动进行拆解，通过分解、拆解过程会有怎样的能量形式产生来进一步研究正向反应时的能量原理。

20世纪初，一群生物学家开始了他们的探索，他们关心的正是生物体内各种各样的现象究竟是怎么被驱动的。他们首先关注的对象是动物肌肉的运动。这是一个非常自然的选择，毕竟没有什么比肌肉强有力的收缩更能直观反映生命现象所需的能量来源了。德国科学家奥托·迈尔霍夫（Otto Meyerhof）和阿奇博尔德·希尔（Archibald Hill）利用精密的化学测量方法证明，培养皿里的青蛙肌肉纤维仍然可以利用葡萄糖（葡萄糖很容易通过淀粉这样的大分子多糖水解而得到）作为能量进行持续收缩。在此过程中，葡萄糖分子被转化成一种叫作乳酸的物质，就是那种能让人在剧烈运动之后感觉肌肉酸痛的物质。看起来，葡萄糖转化为乳酸的化学反应过程似乎能够释放出生物体可以利用的能量来驱动肌肉收缩。因此，接下来的问题就清楚了：在葡萄糖转化为乳酸的化学反应中，能量是怎样释放出来的？以什么形式存在？最终又是怎样被转移到各种生物过程（如肌肉收缩）中去的呢？

到20世纪40年代，随着人们开始了解各种各样完全不同的生物过程——从青蛙肌肉的收缩到乳酸菌的呼吸作用——人们开始意识到，对于地球现存的所有生物来说，不管相貌有多么不同，不管是长在高山还是深海，不管是肉眼看不见的细菌还是体型巨大的动物、植物，对能量的使用方法其实都是一样的。

在生物体内，化学反应释放的能量首先被用来合成一种叫作三磷酸腺苷（Adenosine triphosphate，ATP）的分子。之后这种蕴含能量的分子再去驱动各式各样的生物化学反应。通俗地说，ATP 就是地球生命通用的能量"货币"。之所以叫它"货币"，是因为这种物质和货币一样，有一种奇妙的自我循环属性。我们知道，货币的价值是在流通中体现的：需要买东西的时候，我们用货币交换商品；需要货币的时候，我们再用劳动或者资产换取货币。在此过程中，货币本身不会被消耗，只是在生产者和消费者之间无穷无尽地交流。和货币一样，ATP 分子也不会被消耗，它只会在"高能量"和"低能量"两种状态间无休止地循环往复，为生命现象提供能量。实际上，在人体中每一个 ATP 分子每天都要经过两三千次消费—生产的循环。当生命需要能量的时候，ATP 可以脱去一个磷酸基团，变成二磷酸腺苷（Adenosine diphosphate，ADP），蕴含在分子内部的化学能就会被释放出来。而反过来，当能量富余的时候，ADP 也可以重新带上一个磷酸基团，变回能量满满的 ATP，如图 11-3 所示。这个属性是不是很像我们日常生活中使用的货币？

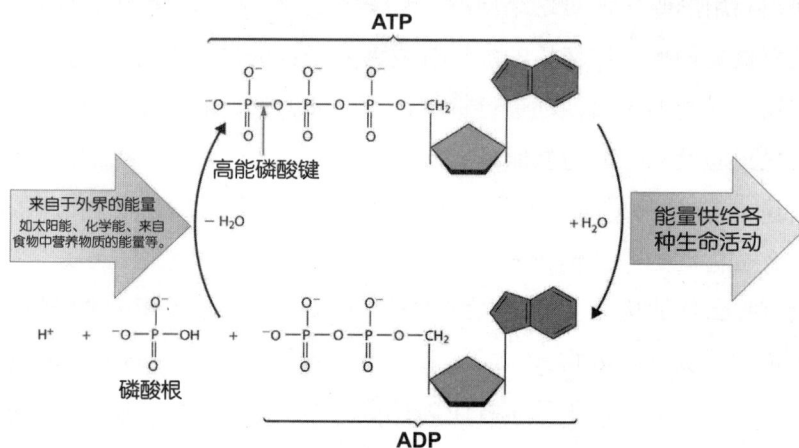

图 11-3　ATP、ADP 及 ATP 与 ADP 之间的转化过程

而我们当然也能立刻想到，货币的出现是人类经济发展的重要里程碑。有了货币，我们就不需要总是拿山羊兑换斧头，用谷物兑换兽皮了。我们可以把所有富余的货物兑换成货币储存起来，然后在需要的时候购买急需的货物。类似地，"能量货币"的出现也是生命演化历史上的一次飞跃。有了通用的能量货币 ATP，地球生命就可以将环境中的各种能量——从太阳能、化学能，到来自食物的能量——兑换成 ATP 储存起来，然后供给生命活动的各个环节了。ATP 这种能量货币的发现，一下子让我们觉得地球上乱撞的能量在小

分子能量包的基础上被进一步收服，变得可能且可控：小分子能量包与大分子能量块可以通过 ATP（本质上也是一种小分子能量包）自由地进行转化，如淀粉 $\rightleftarrows$ ATP $\rightleftarrows$ 葡萄糖 $\rightleftarrows$ ATP $\rightleftarrows$ 乳酸。

既然 ATP 是地球现今所有生命的通用能量货币，那么一个顺理成章的推测就是，在大约 40 亿年前最初地球生命的共同祖先也一定是用 ATP 为自己提供能量的，更进一步还可以推测，在更原始地球上与产生生命有关的大分子物质都是以 ATP 作为能量媒介进行转化的。在这样推测的基础上，问题变得进一步简单化，接下来我们只需要再进一步解释一下地球上的能量以怎样的原理成为 ATP 中的化学能，即 ATP 用何种方式将地球上的能量进行转化，"从小分子能量包到大分子能量块"的真相就会清楚地摆在我们眼前，自然，在"大分子能量块"的基础上进一步利用能量形成"细胞能量体"，甚至再进一步演化出"多细胞能量系统"都变得可以期待了。

初看起来，情形确实是很乐观的。早在 20 世纪初，人们就已经知道在肌肉收缩的过程中，葡萄糖可以变成乳酸并释放能量。后来人们意识到，这个过程其实和巴斯德研究过的啤酒变酸的过程是一回事：一个葡萄糖分子转变成两个乳酸分子，同时产生了两个 ATP。也就是说，高等动物的肌肉细胞和会让啤酒变质的微生物（后来知道是乳酸菌）居然共同用了同一套 ATP 产生机制，而且这个机制是一个纯粹的化学反应过程，如图 11-4 所示。之后，人们又陆续发现了更多产生 ATP 的化学反应过程。例如，巴斯德研究过的啤酒酿造，其实就是某些微生物（酿酒酵母）将一个葡萄糖分子转化为两个酒精加两个二氧化碳，同时伴随产生了两个 ATP 分子的过程。自然界还有很多奇奇怪怪的微生物，甚至能够利用环境中的无机物（如硫化氢和铁离子）来生产 ATP。

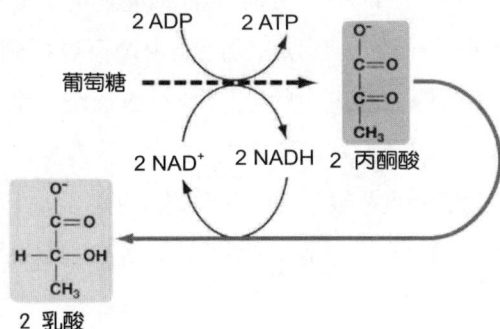

图 11-4 肌肉细胞中的乳酸发酵过程

如此看来，ATP 的产生原理好像就是简单的化学反应而已：某些营养物质——可以是葡萄糖这样的有机物，也可以是硫化氢这样的无机物——通过化学反应释放能量，合成

ATP，然后 ATP 为各种各样的生物化学反应提供能量。当然，实际情况要比这个解释"稍微"复杂一点。以葡萄糖为例，它的潜力绝不仅仅是区区两个 ATP 货币。在氧气充足的条件下，一份葡萄糖分子能被彻底分解为二氧化碳和水。如果核算一下在此过程中化学键的变化，释放出的能量理论上能生产多达 38 个 ATP 分子。也就是说，生物学家还需要解释这多出来的 36 个 ATP 分子究竟是怎么从葡萄糖里变出来的，才算是完全揭示了 ATP 产生的能量原理。一个葡萄糖分解为乳酸或酒精能够制造两个 ATP，那么无非是乳酸或酒精继续分解成水和二氧化碳，在此过程中释放能量，制造剩下的 36 个 ATP。我们完全可以设想这样的化学反应过程：

$$葡萄糖 \rightarrow 乳酸 \rightarrow X+Y \rightarrow Z+W \rightarrow \cdots \rightarrow 水 + 二氧化碳$$

每一步反应中，化学键的拆装释放出的能量可以制造若干个 ATP 分子，那么最终无非就是一个简单的数学问题而已：只要每一步反应制造出的 ATP 分子数加起来等于 38 就可以了。

结果这个看起来简单的数字游戏让生物学家从 20 世纪 40 年代一直忙活到 20 世纪 60 年代，竟然还是无从着手。这个游戏最让人迷惑的地方在于，随着实验条件的变化，每个葡萄糖分子产生的 ATP 分子数量居然不是恒定的。发挥好的时候，能量传递得滴水不漏，每个葡萄糖分子都被彻底分解，可以制造出 38 个 ATP 货币，恰好等于理论估计的最大值。但是发挥不好的时候，能制造 30 个左右的 ATP 就算是幸运的了，低到 28 个也不稀奇。更有甚者，当大家试图精确测量 ATP 的产出效率时，还经常发现这个数字居然不是整数，而是有整有零！也就是说，在同样一个反应体系里，每个葡萄糖分子分解释放能量的效率可能不一样。

这就太不可思议了。制造每一个 ATP 所需要的能量是清清楚楚的，在化学反应中，每一个化学键的拆开和组合所能释放或者消耗的能量也是可以精确测量的，那么按理说，在同样的实验条件下，一个葡萄糖能产生出的 ATP 数量应该是一个恒定的整数。

生物学家当然不甘心在如此接近生命秘密的地方停下脚步。在那 20 年里，他们尝试了不计其数的解决方案，测量了无数次葡萄糖分解的化学反应常数。在解释生命活动能量来源的"最后一公里"征程上，不知道留下了多少前仆后继的生物学家的悲伤和无奈。

到最后，这个问题在 20 世纪 60 年代被一位天才科学家用一种匪夷所思的方式圆满解决了。天才的名字叫彼得·米切尔（Peter Mitchell），而他提出的解决方案叫作化学渗透（Chemiosmosis）。简单来说，米切尔的宣言是，"生物体制造 ATP 的过程根本就不是化学问题！你们在化学键的拆装里寻找答案，压根儿就是误入歧途。"

这是一个远在传统生物学家想象力之外的全新世界。米切尔提供的解释其实很像中学物理课本里讨论过的一个场景——水力发电站。在米切尔看来，生物利用营养物质兑换能量货币 ATP 的过程，其实就和人们利用水力发电的过程类似。我们知道，一般来说，夜间的用电量总是要比白天小得多。毕竟灯关了，广播停了，大部分工厂也都下班了。因为供过于求，相比白天的电价，晚间用电总是要便宜不少。因此，有些水电站就利用这个时间差来蓄能发电赚取差价：白天的时候，水电站开闸放水，水库中高水位的蓄水飞流直下，带动水力发电机涡轮旋转，重力势能转化为电能；而到了晚上，水电站就利用比较便宜的电价反其道而行之，开动水泵，把低水位的水抽回坝内，将电能重新转化成重力势能，供白天发电使用。

在米切尔看来，辛辛苦苦地去寻找未知的化学反应压根儿就走错了方向。制造 ATP 的过程和电站蓄能发电的原理是一样的。电站蓄能发电可以分成两步，首先是晚间用电抽水蓄能，然后是白天开闸放水发电。而在生命体内也是一样分成两步，只不过能量的存储形式不是电，而是 ATP；往复流动产生能量的不是水，而是某些带电荷的离子（特别是氢离子）；筑起大坝的不是钢筋混凝土，而是薄薄的一层细胞膜；水坝上安装的水力发电机不是"钢铁怪物"，而是一个能够让带电离子流动产生 ATP 的蛋白质机器罢了。

这个过程可以简单地描述为：首先，生命体利用营养物质（特别是葡萄糖）的分解产生能量，能量驱动带正电荷的氢离子穿过细胞膜蓄积起来，逐渐积累起电化学势能。之后，在生命活动需要能量的时候，高浓度的氢离子通过细胞膜上的蛋白质机器反方向流出，驱动其转动产生 ATP。

1961 年，米切尔在著名的《自然》杂志上发表了这个奇特的理论，可是他的整篇文章除了猜测和推断之外，没有给出任何实验数据的支持。生物学家的反应可想而知——水电站？蓄能发电？请问，水泵是什么？发电机又长什么样？还说水坝，有水坝就有水位差，你给我展示一下看看！被群起而攻之的米切尔甚至一度被逼得在学术界待不下去，只好辞职回家侍弄花草，还顺手整修了家乡的一座乡间别墅。

但是和古往今来那些命运悲惨的政治异类、宗教异类、文艺异类不一样，科学探索有一个亘古不变的原则保护了米切尔这个科学异类。这个原则就是，再大牌的权威、再传统的主张、再符合直觉的世界观，都必须符合实验观测的结果，否则没有力量救得了它。很快，大家开始意识到米切尔这个"离经叛道"的假说的价值了。

就像米切尔的微型水电站模型所预测的那样，人们发现，在动物细胞的能量工厂——一种叫作线粒体的微型细胞机器中，确实存在极高的氢离子浓度差。跨越线粒体内层膜仅仅几纳米的距离跨度就有上百毫伏的氢离子浓度差，这个差别堪比雷雨云和地面之间的电荷差别。这个发现开始动摇部分反对者的信心，因为除了米切尔理论中的假想水坝，实在难以想象细胞为什么需要小心翼翼地维持如此危险的高电压。

与此同时，在米切尔的模型里，葡萄糖飘忽不定的 ATP 生产效率就不再是个问题了。要知道，抽水蓄能和开闸发电，本质上是完全独立的两件事。抽水蓄能之后，到底开不开闸、开多久、放多少水、发多少电，那都是水电站可以自由决定的事情了。如果当天需求大，电价高，就多放一点水来发电；否则就少放一点，等过几天再说。细胞内的微型水电站也可以根据细胞内的能量需求来决定生产 ATP 的效率。28 到 38，这组让生物化学家无比抓狂的数字，就这么轻松地得到了解释！而最具决定性的证据也许是米切尔推测的那台水力发电机——这个一开始被错误地命名为"ATP 酶"，后来一般被称作"ATP 合成酶"的蛋白质——在 1994 年终于露出了庐山真面目。这一年，米切尔的英国同行约翰·沃克（John Walker）利用 X 射线衍射技术看清了 ATP 合成酶的真实结构，如图 11-5 所示，它甚至比人们最激进、最科幻的想象还要美！这个微型蛋白机器的功能和外表都酷似一台真正的水力发电机。它的核心部分是由三个叶片均匀张开构成的"齿轮"，这个齿轮和一个细管相连。当高浓度的氢离子汹涌通过细管时，就会带动叶片以每秒上百次的速度高速旋转，从而生产出一个个 ATP 分子来。这可能是对人类智慧毫无保留的奖掖：根据几百年间积累的经典力学和电磁学知识，人类设计出了水力发电机，而它居然和大自然几十亿年的鬼斧神工不谋而合。这当然也可以看作对生命奇迹的礼赞：不需要设计蓝图，不需要人类智慧，在原始地球的某个角落，居然诞生了让人叹为观止的伟大"工业"设计！

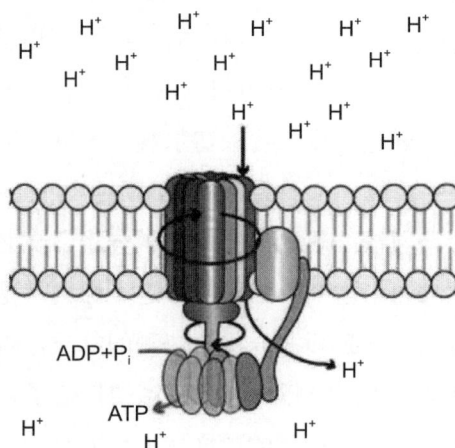

图 11-5　ATP 合成酶及其工作原理

至此，ATP 产生的原理问题得到了圆满解决，"从小分子能量包到大分子能量块"的真相也就可以得到合理的推测。无论是渗透能转化成为化学能的 ATP 合成原理，还是生命反应中 ATP 的转化过程，都清楚地告诉我们，这一切其实没什么复杂的：原始地球上充满能量的条件造就了各种有机小分子（能量包）的产生，其中包括可以作为能量货币的有机小分子 ATP，在某些拥有稳定浓度差的环境中，在某些能够稳定地蓄积电化学势能的地方，一些偶然的因素造就了某些小分子氨基酸不经意地组合成为非生命意义的大分子蛋白质（巧合地类似于生物体中的 ATP 合成酶），拥有了类似于 ATP 合成酶的蛋白质、稳定的电化学势能，ATP 这种生命的能量货币得以源源不断地产生，在这样一个非生命的状态下，能量从熵增的状态逐渐被 ATP "看管"，慢慢呈现出熵减的特点，不羁的小分子能量包也能够以 ATP 为媒介与大分子能量块有序地进行转化，能量在小分子能量包与大分子能量块的相互转化中被进一步收服，为以负熵为生的细胞能量体和多细胞能量系统的产生打下坚实基础。

四、"从大分子能量块到细胞能量体、多细胞能量系统"——能量被有机生命体收服

虽然我们有证据证明地球上的能量确实可以有"乱撞的能量—小分子能量包—大分子能量块"这样熵减的演进基础与可能，并且找到化学渗透理论这种灵活、高效的能量转化原理，但是进一步思考，地球上的有机生命体真的能够在这样（化学渗透原理）的能量条件下产生吗？换句话说，如果我们把有机生命体比作"能量体""能量系统"，那么这样的"能量体""能量系统"真的能够利用化学渗透原理在"小分子能量包"和"大分子能量块"的基础上产生吗？实事求是地讲，这个问题目前还没有确定的答案。但是近来的一些研究提供了一些很有说服力的视角。比如，存在这样一种可能性：首先积累氢离子浓度，然后利用氢离子的流动冲击 ATP 合成酶，这种看起来异常精巧的策略，可能反而是地球生命最早、最原始的能量来源。2016 年，德国杜塞尔多夫大学的科学家威廉·马丁（William Martin）分析了现存地球生物 600 多万个基因的 DNA 序列，从中确认有 355 个基因广泛存在于全部主要的生物门类中。根据这项研究，马丁推测，这 355 个基因应该同样存在于现在地球生物的最后共同祖先（Last Universal Common Ancestor，LUCA，见图 11-6）体内，并且因为它们有着极端重要的生物学功能，从而得以跨越接近 40 亿年的光阴一直保存至今。在这 355 个基因里，便有 ATP 合成酶基因的身影。与之相反，在现存地球生物体内负责驱动其他 ATP 合成途径的酶，如催化葡萄糖分解为乳酸或酒精，从而制造 ATP 的那些蛋白质，却不见踪影。

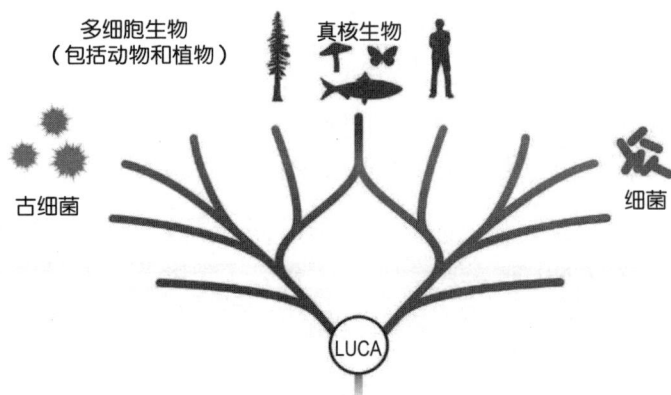

图 11-6　LUCA

　　根据这个推论，地球生命的祖先已经掌握了利用氢离子浓度差制造 ATP 的能力。但是需要注意，祖先似乎没有掌握制造氢离子浓度差的能力，因为在这 355 个基因里，并没有找到能够将氢离子从低水位泵向高水位的酶。也就是说，祖先只能被动地利用环境中现成的氢离子浓度差。在远古地球环境里，有没有可能存在现成的氢离子浓度差呢？答案也许来自深海。2000 年年末，科学家在研究大西洋中部的海底山脉时，偶然发现了一片密集的热泉喷口（见图 11-7）。这片被命名为"失落之城"（Lost City）的热泉与已知的所有海底火山不同，它喷射出的不是高温岩浆，而是 40～90℃的、富含甲烷和氢气的碱性液体。而碱性热泉能够提供几乎永不衰竭的氢离子浓度差！远古海洋的海水中溶解了大量的二氧化碳，应该是强酸性的。因此，当碱性热泉涌出"烟囱"口，和酸性海水相遇的时候，在两者接触的界面上就会存在悬殊的酸碱性差异，而酸碱性差异其实就是氢离子浓度差异。更奇妙的是，人们还发现，热泉"烟囱"口的岩石就像一大块海绵，其中布满了直径仅有几微米的微型空洞。2012 年，马丁和英国伦敦大学学院的尼克·连恩（Nick Lane）提出过一个很有意思的假说。他们认为，这些像海绵一样的岩石其实可以作为原始"水坝"，维持氢离子浓度差。这样一来，化学渗透和生命起源这两件看起来毫不相关的事情居然有可能是紧密联系在一起的！也许在远古地球上，正是在碱性热泉口的岩石孔洞中，氢离子穿过原始水坝的流淌，为生命的出现提供了最早的生物能源。我们的祖先正是利用这样的能源组装蛋白质和 DNA 分子，建造了更坚固的水坝蓄积氢离子，繁衍生息，最终在这颗星球的每个角落开枝散叶。换句话说，其实不是今天的地球生命不约而同地选择了化学渗透，而是化学渗透催生了地球生命的出现。而当我们的祖先掌握了利用化学渗透制造能量的技能之后，他们也就同时掌握了远离热泉口这块温暖襁褓的能力，因为祖先已经不再需要现成的氢离子浓度差和天然的岩石水坝来制造能量了。此时的他们拥有了能够运输氢离子的水泵，能够稳定储存氢离子的水坝，能够制造 ATP 的水力发电机，甚至还能将能量储存在诸如葡萄糖这样的营养物质中长期备用。三四十亿年弹指一挥间，当今天的地球人类在饱餐一顿之后出门上班、穿上跑鞋开始运动、坐上飞船飞向茫茫太空的时候，在幕后默默支持我们的，仍旧是氢离子永不停歇的流淌和化学渗透闪烁的永恒光辉。

图 11-7　深海热泉喷口

第十二章　从 RNA 到真核生物的演化

本章希望从物质的角度带领大家领略生命进化的无穷魅力。

一、生命的特质——自我复制与信息贮藏

从物质的角度思考生命，生命有两个重要特质——自我复制与信息贮藏。

组成生命的物质确实太普通、太脆弱，水、盐、糖、脂质、蛋白质、核酸，简简单单六类物质的有机组合，没有特别的生命物质，更不存在所谓的永恒不灭，就是这些不太起眼的化合物造就了已经在地球上存在了 40 亿年的生命，不禁让人感慨，生命简直就是悖论式的存在。

是什么让由普通物质组成的生命变成了永恒不灭？答案其实简单至极：自我复制。

没错，就是自我复制，一种非精确的"制造相似"的特点成就了地球上的生命。试想一下，如果没有自我复制，怎么可能有地球的生机勃勃？

地球的环境绝对不适合由这些脆弱物质组成的生命生存。火山爆发、地壳变动、雷电交加，甚至地球上的氧气，都是轻易可以造成物质毁灭、生命死亡的条件。面对如此恶劣的生存条件，自我复制就成了地球生命永存不息的保障性基础——以自身为样本，不停地制造出和自己相似但又不完全一样的后代。后代越来越多，就保证了即便其中一些因为意外事故——不管是火山、地震还是雷电——死去，还有足够的个体能存活下来延续种群。而更重要的是，自我复制为生命现象引入了变化，这种变化大多数时候难以察觉，但有些时候也可以惊天动地，无论如何，在自我复制过程中产生的变化总是快过地球环境动辄以千万年计数的变化。也正因为这样，地球上的生命来了又走，样貌也千变万化。科学家的估计是，在这颗星球上，可能已经有超过 50 亿个物种诞生、繁盛，然后静悄悄地死去。但是生命现象本身却顽强地走过了 40 亿年的风霜雨雪。当然，在自我复制中出现的这些不怎么引人瞩目的细微变化本身谈不上什么对错，也没有什么方向性可言。不够精确的自我复制，其实是提供了大量在地球环境中"试错"的生物样品。谁能活下来，谁能继续完成新一轮自我复制，谁就是胜利者。是地球环境的缓慢变迁决定了不同时刻的胜利者，也

因此最终塑造了生物演化的路径。以地球上的氧气为例：从 6 亿年前到今天，大气中氧气的含量始终在上下波动。但是如果时间尺度放得更宽，我们会发现氧气甚至不是地球上从来就有的大气成分。在 46 亿年前地球形成的时候，大气的主要成分是二氧化碳、氮气、二氧化硫和硫化氢。直到差不多 25 亿年前，第一批能够利用阳光的细菌出现在原始海洋中，利用太阳光的能量分解大气中的二氧化碳，并以其中的碳原子为食，这才制造出了氧气。对于今天的地球生命无比重要的氧气，其实在当时只是某些生命活动的副产品。更可怕的是，这种全新的化学物质还毒死了当时地球上几乎所有的生物！但是与此同时，灾难性的"大氧化"事件却为未来那些以氧气为生、更复杂多样的生命开启了繁盛的大门，受益者包括海藻、树木、鱼和人类。能够在无氧大气里生息繁盛的生命和在氧气中自在生活的生命并无高下之别，仅仅是由于地球环境的变化让前者死去、后者存活罢了。因此，自我复制的两个看起来似乎自相矛盾的特点保证了地球生命的永续。对自身的不断复制保证了生命不会因一场意外而彻底毁灭，而自我复制过程中出现的错误，则帮助生命适应了地球环境的变化。

那么，自我复制本质上到底复制了什么？自我复制又是怎样发生的呢？

以现有复杂生命的物质组成作为起点向生命的起源方向进行推测，我们可以假设出一个极端简化的生命——只有一个蛋白质分子的生命（现有复杂生命中，作为生命活动承担者和体现者的物质就是蛋白质）。接下来，我们以这个极端简化的生命作为基础，探讨一下自我复制的原理。

还记得上一章提到的 ATP 合成酶吗？如果极端简化的生命以"只有一个蛋白质分子"的形式出现，那么 ATP 合成酶无疑是最有资格入选的了（因为它的存在，生命才有机会使用地球上肆虐无拘的能量），我们暂时把 ATP 合成酶这个"生命"定义为"原始生命猜测版"吧。这个古老的蛋白质分子尺寸很小，仅有几个纳米，却蜷曲折叠成一个复杂的、带有三个叶片和一个管道的三维结构，通过飞速旋转不停地生产 ATP。有了它，"原始生命猜测版"就可以制造 ATP 分子，然后用 ATP 来驱动各种生命活动。但是"原始生命猜测版"是难以实现自我复制的。从上一章中我们知道，ATP 合成酶有一个极端精巧和复杂的三维立体结构，每个维度上原子排列的精确度达到零点几纳米的水平。且不说想要分毫不差地复制一个这样的结构非常困难，即便是想要看得清楚一些都不容易。在今天人类的技术水平下，要看清楚 ATP 合成酶的每一个原子需要动用最强大的 X 射线衍射仪和电子显微镜，而想要复制出这样一个结构还是科幻想象的范畴。我们大概可以说，要想精确地复制"原始生命猜测版"，可能需要一架比"原始生命猜测版"体形更庞大、更加复杂和精密的机器才做得到。可是在刚刚出现"原始生命猜测版"的远古地球上，去哪里找这样的复杂机器呢？难以自我复制的"原始生命猜测版"注定要孤独一生，而且它的一生一定非常短暂。为了解开自我复制的技术难题，生命体显然需要一种方法，能更简单、精确地记录和复制自身，而不是去记录和复制一个复杂三维结构的每一点空间信息。否则，太烦琐，也太容易出错了。

看来，从物质自我复制的角度，生命的起源不会是"一个蛋白质分子"。不过，我们还是可以沿着生命物质的这一特征继续探索——最早的极简生命应该是一种结构更为简单、复制更为方便，且能够控制蛋白质合成（毕竟对于现有复杂生命来说，蛋白质才是生命活动的承担者和体现者）的物质，我们把这个在"原始生命猜测版"基础上进一步推理出的原始生命定义为"原始生命推理版"。

从生命的中心法则（一套几乎所有现存地球生命都在使用的运转规律，这个法则既保证了物质中信息的世代流传，也保证了每一代生命体实现自身的生命机能，如图 12-1 所示）反向推理，能够入选"原始生命推理版"的可能物质有两种——DNA 和 RNA。

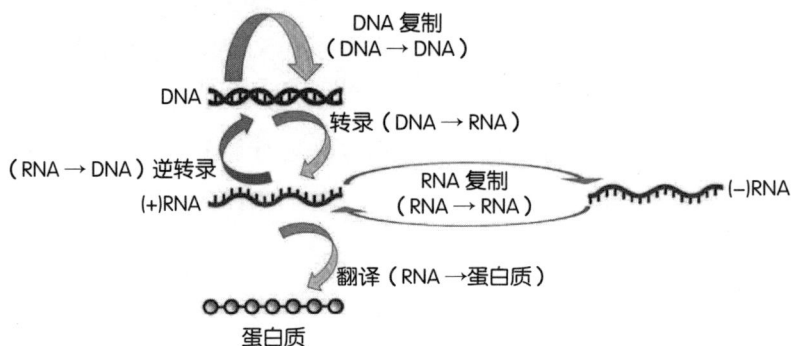

图 12-1　中心法则

与蛋白质相比，DNA 分子的化学构成非常简单，就是由四种脱氧核苷酸分子环环相扣串起来的一条长长的链条。它的秘密隐藏在四种脱氧核苷酸分子的排列组合顺序中。在今天的地球生命体内，DNA 长链按照三个脱氧核苷酸的排列顺序决定一个氨基酸的原则，能够忠实记录任何蛋白质分子的氨基酸构成，当然也包括"原始生命猜测版"的 ATP 合成酶。人体中的 ATP 合成酶是由五千多个氨基酸分子按照某种特定顺序串起来形成的蛋白质大分子。在三维空间中，这些氨基酸彼此吸引、排斥、碰撞、结合，形成了复杂、动态的三维结构。可想而知，只要我们能记录下这五千多个氨基酸分子的先后顺序，然后依照这个顺序去组装 ATP 合成酶分子就行了，它可以自己完成在三维空间的折叠扭曲。这样一来，三维空间的信息就被精简成了一维，只是一组顺序排列的氨基酸分子而已。在今天的绝大多数地球生命中，三维到一维的信息简化是通过 DNA 分子实现的。DNA 作为

"原始生命推理版"，在自我复制时就不需要担心复杂的 ATP 合成酶蛋白无法精细描摹和复制了，它只需要依样画葫芦地复制一条 DNA 长链就可以，因为 DNA 长链本身的组合顺序已经忠实记录了 ATP 合成酶的全部信息，如图 12-2 所示。而与此同时，我们可以想象，复制一条可以看成是一维的 DNA 长链，要比直接复制 ATP 合成酶的精细三维结构省心省力得多。

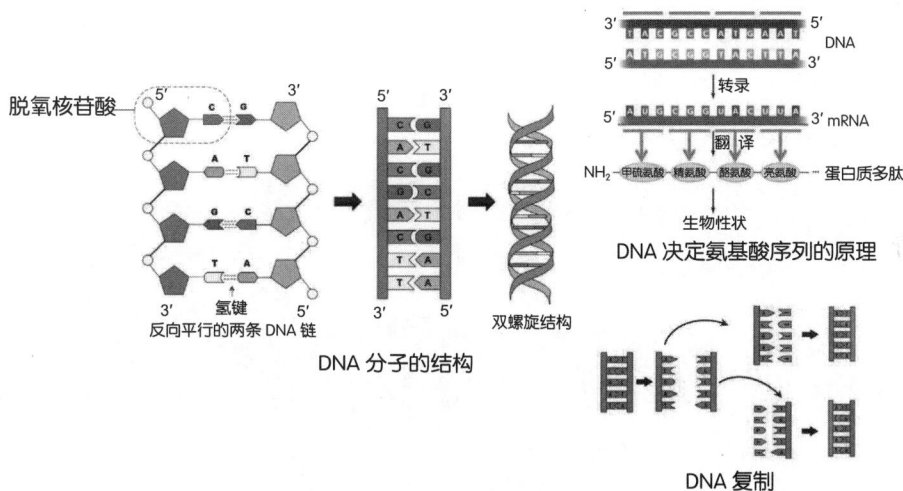

图 12-2　DNA 分子的结构、DNA 决定氨基酸序列的原理及 DNA 复制

20 世纪 50 年代，詹姆斯·沃森（James Watson）和弗朗西斯·克里克（Francis Crick）利用罗莎琳·富兰克林（Rosalind Franklin）获得的 X 射线衍射图谱建立了 DNA 的双螺旋模型，并且几乎立刻猜测到了 DNA 是如何进行自我复制的。简单来说，DNA 复制遵循的是"半保留复制"的机制。就像蛋白质是由 20 种氨基酸组合而成的，DNA 也有它独有的原料：四种不同的核苷酸分子（可以简单地用 A、T、G、C 四个字母指代）。每条 DNA 链条都是由这四种分子首尾相连组成的。特别重要的是，A、T、G、C 四种分子能够两两配对形成紧密的连接：A 和 T，G 和 C（这个过程被称为碱基互补配对），因此可以想象，一条顺序为 AATG 的 DNA 可以和一条顺序为 CATT 的 DNA 首尾相对地配对组合缠绕在一起。这样的配对方法特别适合 DNA 密码的自我复制：AATG 和 CATT 两条缠绕在一起的链条首先分离开来，两条单链再根据配对原则安装上全新的核苷酸分子，例如 AATG 对应 CATT，而 CATT 则装配了 AATG，由此一个 DNA 双螺旋就变成了完全一样的两个 DNA 双螺旋。特别值得指出的是，DNA 的复制过程异常精确，在人体细胞中，DNA 复制出错的概率仅有十亿分之一，这就从原理上保证了它可以作为生命遗传信息的可靠载体。

按照这样的分析，DNA 似乎非常适合作为"原始生命推理版"——与蛋白质相比，其结构更为简单、复制更为方便，且能够控制蛋白质合成（含有控制蛋白质合成的信息）——但很遗憾，DNA 分子太稳定了，一根 DNA 长链既不可能自我复制，也不可能制造出 ATP 合成酶来，要想实现 DNA 分子的复制及控制蛋白质的合成，还需要一系列各种各样蛋白质分子的催化与配合才行，如图 12-3 所示。所以，即便在逻辑上，DNA 也不可能是"原始生命推理版"的备选。

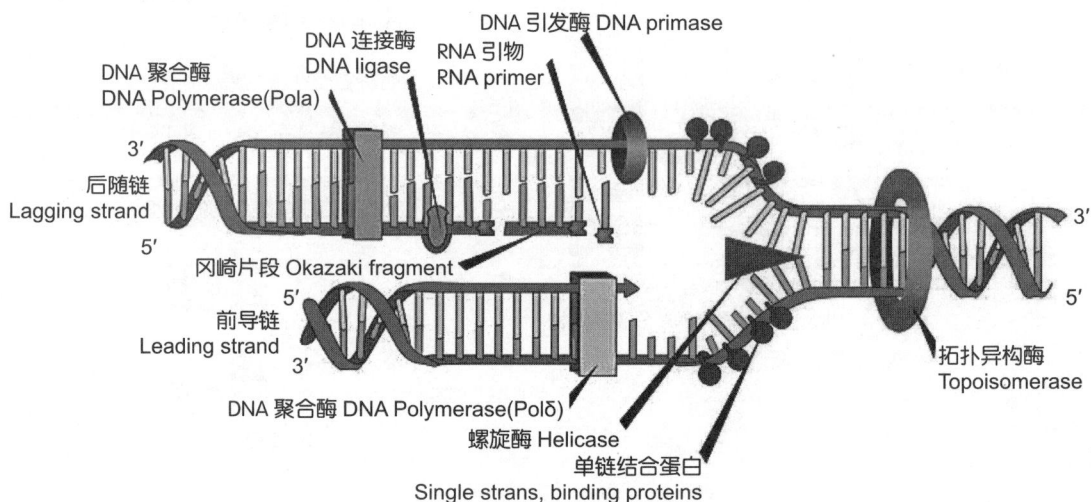

图 12-3　DNA 复制所需的蛋白质

虽然 DNA 被排除了成为"原始生命推理版"的可能，但 DNA 本身的特点及其控制蛋白质合成的方式还是为我们解答了"自我复制本质上到底复制了什么"和"自我复制是怎样发生的"这两个问题。我们可以这样认为：① 物质自我复制本质上复制的是物质中贮藏的信息，而物质能够实现信息贮藏的原因在于组成物质的基本单位（如组成蛋白质的氨基酸、组成 DNA 的脱氧核苷酸等）在种类、数目和排列顺序上的多样性。② 碱基互补配对就是物质自我复制与信息贮藏相结合的灵魂所在，物质自我复制的过程、所贮藏信息的传递、转换与交流都有赖于碱基互补配对。

沿着这个思路，我们可以来看看"原始生命推理版"的另一个备选——RNA。

二、"原始生命推理版"——RNA

RNA（Ribonucleic Acid，核糖核酸）是一种酷似 DNA 的化学物质，两者的重要区别就是化学骨架上的一个氧原子。毫无疑问，与蛋白质相比，RNA 分子的结构足够简单

（核糖核苷酸链，且与 DNA 不同，大部分 RNA 是单链结构），复制也很方便（同样可以利用碱基互补配对的方式进行复制），控制蛋白质的合成更是没有问题（运用核糖核苷酸中贮藏的信息控制蛋白质的合成），与 DNA 相比，我们需要进一步探索的问题是：RNA 是否有能力实现完全的自我复制过程，即在不需要蛋白质分子的条件下，RNA 分子本身进行自我复制。

生命的中心法则告诉我们，当生命开始活动的时候，储存在 DNA 中的信息首先被忠实地转录到 RNA 分子上，然后 RNA 分子再去指导蛋白质的装配，最终的生命现象主要由蛋白质承担。生命中物质的这种运行规律也让我们好像看到了生命起源的曙光。事实上，早在 20 世纪中叶，当 DNA→RNA→ 蛋白质这套遗传信息传递的中心法则刚刚被提出的时候，就已经有人注意到了这个问题。例如 1968 年，DNA 双螺旋结构的发现者之一克里克就在一篇文章中大胆地猜测，也许 RNA 才是最早的生命形态。他甚至说："我们也不是不能想象，原始生命根本没有蛋白质，而是完全由 RNA 组成的。"

但是曙光与猜测毕竟是想象层面的东西，想要获得科学的结论，还得需要在自然界或者实验室里进行验证。1978 年，30 岁的生物化学家托马斯·罗伯特·切赫（Tomas Robert Cech）来到美国科罗拉多州的邦德建立了自己的实验室。他的研究兴趣和中心法则有密切的关系。我们知道，在遗传信息的流动中，RNA 是承接在 DNA 和蛋白质之间的分子，它转录了 DNA 的信息，然后以自身为蓝图，指导蛋白质的装配。不过早在 20 世纪 60 年代，人们就已经发现，RNA 密码本其实并不是一字不差地转录了 DNA 分子的信息。例如，DNA 中往往会写着大段大段看起来没有什么特别用处的"废物"字母（它们的学名叫作"内含子"）。在转录 DNA 信息的时候，生物会首先老老实实地转录这些"废物"字母，之后再将它们删除，整理出更精简、更经济的 RNA 分子。切赫当时的兴趣就是研究这种被叫作"RNA 剪接"——也就是如何将废物字母删除的现象。他使用的研究对象是嗜热四膜虫（Tetrahymena thermophila），这是一种分布广泛的淡水单细胞生物，很容易大量培养，并且个头很大（直径 30～50 微米），很方便进行各种显微操作。而研究 RNA 剪接也是分子生物学黄金年代里热门的话题之一，毕竟它关系到遗传信息如何最终决定了生物体五花八门的生物活动和性状。一开始，切赫的目标是很明确的。他已经知道，在四膜虫体内的 RNA 分子中段有一截序列没有什么作用。这段被称为"中间序列"的无用信息，在 RNA 刚刚制造出来之后很快就会被从中间剪切掉。而这个过程是怎么发生的呢？切赫希望利用四膜虫这个非常简单的系统来进行研究。他的猜测也很自然：肯定有那么一种未知的蛋白质，能够准确地识别这段 RNA 中间序列的两端，然后一刀切断 RNA 长链，再把两头缝合起来，RNA 剪接就完成了。为了找出这个未知的蛋白质，切赫的实验室使用了最经典的化学提纯方法。他们先准备了一批尚未切割的完整 RNA 分子，再加入从四膜虫细胞中提取出来的蛋白质混合物"汤"。那么显然，RNA 分子应该会被切断和缝合，从而完成 RNA 剪接。他们的计划是，把蛋白质"汤"一步一步地分离、提纯，排除那些对 RNA 剪接没有影响的蛋白质，那么最终留下的应该就是他们要找的那个负责剪接 RNA 的蛋白质了。但是，他们的尝试刚一开始就差点夭折。因为切赫发现，RNA 分子加上蛋白质"汤"确实会很顺利地启动剪接。但是即便什么蛋白质都不加，RNA 分子也同样实现了剪接！任何一个受过起码的科学训练的人都明白，这个现象是多么令人沮丧。什么都不加的 RNA 分子也能实现剪接，看起来只有两种可能性：第一，切赫他们制备的 RNA 已经被污染了，里面混入了能够切割 RNA 的蛋白质，因此不管加不加东西，RNA 分子都被剪接了；第二，切赫他们看到的这个现象根本就不是 RNA 剪接，而是一种不知道是什么的实验错误，因此加不加其他蛋白质，他们看到的都不是剪接。不管是哪种解释，眼看着这个实验就做不下去了。于是，切赫他们尝试了各种各样的办法来改进实验。他们首先假定自己的纯化功夫确实不到位，RNA 被污染了，因此想要从里面找出"污染源"是什么，没成功；后来他们往纯化出的 RNA 分子里加上各种各样破坏蛋白质活性的物质，试图停止 RNA 的剪接，发现也不成功；他们甚至还做了更精细的化学实验，来研究 RNA 到底是怎么被剪接的、发生了什么化学修饰……终于，到了 1982 年，切赫他们干脆放弃了对 RNA 分子各种徒劳的提纯，直接在试管里合成了一个新的 RNA 分子。然后，利用这条理论上不可能存在污染的纯净 RNA，他们终于可以明白无误地确认，这条 RNA 在什么外来蛋白质都没有的条件下，仍然固执地实现了自我剪接，把那段没用的中间序列切割了出来。事情已经无可置疑：根本不存在那种看不见摸不着又总是顽固地剪接 RNA 的蛋白质，RNA 可以自己剪断和粘连自己！说得更炫酷些，RNA 分子本身就可以和 DNA 一样贮藏信息，同时也可以像蛋白质一样催化生物化学反应，在切赫的例子里，这个化学反应就是对自身进行切割和缝合。切赫将他们找到的这种新物质命名为"核酶"（Ribozyme，兼具核酸和酶的功能之意，如图 12-4 所示），这个注定要名垂青史的伟大发现也获得了 1989 年的诺贝尔化学奖。

核酶的概念让原始生命完全由 RNA 组成的猜测脱离了想象层面，我们可以在切赫伟大发现的基础上进一步假设：原始地球上有一个这样的 RNA 分子，它自身携带遗传信息，同时又能催化自身的复制（相比剪接，这当然是一种复杂得多的生物化学反应），那不就可以实现遗传信息的自我复制和万代永续了吗？对于伟大的生命起源来说，DNA 和蛋白质不过是锦上添花的点缀而已！

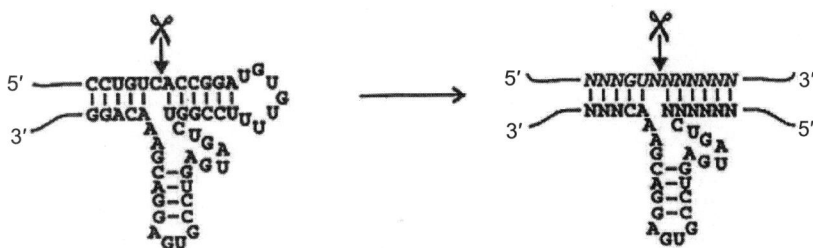

图 12-4　核酶

不得不承认，这个假设还是有些大胆的。要知道，虽然切赫发现的核酶确实实现了一点替代蛋白质的功能，但这个功能还是非常简单的。而如果真要设想一种核酶能够实现自我复制的功能，它必须能够以自身为样本，把一个接一个的核糖核苷酸按照顺序精确地组装出一条全新的 RNA 链条来。这个难度比起 RNA 剪接，简直是工业革命与磨制石器的差别。不过没过多久，科学家在研究细胞内蛋白质的生产过程时就意识到 RNA 的能力远超人们的想象。我们知道，蛋白质分子的生产是以 RNA 分子为模板，严格按照三个核糖核苷酸分子对应一个氨基酸分子的逻辑，逐渐组装出一条蛋白质长链的过程。这个过程是在一个名叫"核糖体"的车间里进行的。而从 20 世纪 80 年代开始，人们在研究核糖体的时候逐渐意识到，这个令人眼花缭乱的复杂分子机器，居然是以 RNA 为主体形成的！在细菌中，核糖体车间的工作人员包括五十多个蛋白质，以及三条分别长达 2 900、1 600 和 120 个核糖核苷酸分子的 RNA 链。这些 RNA 链条上的关键岗位对于决定蛋白质生产的速度和精度至关重要。

既然连蛋白质生产这么复杂的工作 RNA 都可以胜任，那还有什么理由说，在生命诞生之初，RNA 分子就一定不能做到自我复制呢？就是在这样大胆的思路指引下，全世界展开了发现、改造和设计核酶的竞赛。我们当然没办法看到地球生命演化历史上第一个自我复制的核酶到底是什么样子的，但是如果人类科学家能在实验室里人工制造出一个能够自我复制的核酶，我们就有理由相信，具备同样能力的分子在远古地球上出现并不是什么天方夜谭。2001 年，美国麻省理工学院的科学家成功制造出了一种叫作 R18 的、具有部分自我复制功能的核酶分子，如图 12-5 所示，第一次证明核酶确实不光能"磨石头"，还真的可以引发"工业革命"！当然，R18 的功能还远不能和我们假想中的那个既能贮藏信息又能自我复制的祖先 RNA 相比，R18 仅仅能够复制自身不到 10% 的序列，而我们的祖先一定需要 100% 复制自身的能力，但这毕竟是一个概念上的巨大突破。要知道，既然人类科学家可以在短短几年内设计出一个具备初步复制能力的核酶，那么我们就没有理由怀疑，无比浩瀚的地球原始海洋在几亿年的时间里会孕育出一个真正的祖先核酶。

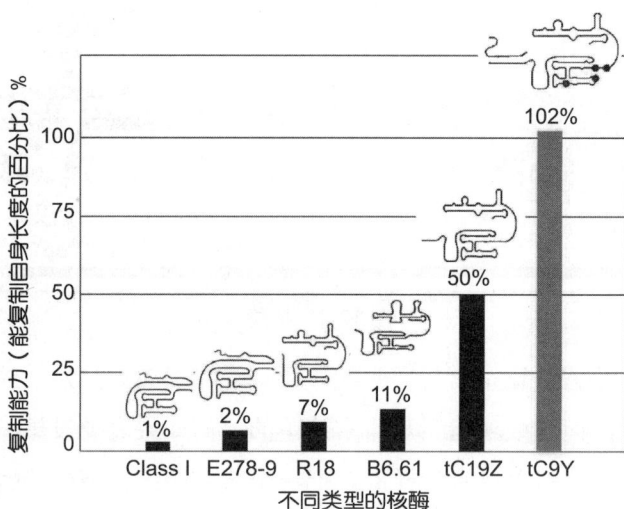

图 12-5　人工设计核酶的进展

在这一系列激动人心的科学发现中，克里克 1968 年的假说重新被人们翻了出来，而到了 1986 年，另一位诺贝尔奖得主、哈佛大学的沃特·吉尔伯特（Walter Gilbert）更是正式扛起了"RNA 世界"理论的大旗，要替 RNA 抢回地球生命的"发明权"了。这可能是最接近真相也最能帮助我们理解生命起源的理论了。这个理论的核心就是，RNA 作为一种既能够存储遗传信息又可以实现催化功能的生物大分子，是屹立于生命诞生之前的指路明灯。可能在数十亿年前的原始海洋里，不知道是由于高达数百摄氏度的深海水温、刺破长空的闪电，还是海底火山喷发出的高浓度化学物质，数不清的 RNA 分子就这样被没有缘由地生产出来，飘散，分解。直到有一天，在这无数的 RNA 分子（也就是无穷无尽的碱基序列组合）中，有这样一种组合，恰好产生了自我复制的催化能力。于是它苏醒了，活动了，无数的"后代"被制造出来了。这种自我复制的化学反应所产生的大概还不能被叫作生命，因为它仍然需要外来的能量来源，它还没有以负熵为生的高超本领。但是，它很可能照亮了生命诞生前最后的黑夜，在它的光芒沐浴下，生命马上要发出第一声高亢的啼鸣。

三、从生命乍现到神通广大的原核生物

按照"RNA 世界"理论，推理层面上，RNA 作为最原始的生命物质简直实至名归。可是，与今天地球生命的绝对统治者——DNA 和蛋白质相比，RNA 确实存在着很多局限：化学性质不够稳定，复制过程中出错率高，结构相对简单（结构相对简单也就预示着功能会相对单一）……所以也难怪在今天的地球上，对于绝大多数生物而言，RNA 反而成了

一个中间角色，仅仅通过生硬地将 DNA 插入蛋白质中的信息流动，宣示着自己曾经的无限荣光。仅仅在少数病毒体内，RNA 仍然扮演着独一无二的遗传信息贮藏者的角色。那么，作为"原始生命推理版"的 RNA 分子是在什么时候、又是如何转化成了真正的"生命"呢？

通过前面我们对能量和物质的分析，这个问题看似简单且必然，但回答起来却非常不容易。根据我们的逻辑，最初形成的生命一定非常微小、构造简单，它们不可能像后来出现的大型生物那样，有骨骼、牙齿那样比较容易保存的组织，而只是由膜包裹的一些有机物。如果真的是这样，它们有可能形成化石，保留到现在吗？如果能够找到化石证据，则说明我们的分析并非凭空想象。这个难题被科学家用很聪明的办法解决了。蓝细菌（Cyanobacteria）是一类可以进行光合作用的单细胞生物，在浅水处可以聚集，在砂石上形成菌膜。这些被菌膜黏附的沙子由于菌膜的覆盖，可以免受水流的冲刷，因而能够形成对应的结构，例如菌膜被水流掀起时，沙子就会和菌膜一起卷成筒状结构。菌膜被沙掩盖，上面又可以长出菌膜。这样长期反复地沉积，就会形成具有多层结构的叠层石（Stromatolite）。目前在地球上的许多地方，叠层石还在生成。如果我们在古代的沉积岩中发现叠层石和类似卷筒那样的结构，就可以推断出生命在这些沉积岩中的存在。带着这个想法，美国科学家诺拉·诺夫克（Nora Noffke）在澳大利亚西部皮尔巴拉岩层（Pilbara terrane）中发现了叠层石，并且在这些结构中发现了可能是由菌膜卷曲而形成的筒型结构，如图 12-6 所示。离叠层石稍远的地方就没有这些结构，说明它们很可能是由生物因素形成的。皮尔巴拉岩层的形成年代在 35 亿年以前的太古代（Archaean eon），如果这些结构真是由当时的生物留下的，那就说明生物在地球上至少有 35 亿年的历史。用同样的方法，诺夫克在南非的蓬戈拉超群（Pongola Supergroup，29 亿年前形成）中也发现了类似的结构。

图 12-6　澳大利亚西部皮尔巴拉沉积岩中的叠层石

不过，这只是间接的证据，还不能排除这些结构是由人类尚不知道的某些自然机制形成的，所以有可能只是在形态上和现代形成的叠层石相似。要证明这些结构的确是由生物形成的，还需要更多的证据。由于形成叠层石的蓝细菌能够进行光合作用，要从空气中获取二氧化碳，再利用二氧化碳中的碳元素来合成自身的有机物，是不是可以从这里找到线索呢？科学家研究了光合作用过程中生物获取碳元素的过程，找到了一个办法，那就是碳元素的同位素分析。同位素（Isotope）是原子核中具有相同的质子数（所以原子序数相同），而中子数不同的元素形式。地球上的碳有三种同位素，分别是碳-12、碳-13、碳-14（碳后面的数字为相对原子质量，大约是质子数加中子数），其中绝大部分是碳-12，占99%，其次是碳-13，占约1%，而碳-14只有痕迹量。生物在进行光合作用时，对这些碳同位素并不是"一视同仁"的，而是"偏爱"最轻的碳-12。这样，在生物体内的有机物中，碳-13/碳-12的比例就会比自然环境中低。如果在发现菌膜痕迹的地方又发现碳-13的比例低于环境中的，那就能够有力地证明这些结构来源于生物。诺夫克测定了菌膜遗迹处的碳同位素比例，再和周围的碳同位素比例相比较，发现菌膜遗迹处碳-13/碳-12的比例的确明显比周围环境中低，这是对叠层石是由生物原因形成的有力的支持。另一位美国科学家多罗西·阿赫勒（Dorothy Oehler）在南非的翁维瓦特群（Onverwacht Group）测定了沉积岩不同深度中碳-13/碳-12的比例，发现中层和深层的同位素比例和其他非生物来源的物质一样，而具有生物痕迹的表层却有异常低比例的碳-13。翁维瓦特群的沉积岩也有35亿年的历史，说明生物的出现也至少在35亿年之前。用这些方法测定到的生物早期的痕迹还在南非的无花果树群（Fig Tree Group）、格陵兰的伊苏阿（Isua）地区、澳大利亚西部的瓦拉伍那群（Warrawoona Group）等处发现。蓝细菌是已经可以进行光合作用的（因而已经是比较复杂的）生物，自身营养充足，可以在浅水区大量繁殖形成菌膜，也就比较容易留下化石或痕迹。更原始的生物用其他方法获得的能量较少，可能只以低密度的单细胞存在，也就难以形成化石或留下痕迹。由此推断，最初的、更简单的生物出现的时间应该比35亿年前早得多。地球是大约46亿年前形成的，而地壳的形成大约是在44亿年前，所以我们有理由相信：从地壳的形成到生命的出现，中间应该不到10亿年的时间。

在这不到10亿年的时间里，从"RNA世界"到真正的"生命"产生（如果我们认为"RNA世界"理论是真实的话）是如何实现的呢？从现有地球生命的结构进行推测，我们有理由相信，原始"细胞"的出现才是真正"生命"产生的标志，因为当前地球上的所有生命都是以"细胞"作为其结构与功能单位的（即使是没有细胞结构的病毒，要想实现其生命的功能也必须依赖于细胞结构）。细胞结构的关键在于其存在着一堵"分离之墙"（即细胞膜），靠着这一层作为物理屏障的分离之墙，把能量分子和遗传物质包裹在一个"封闭"且"开放"的环境中而形成一个较为完善的系统，这个系统既是与外界环境分隔开的，同时又能与外界环境进行物质和能量交流，在这个系统中，负熵的生命活动得以顺利实现。

通过对现有细胞细胞膜的结构与成分进行分析发现，构成细胞膜的主要成分是一种特别的两性分子（Amphiphilic 或者 Amphipathic molecules，分子上既有亲水的部分，又有亲脂的部分）——磷脂，如图 12-7 所示。磷脂分子具有长长的亲脂的"尾部"，又有一个亲水的"头部"，当把这种分子放到水中时，亲脂的尾部由于不能与水混溶，彼此聚集在一起，通过色散力彼此吸引，形成一个脂性的内部，亲水的头部排列在外面，与水亲密接触，就可以在水中形成比较稳定的结构。那么问题来了，在原始地球环境中，是否有条件产生两性分子（可能是磷脂，也可能是一些类似磷脂的两性有机物分子），是否有条件让这些两性分子在水中自发形成膜状结构，从而形成最初的细胞呢？2001 年，美国航空航天局（NASA）和加州大学圣克鲁兹分校（UC Santa Cruz）的科学家合作，模拟太空中的状况（类似于原始地球环境）来产生有机物。他们按照星际冰中物质的比例，混合了水、甲醇、氨和一氧化碳，在类似星际空间的温度（15K，即绝对温度 15 度，相当于 −258℃）下用紫外线照射这个混合物。当被照射过的混合物的温度升到室温时，有一些油状物出现。把这些物质提取出来，再放到水中时，发现它们形成了囊泡，直径为 10 ～ 50 微米，与细胞的大小相仿，如图 12-8 所示。这个结果说明，在太空中形成（或在原始地球环境中形成）的有机物中就有两性分子，可以自发在水中形成囊泡结构，这就使得原始细胞的形成成为可能。

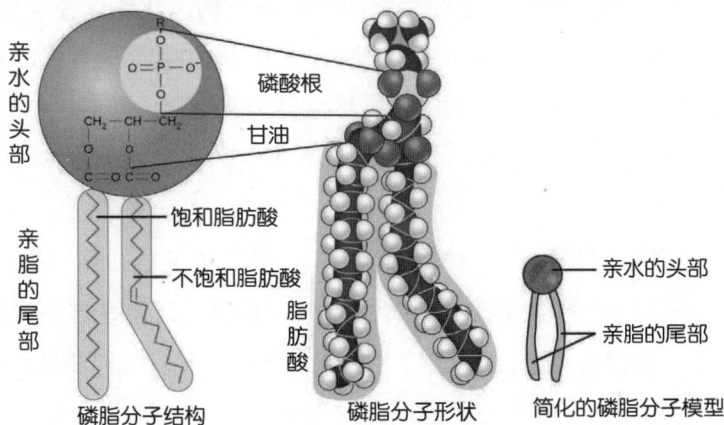

图 12-7 磷脂分子

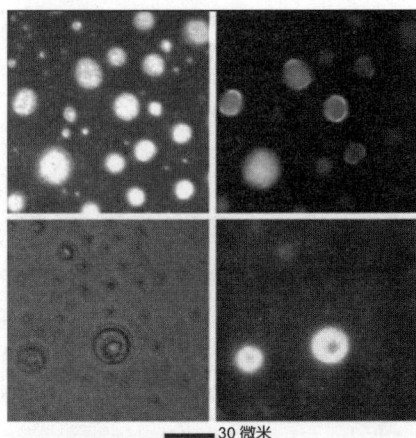

图 12-8　模仿太空条件产生的油状物在水中形成的囊泡

在地球现有细胞结构中，原核细胞就与前文我们提到的原始细胞非常类似，也因此，我们认为由原核细胞构成的原核生物（Prokaryotes）极有可能是地球上出现最早，也是结构最简单的生物。绝大多数原核生物都只由一个细胞组成，也就是它们基本上都是单细胞生物。原核生物的英文名称中，pro- 表示"在……之前"，而 karyo- 是"核"的意思，所以原核生物这个名称不是说这些生物有"原始"的细胞核，而是在有细胞核的生物出现之前的生物。有细胞核的生物叫作真核生物（Eukaryotes）。它们具有由双层膜包裹起来的细胞核，里面装有遗传物质 DNA。我们的肉眼能够看见的生物基本上都是真核生物，包括植物、动物和人类自己。　现在地球上的原核生物分为两大类，即细菌（Bacteria）和古菌（Archaea）。它们都没有细胞核，大小和形状也相似，所以古菌曾经被归于细菌的范畴。随后的研究表明，古菌核糖体中一种核糖核酸（16S rRNA）的核苷酸序列既不同于一般细菌，也不同于真核生物。此外，这种生物的细胞膜结构、代谢途径、转录（把 DNA 中的信息转移到 RNA 分子上）和转译（把信使 RNA 中的信息转变为蛋白质中氨基酸的序列）所用的酶也和一般细菌不同。1976 年，美国科学家卡尔·伍兹（Carl Woese）在 16S rRNA 序列的基础上，提出应该把细菌和古菌分为不同的类别。现在这个分类法已经被科学界广泛接受。

原核生物是最原始的生物，其构造简单，"个头"也很小，大多数直径只有 1 微米（千分之一毫米）左右，用光学显微镜的高倍镜头才看得见。但是这不等于原核生物就是弱者。现在地球上的原核生物都已经有几十亿年的历史，所以每种原核生物都已"身经百战"（在"百"字后面还应该加很多零），个个"身手不凡"。在更高级的真核生物的强大竞争面前，它们不但没有败下阵来，而且还能繁荣昌盛。据估计，现在地球上光是细菌就有 12 万～ 15 万种，总数约有 5×10^{30} 个，总重 500 万亿吨。原核生物的生命力如此强大，自有其原因。个头小其实是它最大的优点。首先是它的繁殖速度。由于细胞小，表面积和体积的比例大，和周围环境的物质交换迅速，外来的营养分子需要在细胞内的扩散距离也很短，能够迅速到达所需要的地方，所以原核生物的繁殖速度很快。例如大肠杆菌每20分钟就能够繁殖一代，这使得它们在营养充足时，能够迅速增加个体数量，抢占地盘。繁殖速度快意味着原核生物更新换代的速度很快，这样它们就可以迅速地通过自然选择来适应环境。原核生物可以在短时期内产生大量的个体，在恶劣的条件下，虽然大部分个体不能生存，但是经常会有少数个体由于自然变异而存活下来，逐渐成为占主流的菌种。例如抗生素刚出现时，一度被认为是致病细菌的克星，但是细菌很快便发展出对抗这些抗生素的能力，使得几乎每一种抗生素都有能够抵抗它的菌种。对抗生素如此，对其他恶劣的环境也一样，几亿年积累下来，就使得原核生物能够适应各种非常严酷的环境。由于个头小（1微米的尺寸，比能够进入我们肺泡的 PM 2.5 颗粒还要小），微风就可以把它们带到全球，进入河湖海洋，还可以通过地下的水流到达地表以下几千米的地方。再加上它们极强的适应能力，所以在地球上的绝大多数地方都有原核生物生存。世界上几乎所有物体（无论是有生命的还是无生命的）的表面都有细菌。它们还在我们的鼻腔、口腔、肠道里生存。所以原核生物可以说是"无处不在、无孔不入"。

原核生物的第二个优点是它获得物质和能量的方式多种多样，远远超出植物和动物的代谢方式。正因为它们是地球上最早出现的生物，它们最初可能是通过氧化现成的无机分子（如氢气、氨、硫化氢、低价铁）得到能量的，然后用这些能量从二氧化碳中取得碳原子以合成自己所需要的有机物。这种机制叫作化能合成（Chemosynthesis）。光合作用出现以后，大多数生物不再用这种方式来获得能量，这反而给仍然使用化能合成的原核生物留出了空间，使它们在其他生物不能生存的地方找到了栖身之地。例如，现在地球上的硝化细菌可以把氨氧化成硝酸，硫杆菌可以把硫化氢氧化成硫酸，就是这些古老代谢方式的遗存。古老代谢机制的保留，再加上原核生物极强的演化和适应能力，使得原核生物的代谢方式远远超过真核生物。有的像植物一样，可以进行光合作用，从阳光中获得能量，从二氧化碳中获取碳元素，自己制造有机物，如蓝细菌；有的像动物一样，可以利用各种现成的有机物，如动物所喜欢的葡萄糖早就是细菌喜欢的食物，败血症、肺结核、霍乱、伤寒等病症都是由于细菌在利用我们身体里面的有机物。动物和植物死亡后，遗体被迅速降解，主要是靠细菌的作用。美味的泡菜、豆腐乳、甜面酱、酸奶，都是细菌分解现成的有机物的产物。我们肠道里的细菌则以我们吃进的食物为生。有的细菌甚至还能"吃"石油。原核生物代谢方式的多样性还使得一些原核生物在极为严酷的环境中生存。从海底热泉到极地冰层，从盐湖到冷凝水，从深达万米的马里亚纳海沟到喜马拉雅山山顶，从几十千米的高空到地下几千米的岩层,都能够找到原核生物的踪迹。嗜盐菌(Halobacteria)可以在含盐 25% 的盐湖中存活,嗜酸古菌(Picrophilus torridus)能够在 pH 为 0 的环境(相当于 1.2 摩尔每升浓度,也就是 18% 的硫酸)中生长,坎氏甲烷嗜热菌(Methanopyrus kandleri)甚至能够在 122℃ 的温度下繁殖,这相当于家用高压锅里面的温度!

原核生物如此神通广大,除了个头小和代谢方式多以外,最根本的原因是其真正掌握了生命以负熵为生的基本逻辑:能量运行的方式、物质交换的规律、结构建构的完善、环境变化的适应,还有化学反应的催化、遗传信息的传递、基因表达的调控……这一切显然不是各种原核生物各自演化、碰巧一致的产物,而是从一个共同的祖先继承下来的,这一切已经如此完善,以致后来的真核生物,包括植物、动物和我们人类,都几乎原封不动地继承了它们,然后不断进阶而已。

四、真核生物的出现

如果说原核生物在地球上出现是地球上生物界的第一个大事件,那么,大约在 22 亿年前,也就是原核生物诞生后的约 13 亿年,发生了地球上生物史中的第二个大事件——真核生物诞生。在南非赫克普特(Hekpoort)地层中发现的杯形虫(Diskagma buttonii)长 0.3 ~ 1.8 毫米,还有"根"将其固定在土壤上。碳同位素测定表明,它们和叠层石一样,碳 -13 和碳 -12 的比例比周围的岩石低,证明它们是生物来源的。这些化石的历史比弗朗斯维尔生物群(Francevillian Biota)还要古老,距今已经有 22 亿年,如图 12-9 所示。这样的结构是原核生物无法形成的,说明真核生物在 22 亿年前就已经出现。在非洲西部加蓬发现的、有 21 亿年历史的弗朗斯维尔黑色页岩中,含有大量多细胞生物的化石,即弗朗斯维尔生物群,每平方米岩石可以含有多达 40 个动物化石,其中有些动物化石的直径达到 12 厘米。这些化石呈扁盘状,中部为圆形结构,周围有放射状的结构。这也支持地球上真核细胞出现的时间不晚于 21 亿年之前的结论。

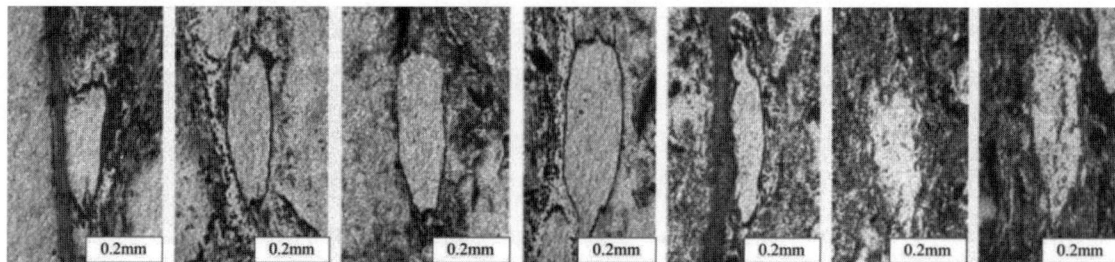

图 12-9　南非赫克普特地层中发现的杯形虫化石切片

真核生物的细胞比原核生物的细胞（大约 1 微米）大得多，从几微米到几百微米。例如酵母菌的直径为 4～50 微米；衣藻细胞长 10～100 微米；草履虫长 180～280 微米；变形虫的长度更可以达到 220～740 微米。要是把真核生物的细胞放大到一个房间那么大，原核生物的细胞只相当于一只暖水瓶。在显微镜下，真核细胞最明显的特征就是有一个界限分明的、与周围的细胞质分开的细胞核。根据这个特点，这些细胞被称为真核细胞，由真核细胞组成的生物被称为真核生物（Eukaryotes），其中 karyo- 是"核"的意思，而前缀 eu- 在这里就是"真正"的意思。不过光学显微镜的分辨率受可见光波长（400～700 纳米）的限制，不能看清 1 微米以下的结构，所以在有更高分辨率的显微镜发明之前，真核生物细胞中能够被看清的结构就是细胞核。电子显微镜的发明使得科学家能够看到小至 0.2 纳米的结构。在电子显微镜下，科学家发现，真核细胞不仅具有细胞核，而且还有其他被膜包裹的结构——细胞器（Organelle），包括线粒体、叶绿体、高尔基体、溶酶体、过氧化物酶体等。对这些细胞器的研究发现，它们各有自己特殊的功能。例如，细胞核是遗传物质 DNA 的"藏身和工作之地"；线粒体是细胞的"动力工厂"，ATP 在其中合成；叶绿体是进行光合作用的地方；高尔基体和蛋白质的转运有关；溶酶体是细胞的"垃圾回收站"，处理废物，让物资循环使用；过氧化物酶体处理对细胞有害的过氧化物，等等。除了细胞器，真核生物的细胞内还有复杂的内部膜系统，分别叫作内质网和高尔基体，它们是进行蛋白质合成、加工、分类的地方。由于细胞巨大，真核细胞还发展了自己的"骨骼系统"，以支撑和改变细胞的形状。不仅如此，真核细胞还发明了自己的"肌肉系统"，即能够产生拉力的蛋白质。即使是单细胞的真核生物，这些能够产生拉力的蛋白质也在细胞分裂和细胞内的物质运输上起作用，这就为以后动物的运动系统准备了条件。为了将一些蛋白质运输到特殊的目的地，真核细胞还发明了对生物膜"动手术"的蛋白质，让生物膜可以形成小囊，再与目的地的膜融合。真核细胞的"骨骼系统"和"肌肉系统"使真核细胞能够进行有丝分裂，使真核细胞在进行分裂时，几十对染色体能够被精确地分配到新形成的细胞中。此外，真核细胞还有很多新发明，包括对 DNA 结构和基因表达起作用的组蛋白、使得同一个基因可以形成多个蛋白质的内含子（Intron）、更复杂完善的信号传输系统等。真核细胞的这些新特点使得真核细胞可以走上细胞联合和分工的道路，形成多细胞生物。

我们眼睛能够看见的生物基本上都是真核生物。真核细胞的出现使得地球上生物进一步发展成为可能……

第十三章 生命信息处理能力的进化史

本章希望从信息的角度带领大家领略生命进化的无穷魅力，我们将从宏观层次和微观层次两个维度对生命应对环境繁复信息从而产生适应的过程进行阐述。

一、宏观层次：生命对环境中繁复信息的有效应对策略

收服了混乱无序的能量，完成了自我复制的突破，实现了"分离之墙"（即细胞膜）的构建，在三个关键要素达成之际，生命水到渠成地以细胞的形式产生了。有了细胞这个相对独立的小空间，生命就拥有了足以安身立命的基础，但同时也自然而然地成了自然选择的对象。在自然选择的持续推动下，生命开始了其数十亿年的壮丽演化。从生命产生之初到今天生机勃勃的数十亿年间，生命无时无刻不在面临一个相同且严峻的问题——环境中纷繁复杂的信息应该如何驾驭与适应？这是自然选择的拷问，更是生命赖以发展的核心。

环境中的"信息"无处不在且时刻变化：太阳升起与落下所带来的光的变化是"信息"、空气的震动所带来的声波是"信息"、腐烂尸体发出的带有臭味的化学物质是"信息"，还有地球的四季变迁、风霜雨雪、火山地震、潮起潮落……一切的一切对于生命来说都是与其休憩相关的"信息"。那么，面对如此繁复的"信息"，生命如何与其交流互动，又如何具体应对呢？

这个看上去让我们有些无从下手的问题其实在逻辑上一点都不复杂，静心而思，面对复杂信息时，生命可以选择的道路其实也就两条：一条是"以不变应万变"的策略（即依然保持简单的结构与功能状态，应对地球上各种复杂的信息与变化）；另一条是"以万变应万变"的策略（即进化出更为复杂的结构与功能，以此来适应地球上各种复杂的信息与变化）。

从整个生物演化历史、整个地球生物圈的时空尺度来看，"以不变应万变"的实例俯拾即得：比如，不管从哪个尺度衡量，地球上最成功的生物仍旧是那些人眼看不见的单

细胞原核生物。论数量，全世界有 70 多亿人、200 多亿只鸡（拜人类喜食鸡肉所赐）、上千万亿只蚂蚁，而仅仅是单细胞细菌就有 10^{30} 个；论总重量，地球人类和地球蚂蚁都有差不多一亿吨，细菌则有三五千亿吨；论物种的丰富程度，70 多亿地球人同属人属智人种，而整个人属生物成功存活到今天的仅仅是智人这一个物种而已，连兄弟姐妹都没有。而单细胞细菌呢？其物种总数到今天仍然是个谜，有科学家推测，至少有一万种，而有的科学家则觉得一勺泥土里可能就有这么多细菌物种。

生命"以万变应万变"的应对策略也并不鲜见，地球上运用"以万变应万变"策略最成功的案例要首推真核生物向大型化方向的发展。在理论上，真核生物向大型化发展可以走两条路线：单细胞变大变复杂，但是仍然保持为单细胞生物；细胞不变大，但是成为多细胞生物。这两条发展路线都被真核生物采用了。

在真核生命发展的初期，"单细胞变大变复杂，但是仍然保持为单细胞生物"这种真核生物向大型化的发展是一种水到渠成的必然。通过上一章的论述，我们知道真核细胞在地球上出现是生物演化史上的大事件，真核细胞不仅继承了原核细胞创建的各种基本的功能，而且在线粒体所提供的能源的强力支持下，基因数量成倍增加，为更复杂的生命活动提供了所需的工具和手段。在此基础上，真核细胞的个头大大扩张，从原核细胞的 1 微米左右增大到几十微米，体积增大了千倍以上。体积大了，又有新基因的支持，就有条件发展出细胞内的各种结构，包括细胞内膜系统、各种细胞器以及在肌肉、骨骼系统基础上的运输系统以及能够使膜分离、融合的蛋白。如果说缺乏细胞器的原核生物基本上只有细胞内分子之间的分工，特别是 DNA、RNA、蛋白质之间的分工，那么真核细胞就有了细胞内细胞器之间的分工。细胞核、内质网、高尔基体、溶酶体、线粒体、叶绿体等细胞器各司其职，分工合作，使真核细胞的基因调控、蛋白合成、货物运输、能量代谢、废物回收等功能可以特别高效地进行，而且在肌肉、骨骼系统提供的机械力的帮助下，还发展出了细胞主动变形、爬行、吞食这些原核细胞所不具备的新功能。例如，变形虫（Amoeba）和草履虫（Paramecium）就是让自己的身体变大，但是仍然保持为单细胞生物的典型代表，它们是真核细胞中的"巨无霸"。真核细胞的大小一般为 10～30 微米，而变形虫和草履虫可以大到 200～300 微米，体积是普通真核细胞的上千倍，更是一般细菌体积的10 万倍。它们不但能够吞食细菌，还能够吞食比细菌大得多的其他真核细胞，如藻类，可以看作是最早的动物。变形虫可以伸出伪足俘获细菌，有食物泡来消化吞进的细菌，还有收缩泡来排泄废物。草履虫的构造更复杂，它有口沟用来吃东西，相当于动物的嘴和咽喉；有食物泡来消化食物，相当于动物的胃；有收集管和伸缩泡来收集和排出废物，相当于动物的肾脏、膀胱和尿道；它还有纤毛，用来游泳，相当于动物的四肢。所以它们是真核细胞中当之无愧的"超级细胞",如图 13-1 所示。如果把细菌放大到人一般大小,变形虫和草履虫就像是上百米高的庞然大物,在细菌"眼"里真是很可怕的。

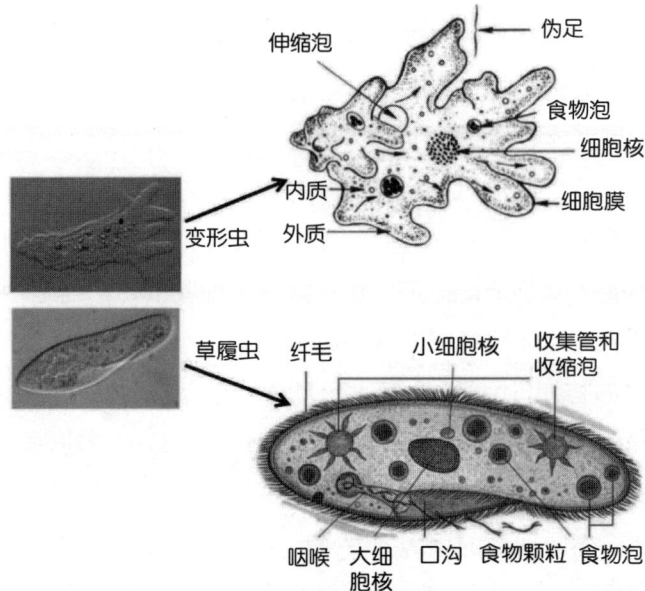

图 13-1　变形虫与草履虫

变形虫和草履虫的例子表明,真核细胞的演化可以走"单细胞变大变复杂,但是仍然保持为单细胞生物"这第一条路线。但有两个问题必须得到解释:其一,真核生物单细胞变大变复杂的原因是什么?其二,真核生物在"单细胞变大变复杂,但是仍然保持为单细胞生物"这条路线上能够走多远?

我们先来看看第一个问题,一般认为真核生物单细胞变大变复杂的原因是具有吞食功能的真核细胞的出现,从此开始了捕食者与被捕食者之间永无休止的斗争。对于捕食者而言,身体大了,就能够吞进更大的生物,食物的种类和来源就可以增加。对于被捕食者而言,身体大了,被捕食的机会就会降低。一种捕食者也可以被另一种捕食者捕食,如变形虫就可以捕食草履虫。如果自己的身体大到对方吞不下,生存的机会就会增加。2011 年,美国科学家在深达 1 万多米的马里亚纳海沟(Mariana Trench)的底部发现了巨大的单细胞生物 Xenphyophores,由于其身体上长满皱褶,可以称之为多褶虫,它在海底缓慢爬行,像变形虫那样进食,因而又被称为巨型阿米巴虫。这是一类生活在深海海底的单细胞生物,其中的一个种类叫有孔虫(Syringammina fragilissima),因其身体上充满孔洞,身体直径可达 20 厘米。虽然多褶虫和有孔虫的发现证明了巨大的单细胞生物也可以存在,但是它们只能"躲"在深海这个事实也说明,走单细胞放大这条路有一定的限度,只有变形虫和草履虫那样的大小才有竞争力。更大的单细胞生物竞争不过体积相同的多细胞生物（其原因我们在上一章做过提示，即因为由于细胞小，表面积和体积的比例大，和周围环境的物质交换迅速，外来的营养分子需要在细胞内的扩散距离也很短），要发展出有效率、生命力强的大型生物，更好的途径是走多细胞联合这条路，其中的细胞还是在微米级，以满足物质交换的需要。换句话说，在真核生物进一步演化的过程中，第二条演化路线，即"细胞不变大，但是成为多细胞生物"成了应对环境中繁复信息和自然选择的更具优势的选择。

大量细胞的聚集能够带给细胞新的优势，包括体型的增大和细胞分工，所以细胞联合是生物演化必然的趋势。走多细胞联合道路的真核生物很早就出现了。在南非赫克普特地层中发现的杯形虫和有 21 亿年历史的西非弗朗斯维尔生物群中直径达到 12 厘米的动物化石都表明多细胞生物很早就已出现。不过这些化石过于古老，只有总体形态被保留，细胞结构已经不可辨。能够看见细胞结构的化石是在加拿大北部 Somerset 岛上发现的多细胞结构的红藻化石，它已经有 12 亿年的历史。这些多细胞的红藻不是简单的多细胞细丝，而是有一定的形态，细胞的大小形状也已经发生了分化。中国南京古生物研究所的朱茂炎研究员及其团队在贵州瓮福磷矿采区埃迪卡拉纪陡山沱磷块岩中发现了瓮安生物群，这些生物出现在约 6 亿年前，除了红藻外，还有类似海绵的多细胞动物，被命名为贵州始杯海绵（Eocyathispongia qiania）。这些生物身体呈管状，有进水孔和出水孔，而且发现了细胞分裂时形成细胞团的化石（见图 13-2）。这些例子证明，无论是异养的真核生物（如贵州始杯海绵），还是自养的真核生物（如红藻），都走上了多细胞联合的道路。

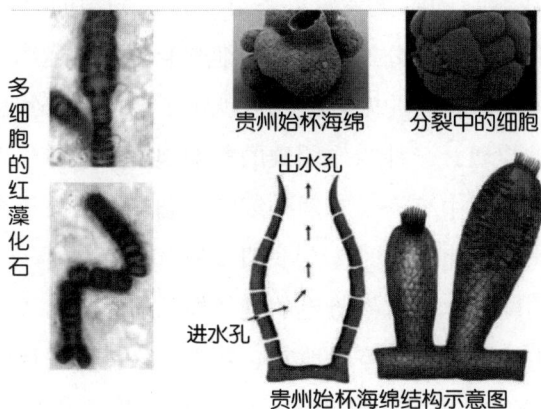

图 13-2 多细胞红藻化石与贵州始杯海绵化石

那么，"细胞不变大，但是成为多细胞生物"这种真核生物向大型化方向发展的策略是怎样出现的呢？答案的源头应该是细胞分工。

生命的特点本身决定了单细胞生物注定是多面手，至少制造能量和自我复制就是两个必不可少的功能。而根据日常经验，多面手往往意味着哪方面都不是顶尖的高手。多细胞生物的出现为精细分工和专精一业提供了无限的可能。如果多细胞生物不是简单地堆叠起一堆一模一样的单细胞，仅仅靠尺寸取胜，而是每个细胞都有与众不同的功能会怎样？理论上说，一个三细胞生物就可以将自我复制、运动和获取能量的功能完全分开。如果它的一个细胞长出一条长长的鞭毛用来游泳，一个细胞长出柔软的嘴巴可以吞噬细菌，一个细胞专门负责不停地复制分裂以产生后代，这样它生存和繁衍的效率会大大提高。当然，这仅仅是一种理论上的猜测而已。生物演化不是搭乐高玩具，暂且不说这种三细胞生物会不会在自然史上出现，即便是出现了，也不一定会有生存优势。但是多细胞分工的意义却是实实在在的。一个很有说服力的案例是运动和生殖的平衡。对于一个单细胞生物来说，运动和生殖还真的就是鱼和熊掌不可兼得的两种能力，至少不能同时具备。这里的玄机在于，不管是生殖还是运动，本质上都需要将生物体储存的能量转换为力。在细胞分裂时，遗传物质的移动和分配需要力，鞭毛的摆动当然也需要力。而在两种看起来不相关的生命活动背后，产生具体作用力的基本生物学机器其实是通用的。具体来说，一种叫作微管的蛋白质可以在细胞内组装长长的、坚固的细丝。在细胞分裂的时候，长长的微管能够把两份一模一样的 DNA 分别牵引到细胞的两端，保证分裂出的后代都有一份珍贵的遗传物质，而负责游泳的、长长的鞭毛也是由微管形成的。这个一物二用的思路是非常自然的，在生物演化的历史上出现过许多次旧物新用的情景。毕竟，为已经存在的蛋白质安排一个新功能，要比演化出一个全新的蛋白质容易得多。但是一物二用也产生了鱼和熊掌不可兼得的矛盾：单细胞生物在游泳的时候就没办法分裂，在分裂的时候就不能觅食。可想而知，如果运动和生殖机能能够彻底分工，一部分细胞专门负责运动，另一部分细胞专门负责生殖，这样一来，两种极端重要的生物学功能就不需要互相干扰了——当然，这一点只有在多细胞生物中才可以实现。一种叫作团藻的多细胞生物非常生动地说明了运动和生殖分工的优势。每个多细胞团藻中有且仅有两种细胞形态——数万个个头较小、长着鞭毛的体细胞和十几个个头很大、没有鞭毛、专门负责复制和分裂的生殖细胞，如图 13-3 所示。体细胞组成了一个大大的球体，数万根鞭毛的规律摆动让团藻可以在水中轻捷地运动，而被保护在内部的生殖细胞就可以毫不停歇地专心复制、分裂，进行繁殖。

当然，团藻的细胞分工是非常粗浅的，但是运动和生殖的分工却可能代表着地球生物演化历程中最基本也是最重要的一次分工。在团藻的身后，多细胞生物的组成单元被永久性地区分成了专门负责产生后代和专门负责维持生存的两种细胞。生殖细胞（也就是专门负责产生后代的细胞）从某种程度上依然保持着单细胞生物的本质。它们有机会永生不死，可以持久地复制分裂，按照自己的样子制造出一个又一个后代，它们的后代又继续自我复制和分裂。而除了生殖细胞之外，所有负责维持生存的细胞（也就是体细胞）都注定转瞬即逝。它们在诞生后只有至多一个生物世代的寿命。当一个多细胞生命死去的时候，它所携带的所有体细胞都会随之烟消云散。

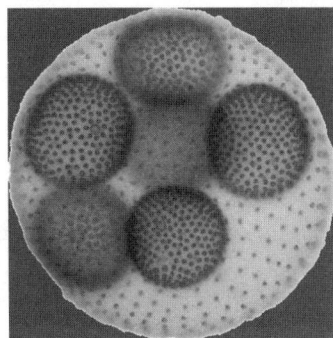

图 13-3　团藻

这场开始于十几亿年前的细胞分工，对于生命本身产生了极其深远的意义——通过大量细胞的自我"牺牲"，为永生不死的生殖细胞创造了生存空间，从而保障了生命体的延续与"永存"。对于多细胞生物而言，细胞分工为地球生命应对繁复的环境信息、产生更复杂的功能提供了基础。体细胞永久性地失去了生殖能力，因此也就不需要担心为分裂增殖需要保持什么样的形态、合成什么样的蛋白质，或者维持多长的寿命。这给了它们足够的空间演化出花样繁多的形态和功能。我们的身体里有两百多种巧夺天工的细胞类型，它们之间的差异大到看起来都不像是同一种东西，但正是它们之间的精妙配合维持着我们的生存和繁衍。举两个例子，大家可能都知道弯弯曲曲的小肠是人体吸收营养物质最重要的器官，当营养物质经过小肠的时候，氨基酸、脂肪酸、葡萄糖等分子可以穿过小肠内壁的细胞进入身体的循环系统。因此，小肠内壁的细胞有两个独特的性质。首先，它们彼此间紧密连接，相邻的两个小肠上皮细胞（见图 13-4）之间由大量的蛋白质"铆钉"紧紧绑定在一起，构成了小肠内容物和身体循环系统之间的屏障，阻止小肠内部的食物残渣和细菌进入人体。其次，小肠上皮细胞向内的一侧还长出了密密麻麻的突起，以增加和营养物质的接触面积，提高吸收营养物质的能力。为了保障这两个特性的实现，绝大多数小肠上皮细胞根本就没有繁殖能力，它们从出生的那刻起就不知疲倦地帮助人体吸收营养物质，直到四五天后细胞老化或破损，彻底消失。而小肠上皮细胞的补充仅仅发生在小肠上皮的凹陷处被称为肠隐窝（Crypt）的结构中。在这里，上皮干细胞能够活跃地分裂增殖出新生的上皮细胞，而这些新生细胞则立刻开始沿着小肠内壁向外迁移，以替换衰老死亡的上皮细胞。也就是说，即便是在小肠上皮这种看起来结构和功能都相对单一的系统里，也存在着不同细胞类型之间功能的取舍。为了更好地起到屏障和吸收营养的作用，绝大多数小肠上皮细胞也需要放弃自身分裂增殖的能力。说到细胞功能分化，最极端的例子可能是红细胞。在包括人类在内的哺乳动物体内，红细胞干脆就没有细胞核和任何遗传物质，也就是说，从根本上放弃了繁殖的能力。实际上，新生的红细胞是有细胞核的，但是在它们离开骨髓进入血液前，红细胞会挤出细胞核，变成大家熟悉的中心薄、周围厚的圆饼形状。抛弃细胞核的好处是显而易见的：这样一来，红细胞就留出了更多的空间装载血红蛋白分子，从而可以一次运输更多的氧气分子。与此同时，没有了细胞核的红细胞更加柔软，遇到狭窄的毛细血管时可以轻松地变形通过。对于每一个红细胞个体来说，它们付出的代价是彻底断了"传宗接代"的念想，只能在大约四个月的短暂寿命里机械地搬运氧气分子。对于红细胞所服务的哺乳动物个体而言，则借此机会获得了更充足的氧气供应和更高效的末梢循环系统，这些特性在漫长的演化史上很可能会帮助哺乳动物跑得更快，活得更久，让它们的子孙后代遍布这个星球……

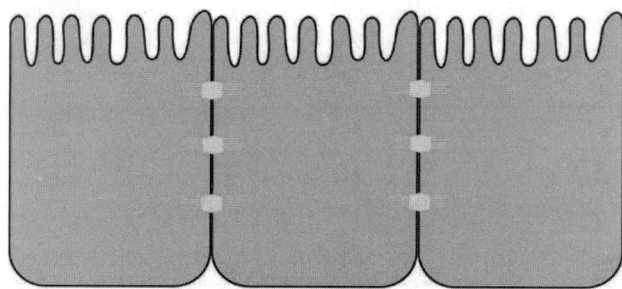

图 13-4 小肠上皮细胞模式图

无论是选择"以不变应万变"策略的原核生物，还是选择"以万变应万变"的真核生物，其实都是为了更好地应对环境中的繁复信息，更好地帮助自身成为自然选择的优胜者。如果说策略的选择是生命在宏观层次应对信息的方式，那么接下来我们要讨论的将是生命在面对具体信息时将会有怎样的微观反应。

二、微观层次：生命面对信息的基本反应

细胞的出现加速了自然选择，自然选择给予生命的动力也让以细胞为基础的生命时刻不停地、想方设法地应付着各种各样的具体环境信息。在生命应对环境中各种信息以追求对自然选择的适应过程中，生命自然而然地发展出一套应对具体信息的基本反应，我们将这个基本反应总结为"信号 → 信息 → 学习 → 记忆"，稍具体地解释如下：环境中的繁复条件对于生命来说其实本质上是一些可以获得的信号（如光、声波、能够让我们产生味觉或嗅觉的化学分子等），对于生命来说，首先需要有能力捕捉这些信号，把它们转化成为细胞能够识别和利用的信息，然后针对这些信息进行处理并做出反应。在生命进化过程中，针对信息所产生的各种反应，有些可能是适应自然选择的有些可能是不适应的，因此，生命还需要对这些反应进行试错和学习，最终通过自然选择的考验将适合的反应保留并记忆下来，这些被记忆下来的反应过程可以帮助生命当再次接触到环境中相同的具体信息时更好地应对。

这套生命应对自然选择中具体信息的基本反应模式，小到单细胞生命，大到整个生物圈概莫能外。那么，这套"信号→信息→学习→记忆"基本反应模式是如何实现的呢？

我们得慢慢道来……

三、细胞中蛋白质分子帮忙实现"信号→信息"的转化

细胞没有眼睛和耳朵，更没有大脑，有的只是蛋白质、DNA、各种糖类和脂类物质、无机盐以及各种小分子（如氨基酸和核苷酸）。要细胞用这些分子组成信号传输、信息转化和反应系统，好像有点强"人"所难。但是细胞又是生物接收信号、转化信息和做出反应的基础，所以生物必须使用细胞所拥有的材料来建造这样一个信号系统。实际上，生物不仅用这些材料建造出了信息处理系统，而且这个系统的工作方式还出人意料地巧妙。

在细胞里的各种分子中，能够担当这个信息系统主角的，只能是蛋白质分子。蛋白质分子不仅能够催化化学反应以及参与细胞结构的建造，而且还能够在"有功能"和"无功能"，或者"开"和"关"两种状态之间来回转换，这就使它具有接收和传输信号的功能，类似于计算机用 0 和 1 代表电路"通"和"不通"两种不同的状态，并借此来传递信息。由于蛋白质也是细胞中各种生理活动的执行者（如催化化学反应和调控基因表达），自身状态的改变也同时改变其功能状态，从不执行某种功能到开始执行某种功能，或者停止执行以前在使用的功能，这些改变就相当于是细胞对信息的反应。在许多情况下，蛋白质分子（一种或多种）就可以完成这些任务。在另外一些情况下，一些小分子（如核苷酸），甚至一些无机离子（如钙离子），也可以起信号传输者的作用，但是形成或者释放这些非蛋白分子的，以及接收这些分子所传递的信号的，仍然是蛋白质分子。

要了解为什么蛋白质分子具有这样的"本事"，需要先了解蛋白质分子是如何形成自己特有的功能状态的。蛋白质是由许多氨基酸依次相连，再折叠成具有三维结构的分子。由于肽链中碳－碳之间的单键是可以旋转的，这些碳原子伸出的化学键又不在一条直线上，从理论上说同一种蛋白质可以折叠成无数种形状。这就像用牙签把小塑料球穿成串，插在每个塑料球上的两根牙签不在一条直线上，而且牙签还可以旋转，这根塑料球链就可以被折叠成无数种形状。如果是这样，蛋白质就不可能有特定的功能了。幸运的是，细胞中肽链折叠的方式并不是任意的，而是受能量状态的控制。在水溶液中，由于蛋白质分子中各带电原子之间的相互作用可以形成氢键，蛋白质分子中亲脂部分又有聚团的倾向，不同的折叠方式就具有不同的能量状态。绝大多数的结构都具有比较高的能量状态，就像位于山顶或山坡上的石头，处于不稳状态，随时可以滚下坡，而处于最低能量状态的结构就

像位于沟底的石头，不会自发滚动，是最稳定的状态。一般来讲，处于最低能量状态的结构就是蛋白质分子在细胞中的结构，也是其执行生理功能时的结构。

但是这种能量最低状态的结构是可以改变的。如果蛋白质结合了另一个分子，蛋白质分子中原子之间原来的相互作用情形就会发生改变，原来的形状就不一定处在能量最低的状态，而要改变为另一种形状才更稳定。这种现象叫作变构现象（Allosteric effect）。蛋白质的功能是高度依赖于它的三维空间结构的，例如，酶的反应中心常常是肽链的不同部分通过肽链折叠聚到一起形成的，蛋白质形状改变通常会形成或者破坏这种功能，即把原来没有功能的蛋白质分子变成有功能的分子，或者把原来有功能的蛋白质分子变成没有功能的分子。除去与之结合的分子，蛋白质的形状又恢复原样，这样蛋白质分子就可以在功能"开"或者"关"的状态之间来回转换。

细胞里面有几千种分子，如果它们都能够和某种蛋白质分子结合，改变它的形状和功能，那么每种蛋白质分子就不只是在两种形状之间来回变换，而是有数千种形状了。幸运的是，这种情形并不会发生。细胞中分子的种类虽多，但是这些分子基本上互不结合，而是各行其是。要能够与某种蛋白质分子结合，首先要有形状相匹配的结合面，这就像碎成两段的卵石，断面形状必须完全吻合才能重新对在一起，否则是无法对在一起的。另一个要求是结合面上电荷的分布也必须匹配，一方带正电，另一方就要带负电，至少不带电，以免出现电荷同性排斥的情形。有这两种限制，能够与一种蛋白质特异结合的分子就屈指可数了，在很多情况下只能是一对一地结合，在这种情况下蛋白质分子就只能在两种形状之间来回转换。

这种情形的一个直接后果就是蛋白质可以和信息分子特异结合，从而可以用一对一的方式接收所结合分子携带的信息。特异结合是信号辨别的首要条件。如果蛋白质不加区别地结合许多类型的分子，如一种蛋白质同时能够结合葡萄糖和二氧化碳，这两种信号也就无从分辨，蛋白质分子也不会只有"开"和"关"或者说 0 和 1 两种状态了。所以每一种信息分子都需要能够与它特异结合的蛋白质分子来一对一地传递信息。我们把这些与各种信号分子特异结合，并且接收它们信息的蛋白质分子叫作受体（Receptor）。与受体蛋白质结合，并且通过改变受体蛋白质的形状把信息传递给受体的分子就叫作配体（Ligand）。每一种配体分子都需要和与它匹配的受体分子结合。在信息链中，信息分子和配体分子是一个意思。

这种与配体分子的特异结合就相当于细胞"认字"。在人类语言中，每个名词代表一个意思，识别这些意思可以先用视觉器官看见这个词，或者用听觉器官听见这个词，这些信号被输入大脑后，还要经过大脑对信号的分析，才能知道某个词的意思。而在细胞水平，每种信号分子本身就是一个名词。细胞虽然不能叫出葡萄糖和胰岛素的名字，但是通过受体与它们的特异结合，就相当于接收到这个词所携带的信息。

受体通过特异结合感知了某种信息分子（信号）的存在后，如何把信息传递下去呢？在这里，细胞采取的是同样的策略，即把接收到信号并且改变了形状的受体分子作为信号传递链中下一级蛋白质分子的配体分子，以改变下一级蛋白质分子的形状。改变了形状的下一级蛋白质分子又可以作为配体，信号就这样传递下去了，直到最后的效应分子，通过它的形状改变，其活性被激活，或者原来的活性消失，对信号的反应过程就完成了，如图 13-5（a）所示。

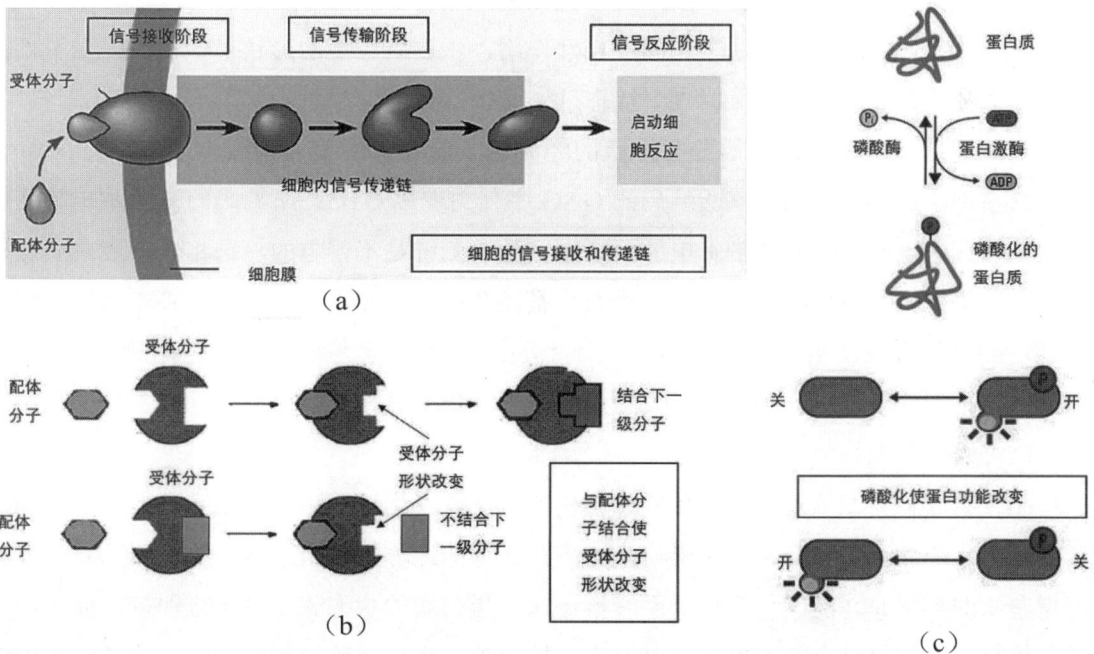

图 13-5　细胞的信号传递链与信号传递的原理

由于与其他分子的结合会改变蛋白质分子的形状，细胞中信息的传递就有两种方式：一种是受体分子与配体分子结合后，形状改变，使它和下一级蛋白质分子的关系改变，从形状不匹配到形状匹配，从不能结合到能够结合，相当于从"关"到"开"。另一种是在没有配体分子结合时，受体就与下一级蛋白质分子结合，但是下一级蛋白质分子处于无功能状态，即"关"的状态，在有配体分子时，受体分子形状改变，从原来能够结合下一级蛋白质分子变为不再能够结合，下一级蛋白质分子因此从受体分子上游离出来。由于不再与受体分子结合，下一级蛋白质分子的形状也要发生改变，功能状态随之发生改变，从"关"变为"开"。这两种方式都可以把受体分子接收到的信息传递下去，但是要求配体分子一直与受体分子结合，以保持受体分子变化了的状态，如图 13-5（b）所示。

通过与配体分子结合改变形状来传递信息的方式虽然有效，但是也有局限性。蛋白质分子形状的改变需要配体分子一直与之结合，配体分子一离开，蛋白质分子又恢复到原来的形状。如果在配体分子离开前信息还没有传递下去，就相当于原来接收到的信息又丧失了。这对于有些信息传递步骤不是问题，例如，配体分子和受体分子都不用移动位置，受体分子就可以把信息传递下去的情况。但是如果信息分子必须移动到新的位置才能传递信息，而配体分子又无法和受体分子一起移动时，问题就来了。克服这个困难的办法就是给受体分子打上"印记"，使受体分子在离开配体分子后还能够保持变化了的形状。这个印记就是对受体蛋白质分子进行修改，例如在氨基酸侧链上加上带电的基团。这些基团引入的电荷会改变蛋白质分子中原子之间的相互作用，蛋白质分子的形状也就相应改变了，而且在配体分子离开后还能够保持这个状态。

局部电荷改变影响蛋白质分子形状的经典例子就是人的镰刀型细胞贫血症。在 β- 血红蛋白基因中，第 6 位为谷氨酸编码的 GAG 序列突变成 GTG，所编码的氨基酸也就变成了缬氨酸。谷氨酸的侧链是带负电的，而缬氨酸的侧链是不带电的，这相当于蛋白质在这个位置失去了一个负电荷。就是这一个负电荷的失去，使得 β- 血红蛋白的形状完全改变，生理功能也就丧失，相当于从"开"变为"关"。当然这种突变造成的氨基酸的替换是不可逆的，不能使蛋白质分子起到开关的作用。要让蛋白质分子能够在两种状态之间来回转换，这种修饰必须是可逆的。

要使这种修饰变成可逆的，生物最常用的办法是在蛋白质中一些氨基酸的侧链上加上磷酸基团。磷酸基团含有两个负电荷，如果在合适的地方把它引入蛋白质分子，就可以改变蛋白质的形状和功能。只要这个磷酸根还在，蛋白质的状态就可以一直保持，而不再需要配体分子。如果这个磷酸根又可以很方便地除掉，蛋白质的形状和功能又恢复到以前的状态。以这种方式，蛋白质分子就可以在两个状态之间来回转换，从而起到开关的作用。在蛋白质分子中加上磷酸基团的过程叫作将蛋白质磷酸化（Phosphorylation），催化这个反应的酶叫作蛋白激酶（Protein kinase），它们把 ATP 分子中末端的磷酸根转移到要被修饰的蛋白质中氨基酸的侧链上。去掉这个磷酸根的过程叫去磷酸化（Dephosphorylation），催化这个反应的酶叫作磷酸酶（Phosphatase）。这两种酶相互配合，就能够使蛋白质来回地"开"和"关"，成为信号系统中的开关。蛋白质分子中能够反复接受和失去磷酸基团的氨基酸残基有组氨酸、天冬酰胺、丝氨酸、苏氨酸以及酪氨酸。蛋白质磷酸化的结果有两种，一种是磷酸化使蛋白分子从原来没有功能的状态变为有功能的状态，即从"关"到"开"，例如，把原来被掩盖的酶活性"解放"出来。相反的情形也能够发生，即受体分子在没有结合配体分子时具有酶活性，结合配体分子后反倒使酶活性消失，即从"开"到"关"。不管是哪种情形，都是蛋白质分子的磷酸化改变了蛋白质的功能状态，因而可以传递信息，如图 3-5（c）所示。由于磷酸化过程中添加在蛋白质分子上的磷酸根是跟着蛋白质分子走的，这种功能状态的改变在配体分子离开后可以继续保持，直至磷酸酶把加上去的磷酸根除去。 细胞的信息传递链不一定完全由蛋白质组成，配体分子也不一定都是蛋白质，例如，后面要谈到的许多神经递质就不是蛋白质，性激素不是蛋白质，细胞内的信息分子，如环腺苷酸（cyclic Adnosine Monophosphate，cAMP）也不是蛋白质，但是它们与受体蛋白的结合也能改变受体分子的形状和功能状态，起到信息传递的作用。信息传递链中的某些蛋白质也可以利用它们被激活的酶活性生产一些非蛋白信息分子，这些分子又作为配体分子，与下游的受体蛋白结合，改变其形状，把信息传递下去。但是产生这些非蛋白信息分子的，以及接收这些非蛋白分子信息的，仍然是蛋白质。最后的受体蛋白分子一般是具有其他功能的蛋白质分子，在与自己的配体分子（即上一级信号分子）结合或者同时被磷酸化后其功能被激活，就可以发挥效应分子的作用。无论是作为酶催化化学反应，还是通过结合于 DNA 调控基因表达，都可以实现细胞对信息的反应。 蛋白质分子和配体分子结合改变形状，或者同时被磷酸化，功能也随之改变，改变了功能的蛋白质又可以作为下一级信息分子的配体，使其改变形状或者磷酸化，最后到达效应分子，这就是细胞中信息系统工作的总机制。下面我们就来具体介绍细胞中的各种信息传递链。它们虽然各有特点，复杂程度不同，但是都遵循这个总机制。

细胞中蛋白质分子有效地帮助生命体实现了"信号 → 信息"，进而产生反应的过程，那么接下来，我们需要将目光转移到下面的问题：这些反应如何进行"学习 → 记忆"呢？

四、神经细胞是"学习"的基础，蛋白质分子是"记忆"的源泉

有关"学习"与"记忆"的研究，我们必须要致敬一下科学家们，他们是伊万·巴甫洛夫（Ivan Pavlov）、圣地亚哥·拉蒙 - 卡哈尔（Santiago Ramón y Cajal）、唐纳德·赫布（Donald Olding Hebb）、埃里克·肯德尔（Eric Kandel）、西莫·本泽尔（Seymour Benzer）、钱卓和利根川进（Susumu Tonegawa），是他们为我们揭开了有关"学习"和"记忆"的神秘面纱……

在冰天雪地的圣彼得堡，留着俄罗斯传统大胡子的伊万 · 巴甫洛夫的研究领域原本是消化系统——从胃液的分泌到胰腺的功能，但是一个偶然的发现把他引上了完全不同的研究方向。为了研究消化系统的功能，巴甫洛夫设计了一套精密的记录系统来研究狗的唾液分泌是怎么调节的。毫无疑问，唾液分泌的调节也是消化系统的重要问题。他通过分析

发现，当饲养员把装满狗粮的盆子端给小狗的时候，狗的唾液就会开始大量分泌。当然，这个现象本身倒是毫不稀奇。从日常经验出发我们也知道，食物的香气足以让我们食欲大开、口水横流。但是巴甫洛夫随后发现了一个奇怪的现象。当饲养员端着盆子、刚刚打开实验室的门时，狗的唾液就已经开始大量分泌了。这时候按说狗根本还看不见饲养员拿着盆子，也闻不到狗粮的味道呢。巴甫洛夫甚至发现，就算找个毫不相关的陌生人，只要开一下门，开门的声响就足够让狗流口水了！这个现象让巴甫洛夫意识到：狗很有可能具有"学习"的能力，这条狗是通过许多天的观察，总结出开门声和饲养员、食物盆子以及美味狗粮的出现存在某种神秘但相当顽固的联系，因此对于它来说，听到开门声，就会自动启动一系列与吃饭相关的程序，包括流口水。借用这个偶然发现，巴甫洛夫设计了一整套精巧的实验，如图13-6所示，并最终证明了动物也存在可靠的学习能力，而且更重要的是，这种能力的确能够被精密地记录和研究。他发现，如果单纯对着小狗摇铃铛，狗是不会分泌唾液的。但是如果每次端狗粮来的时候都摇铃铛，或者在要喂狗粮前先摇铃作为提醒，那么只需要几次练习，小狗就能学到铃铛声和美味食物之间的联系。证据就是，仅仅摇几下铃铛，小狗的唾液就会大量分泌。

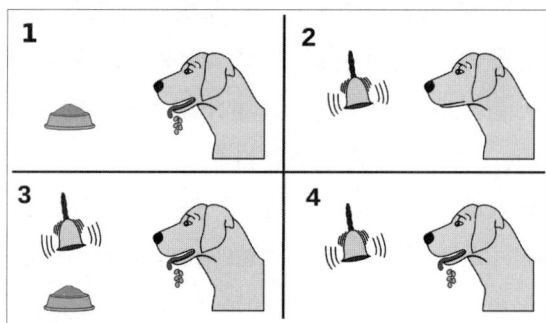

图13-6　巴甫洛夫实验

就这样，"巴甫洛夫的狗"从此成了一个专有名词，进入了人类科学的殿堂。这个非常简单但精确有力的实验，第一次把原本属于哲学讨论范畴的人类学习，还原到了可以观察描述、深入解剖的动物行为层次。巴甫洛夫的狗流着口水告诉我们，只要我们能找到在几次训练前后它身体里到底发生了什么变化，我们就能揭示学习的秘密。可到底是什么变化呢？第二条线索在最合适的时间浮现了出来。差不多在巴甫洛夫进行实验的同时，在四季如春的西班牙，一位和巴甫洛夫年龄相仿、性格也类似的科学家——圣地亚哥·拉蒙－卡哈尔也在进行研究，但巴甫洛夫的研究对象是活生生的大狗，而卡哈尔终日对着的是显微镜下细若游丝的神经纤维。通过观察和绘制成百上千的显微图片（如今许多图片仍然在生物学教科书、演讲和科普作品里被重复展示），卡哈尔意识到，动物和人类的大脑一样，层层叠叠堆砌着数以百亿计的细小神经细胞。这些神经细胞和人们惯常看到的细胞不太一样，往往不是浑圆规整的形状，而是从圆圆的细胞体里伸出不规则的突起，有的层层伸展如树杈，有的长长延伸像章鱼的触手，如图 13-7 所示。

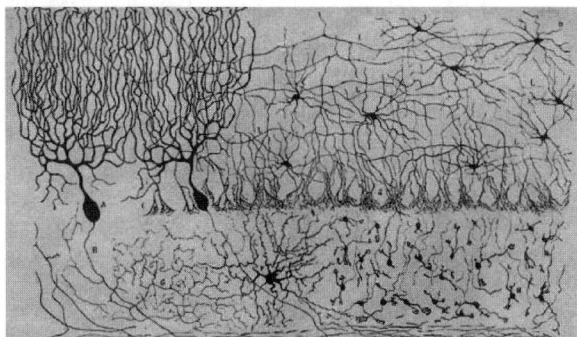

图 13-7　卡哈尔绘制的鸟类小脑中的神经细胞

在卡哈尔看来，这些长相怪异的神经细胞正是靠这些突起彼此联系在一起，形成了一张异常复杂的三维信号网络。在人脑千亿数量级的神经细胞中，任何一个神经细胞产生的电信号都可能被上万个与之相连的神经细胞识别；反过来，任何一个神经细胞的活动也可能受到上万个与之相连的神经细胞的影响。可以想象这样的情景：挥动魔杖随意点亮人脑中一个神经细胞，在它的闪烁中，电信号荡起的微弱涟漪将迅速传遍整个大脑，此起彼伏的星光如烟花绽放般闪耀。而这可能就是人类智慧的物质本源。但是卡哈尔的研究和巴甫洛夫实验有何关系呢？一头是饥饿的小狗吐着舌头口水横流，另一头是纤细的神经纤维编织出的网络。这看起来风马牛不相及的两种研究，又能建立怎样的联系呢？在几十年后，加拿大心理学家、麦吉尔大学教授唐纳德·赫布在他的巨著《行为的组织》中天才般地发现了两者之间的神秘联系，提出了著名的赫布定律。赫布指出，巴甫洛夫在动物身上观察到的学习行为，完全可以用卡哈尔发现的微观神经网络加以解释，如图 13-8 所示。

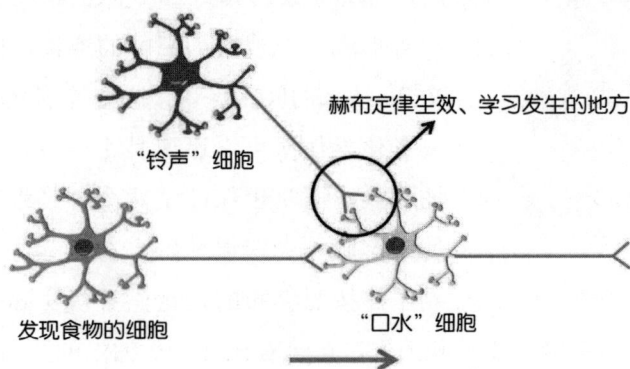

图 13-8　用赫布定律解释巴甫洛夫的实验结果

巴甫洛夫的小狗所学习的，是在两种原本毫不相关的事物（铃声和食物）之间建立联系。在反复练习之后，它们最终会掌握并记住铃声会带来食物。那我们完全可以想象，这种联系其实就存在于两个神经细胞之间。比如，假设小狗的大脑里原本有两个并无联系的细胞——我们姑且叫它们"铃声"细胞和"口水"细胞吧。当铃声响起，"铃声"细胞就能感觉到并被激发；当食物出现，"口水"细胞就会开始活动，并且让唾液开始分泌。但是前者并不会引起后者的活动。在巴甫洛夫的实验中，小狗每次都会在听到铃声的同时吃到食物。别忘了，食物的存在是可以直接激活"口水"细胞的。也就是说，"铃声"细胞和"口水"细胞这两个原本无关的细胞被强行安排在同时开始活动。在赫布看来，正是因为这种强行安排的同步活动，让两者之间的物理连接从无到有，从弱到强。这个过程其实就是学习。就这样，赫布的思想把巴甫洛夫和卡哈尔的研究联系在了一起。在卡哈尔看来，就是经过反复训练，"铃声"细胞和"口水"细胞之间的连接将会达到这样的强度：只需要刺激"铃声"细胞的活动，"口水"细胞就会被激活。而在正在忙于做实验的巴甫洛夫看来，到这一时刻，单独给铃声就足够让小狗口水横流，小狗的学习取得了圆满的成功！

赫布的这一理论被稍显简单粗暴地总结为"在一起活动的神经细胞将会被连接在一起"（Cells that fire together, wire together），并以"赫布定律"之名流传后世。他的思想为人们寻找学习的物质基础提供了最直接的指引：如果他是对的，那人们应该能在学习过程中直接观察到神经细胞之间的连接强度变化；或者反过来，人们操纵神经细胞之间的连接强度，就应该能够模拟或者破坏学习。说起来也有趣，尽管早在 20 世纪之初，卡哈尔就已经准确预测了神经细胞之间存在数量庞大的彼此连接，但是这种连接直到 20 世纪中期才第一次露出庐山真面目。原因无他，这种连接实在是太微小了。不同神经细胞的突起会向着彼此无限逼近，但却在最后大约 20 纳米的距离上恰到好处地停下，并且形成一个被称为突触的连接，如图 13-9 所示。这个 20 纳米的间距保证了前一个神经细胞产生的电信号或者化学信号可以迅速且不失真地被后面的神经细胞捕捉到，同时也保证了两个神经细胞相互独立，彼此的细胞膜不会错误地融合在一起。大家可能已经意识到了，按照赫布的理论，学习实际上就发生在一个个

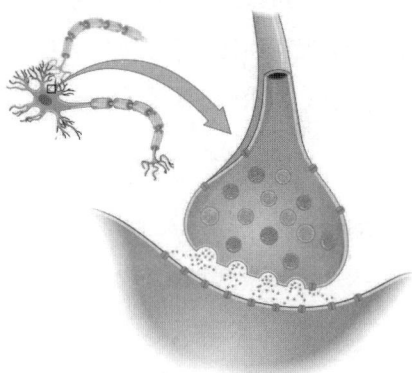

图 13-9 突触结构模式图

突触之间。学习意味着突触的生长和消失，意味着在这 20 纳米的距离上，信号传递的效率增强或者减弱，其上任何微小的变化都可能和学习有关。

20 世纪六七十年代，在美国纽约工作的神经生物学家埃里克·肯德尔使用海兔（一种软体动物）作为研究材料同样发现了学习现象的存在：当海兔的皮肤突然遭到刺激时，它就会迅速把鳃紧紧地包裹起来（即海兔的缩鳃反射）。如果在轻轻触碰海兔皮肤的同时，用电流强烈刺激海兔的头或者尾巴，那么在几次重复之后，原本无害的轻轻触碰也会引起海兔剧烈的缩鳃反射。也就是说，和巴甫洛夫的狗类似，可怜的海兔学会了把轻轻触碰和电流打击联系在一起，对前者的反应变得剧烈了许多。与此同时，他还发现伴随着学习过程，海兔体内发生了一些微妙的生物化学变化。一种叫作环腺苷酸（cAMP，这个分子是不是有些熟悉）的化学物质会突然增多，而在此之后，一系列蛋白质的生产、运输和活动都会受影响。肯德尔的发现说明，学习过程被增强背后的原因，可能正是上述这些微妙的生物化学变化。而这个猜测也被来自美国另一端的科学研究所支持。美国加州理工学院的科学家西莫·本泽尔在研究一种名为果蝇的小昆虫时发现，如果果蝇脑袋里制造环腺苷酸的能力受到破坏，那果蝇的学习能力将遭受毁灭性的打击。这样一来，不光肯德尔的想法得到了强有力的支持，人们还意识到，既然海兔和果蝇这两种天差地别的动物共享同样的学习分子，那么很可能学习的生物学基础是放之四海而皆准、在不同生物体内都畅通无阻的普遍规律。

在过去的数十年里，从海兔和果蝇出发，人们开始逐步明了，在突触之间的微小距离上，学习究竟是怎样实现的，如图 13-10 所示。在今天神经科学的视野里，这区区 20 纳米尺度下的突触几乎就是一个小世界。每一次神经细胞的活动都可能改变这个小世界的整个面貌。细胞膜上的孔道开了又关，带电的离子蜂拥着进入或者逃离神经细胞；微弱的电流闪电般地从神经纤维的一端流向另一端，时而汇聚成大河，时而分散成小溪；代表着兴奋或者沉默的化学物质被包裹在小小的口袋里，又一股脑地从神经细胞中抛洒而出，如果足够幸运，它们可能会在消失前找到相隔 20 纳米的另一个细胞，欢快地依靠上去，顺便也把兴奋或者沉默的信息传递过去；在细胞内部，全新的蛋白质被合成，陈旧的蛋白质被拆解，伴随着细胞骨架的拆拆装装，突触的形状也如呼吸般伸伸缩缩……

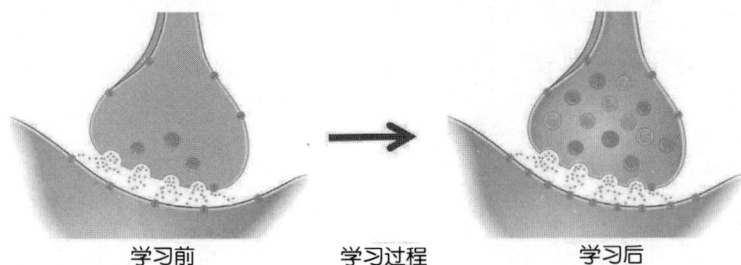

图 13-10　突触和学习

伴随着每一次成功的学习，在这方寸之间，新突触在诞生，旧突触在消亡，突触本身在变大和变小，信号发出端的功率和信号接收端的灵敏度也在发生变化。所有这些都可能会影响神经细胞之间的信号传递，也都可能被学习过程所影响。而所有这一切的总和，可能也就代表了学习的结果：经验和记忆。

一个自然而然的推论是，当我们理解了学习过程中发生的一切后，我们就可以回过头来，让学习变得更容易、更快，甚至可以在大脑中创造出从未发生过的学习场景，科幻作品中在大脑里插片芯片就可以无所不知的桥段也许真的可以变成现实。当然，今天的我们距离理解"学习过程中发生的一切"还有遥远的距离，但是我们确实已经开始了解其中几个特别关键的角色，甚至开始干预这几个关键角色了。例如，我们说过，赫布定律的核心关键是不同的神经细胞"一起活动"。不管是巴甫洛夫的铃铛声和狗粮盆，还是突触前后的"铃声"细胞和"口水"细胞，这两件事必须差不多同时出现，学习才会发生。因此可想而知，我们的大脑里必须有一个东西能够准确地识别出"一起活动"这件事才可以。我们可以想象，在两个神经细胞之间 20 纳米的狭窄空间里，站着一位一丝不苟的裁判。他左右手各拿了一只秒表，左右眼分别盯着两个神经细胞。每次看到神经细胞开始活动，他会第一时间按表，而只有当他发现两只表记录的时间相差无几时，他才会大声宣布赫布定律开始生效，学习过程开始。20 世纪 80 年代前后，这位裁判的真容开始浮现。人们发现有一个总是站在神经细胞膜上的蛋白质，它有一个非常难记的名字叫 N- 甲基 -D- 天冬氨酸受体或者 NMDA 受体，我们这里称它为"裁判"蛋白。"裁判"蛋白有一个令人着迷的属性：当它苏醒的时候，能够启动一系列生物化学变化，最终让突触变大变强，让两个神经细胞之间的连接更紧密；而它的唤醒却很困难，需要突触前后的两个神经细胞差不多同时开始活动，轮番呼唤，"裁判"蛋白才会开始工作。它的开工时间表完美契合了人们对裁判这个角色的期望。那么是不是有可能，如果让这种"裁判"蛋白更多一点，眼神更犀利一点，按秒表的动作更快一点，动物学习的本事就会更强一点呢？在 20 世纪 90 年代，还真的有人这么做了。普林斯顿大学的华人科学家钱卓利用基因工程学的技术，让小鼠的大脑（或者更准确地说，是一个名为海马体的大脑区域，如图 13-11 所示）无法生产"裁判"蛋白。结果，这样的小鼠就失去了学习能力，由此我们知道，"裁判"蛋白对于学习确实不可或缺。

更精彩的还在后面。利用同样的手段，钱卓还在小鼠的海马体中生产了超量的"裁判"蛋白。这些小鼠初看起来和它们的正常同伴毫无区别，但是如果把它们扔进浑浊的水池中，它们会比同伴更快地意识到水池的中央有一个足以歇脚喘气的暗礁，也能更快地记住这个暗礁的具体方位。如果把它们扔进一间昏暗的小房间，刺耳的铃声伴随着从脚底传来的电击刺痛，这些小鼠也会更快地意识到铃声和刺痛之间的关联，每次听到铃声都会吓得一动不动。"聪明老鼠"——这是媒体给这些老鼠起的名字——生动无比地证明了"裁判"蛋白在学习过程中的意义。从巴甫洛夫和卡哈尔开始的对学习本质探究的两条道路，到这里终于汇聚在一起。在神经细胞之间 20 纳米的微小空间里制造一种蛋白质，就可以操控整个动物的学习能力。

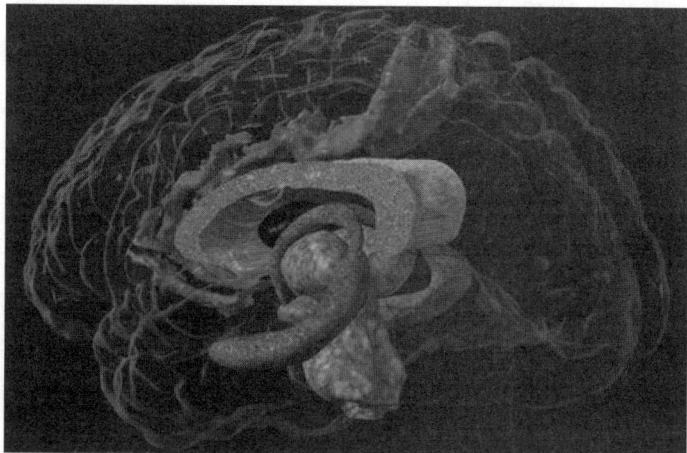

图 13-11　人类大脑中的海马体

我们再次回忆一下赫布定律和聪明老鼠的研究。赫布定律其实是在告诉我们，学习过程的本质就是两个相连的神经细胞差不多同时开始活动，因此它们之间的连接会变得更加紧密，从而让我们在两个本来无关的事物之间建立了联系。换句话说，如果我们能够强制性地让两个神经细胞同时开始活动，我们就能模拟学习过程。不需要真实的铃声，也不需要真实的狗粮，只需要我们想出一个办法，让"铃声"细胞和"口水"细胞同时活动，小狗就能够学会听着铃声咽口水。可是怎么做到这一点呢？聪明老鼠的研究给了我们一些提示。为了创造聪明老鼠，钱卓需要某种技术把特定的蛋白质（在他的例子里，是"裁判"蛋白）输送到小鼠大脑的某个特定区域里。这种技术的细节就不再展开了，但是我们可以充分展开想象，如果我们能在"铃声"细胞和"口水"细胞里放进去一个蛋白质，这个蛋白质能够让两个细胞同时被激发，那我们就可以凭空创造出本来没有的记忆，让懵懂无知的小狗对着铃声狂流口水。有这样的蛋白质吗？有。它来自海洋。在 21 世纪之初，人们逐渐开始理解海洋中的海藻是怎么找到阳光的。简单来说，当阳光照射在海藻细胞上之后，光子带来的能量会打开细胞膜上的微小孔道，从而让海藻细胞活动起来，摆动自己的微小鞭毛，调整自己的姿态，让阳光更舒服地照射在自己身上。这个看起来简单的生命活动提供了一个很大的可能性。想想看，把海藻的微小孔道放在神经细胞里会发生什么？利用光，我们就可以直接操纵神经细胞的活动。这个设想在 2005 年变成了现实。在幽幽蓝光的照射下，科学家可以让神经细胞像机关枪一样不停地发射，可以让小虫子扭动身体，可以让果蝇以为自己闻到了难闻的气味。而接下来，自然会有人去尝试在大脑中创造记忆。麻省理工学院的利根川进团队首先做了这方面的尝试。他们提出了一个这样的问题：有没有可能在动物大脑中植入虚假的场景？这个问题有着毋庸置疑的现实基础。毕竟，从文字图画到喜剧电影，从 iMax 到 VR，人类文艺作品的一大追求就是现场感，能让人身临其境，进入一个从未亲历的场景中。对大脑直接动手肯定是最方便、最直接的办法。他们的做法分为两步：首先，让小鼠亲自进入某个场景（比如一个墙壁画着图案的方形笼子），这个时候如果在小鼠的海马体进行记录，科学家可以知道小鼠是如何感受和体验这个场景的。比如，在 100 个神经细胞里可能会有 10 个开始活动，另外 90 个保持不动，这 10 个活动细胞的空间位置分布本身就编码了这个特定场景的空间信息。每次进入同样的场景，小鼠大脑都会出现类似的反应。总结出规律之后，紧接着开始第二步，套用聪明老鼠的套路，把蛋白质输送到所有代表方形图案屋的神经细胞里，只不过这次输送的不是让老鼠变聪明的"裁判"蛋白，而是让细胞感光的微小孔道。这样一来，只需要对着小鼠的大脑打开蓝光灯（见图 13-12），小鼠的脑海里就会出现虚假的回忆，哪怕它此刻其实身处圆形的泡泡屋，它也会以为自己身处方形图案屋。

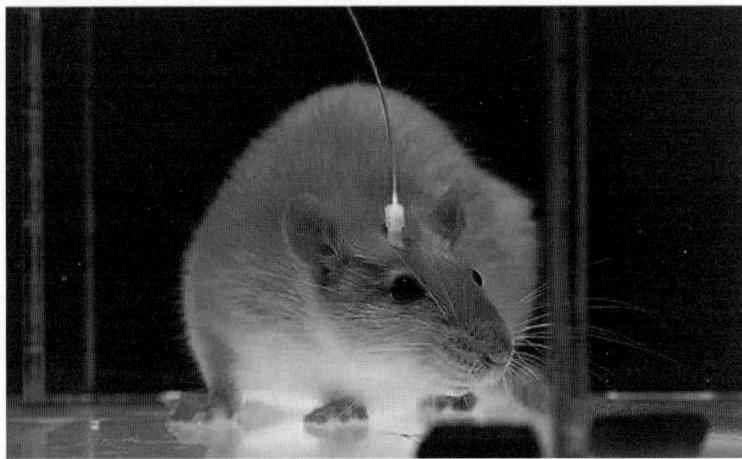

图 13-12　用光在动物脑中产生虚假记忆

虽然关于学习与记忆我们还有太多的东西需要研究和探索，但现有的研究成果还是让我们对未来充满信心，相信在不远的未来，我们能够探索出更多关于学习和记忆的机制，我们可以游刃有余地运用这些机制更好地应对未来那纷繁美妙的世界。

让我们再次把思绪拉回到生命之初的地球，可以想见：面对环境中纷繁复杂的信息

（即信号），正处于演化之初的生命使出浑身解数进行应对，或"以不变应万变"，或"以万变应万变"。在环境的严酷选择下，在不断的试错与斗争中，生命运用自身最方便的物质（蛋白质等）构建出了最适应自然选择的"信号 → 信息 → 学习 → 记忆"反应模式，使我们今天地球上的每一种生命还都受益于此——面对环境中的信号时，每一种生命都能运用这套模式做出适合的反应。可以说，每一种生命都具有如此强大的信息处理能力，是地球数十亿年来能够生机勃勃的重要保障。

第十四章　从"性"的发展历史聊进化

　　如果说自我复制是生命起源的物质保障，那么性就是生命能够演化至今的重要基础。性的出现帮生命从单打独斗的个体发展成为团队合作的群体；让生命从逝者如斯的过客发展成了生机勃勃的永恒；使生命从自然选择的被动体发展成了适应环境的主宰者……可以说如果没有生殖过程、没有性的产生，地球即使可能还会拥有生命的乍现，但也绝不可能成为盎然朝气的蓝星。本章希望从性的角度带领大家领略生命进化的无穷魅力。

一、从无性到有性

　　生物是高度复杂，同时也是高度脆弱的有机体，不可能永远不死。要使生命能够延续下去，就必须要有不断产生下一代同类生物体的方法，这就是生殖。

　　原核生物（几乎全是单细胞生物）的生殖方式比较简单，就是一分为二——遗传物质（DNA）先被复制，然后细胞分为两个，各带一份遗传物质，子代细胞和亲代细胞模样类似，结构相同。原核生物中的大肠杆菌（Escherichia coli）就是以这种方式繁殖的。这种繁殖方式也被一些单细胞的真核生物所采用，如真核生物中的裂殖酵母（Schizosaccharomyces pombe）可以一分为二，产生两个子代酵母菌；出芽酵母（Saccharomyces cerevisiae）采用出芽生殖，即子代细胞比亲代细胞小，脱落以后再长大，成为和亲代细胞大小、形态相同的细胞，也可以说是一分为二。

　　但是对于多细胞生物而言，一分为二就比较困难了。它们繁殖后代所采用的方法是把遗传信息（DNA）"包装"到单个特殊的细胞中，再由这个细胞（单独地或与其他带有同样繁殖使命的细胞融合成一个细胞）发育成一个生物体。也就是说，所有多细胞生物的身体都是由一个细胞发育而来的，这是地球上多细胞生物繁殖的总规律。

　　我们把这种负责产生后代的细胞统称为生殖细胞。由生殖细胞产生下一代的方式有两种。第一种，也是最简单的方式，是由单个的生殖细胞长成一个新的多细胞生物体。这个单个的生殖细胞由有丝分裂（Mitosis，见下文）产生，后代的遗传物质和母体完全相同，生殖细胞自己就能发育成新的生物体。我们把这样的生殖细胞称为分生孢子，一些霉菌就是用这种方式来繁殖的。这种繁殖方式其实与细菌和酵母的分裂繁殖方式没有本质区别，但是更进了一步：细菌和酵母分裂出来的细胞还是以单细胞的形式生活，而霉菌身体分裂形成的生殖细胞（分生孢子）却能够重新长成多细胞的生物体，这说明这个生殖细胞已经发展出了可以分化成身体里面各种细胞的能力。这种靠分生孢子一个细胞来繁殖后代的方法和单细胞生物一分为二的繁殖方式一样，都不需要两个生殖细胞的融合。单个生殖细胞自己就有发育成为完整生物体的能力，也无所谓性别，所以被称为无性生殖（Asexual reproduction）。

无性生殖的后代和上一代的遗传物质相同，所以是上一代生物体的"克隆"。这种方式简单经济，多细胞生物常常可以同时产生大量的分生孢子，而且每个分生孢子都是可以"自力更生"的，在生活条件好的情况下，能迅速增加个体的数量。而且无性生殖的后代能够比较忠实地保留上一代的遗传特性，短期来讲，对物种的稳定性是有利的。

无性生殖虽然简单有效，但也有缺点，那就是遗传物质（DNA）被"禁锢"在每个生物个体和它的后代身体之内，只能单线发展，与同类生物其他个体中的遗传物质没有交流。也就是说，每个生物体在 DNA 分子的演化上都是自己负责自己，不会和别的个体中的 DNA 分子产生联系。这也就意味着，如果某些个体中的 DNA 分子出现了新的有益变异，那么这个能够让生命更加适宜生存与发展的特征根本就没有办法与其他个体分享。这样，不同的个体在适应环境的能力上就可能会有比较大的差别。对于单细胞生物来说，这种个体间的较大差异通常不是问题，因为单细胞生物一般繁殖极快，几十分钟就可以繁殖一代，那些具有 DNA 有益变异的个体很快就可以在竞争中脱颖而出，成为主要的生命形式，而那些较差的就会被淘汰。而且单细胞生物每传一代，就有约千分之三的细胞 DNA 发生突变，这些发生突变的细胞中一般会出现能适应新环境的变种，通过迅速的"改朝换代"，单细胞生物通常能够比较好地适应环境的变化。但是对于多细胞生物来讲，这个战略却不可行。多细胞生物换代比较慢，常常需要数星期、数月，甚至数年才能换一代，演化赶不上环境的变化。在环境条件变化比较快的时候，这些只能进行无性生殖的物种就有可能因不能及时适应环境的变化而灭绝。

帮助多细胞生物适应环境变化的较好方法就是使其遗传物质（DNA）多样化，这样同一种生物中不同的个体就具有适应不同环境的能力。无论环境如何变化，总有一些个体能够比较好地适应，这样物种就不容易灭绝。但是 DNA 突变的速率是很慢的，要通过每个生物体 DNA 突变的方式来增加遗传物质的多样性效率很低。如果有一种方法能够使多细胞生物的遗传物质迅速多样化，对于物种的繁衍无疑是非常有利的。实现多细胞生物

DNA 迅速多样化最简单有效的想法是让同一物种的不同个体之间直接进行遗传物质的交换，通过这样的交换可以实现 DNA 有益变异的共享，加之每个生物体中 DNA 的多样性，这就相当于预先给环境的变化做了准备，物种延续下去的机会就增加了。不过多细胞生物之间直接进行遗传物质的交换是很难实现的。一个生物体细胞里面的 DNA 怎么进入另一个生物体的细胞中呢？就算直接接触可以转移一些 DNA 到另一个生物体身体表面的细胞里去，也很难做到那个生物体的每个细胞都能得到转移的 DNA。但是我们前面讲过，多细胞生物最初都有一个细胞的阶段，如果这些单细胞能够彼此融合，成为一个细胞，就能把两个生物体的遗传物质结合到一起。由于以后身体的所有细胞都由这个最初的细胞变化而来，身体里面所有的细胞都会得到新的 DNA。

这种用生殖细胞融合的方式产生下一代的繁殖方式就叫作有性生殖（Sexual reproduction），它导致同一物种中雄性和雌性的分化，且区别于没有生殖细胞的融合过程（如分生孢子）、生殖细胞不分性的无性生殖。有性生殖可以定义为"把两个生物体（通常是同种的）的遗传物质结合在同一团细胞质中以产生后代的过程"。来自不同生物体、彼此结合的生殖细胞就叫作配子（Gamete），有"配合""交配"之意，以区别于没有细胞融合的孢子。由于这两个来自不同个体的生殖细胞在遗传信息的构成上有差别，它们之间融合产生的后代在遗传信息上就不同于上一辈中的任何一个个体，因此不再是上一辈生物体的克隆。由于这种繁殖方式比无性繁殖有更大的优越性，所以真核生物，特别是多细胞的真核生物基本上都用这种方式来繁殖后代。

几乎所有的真核生物都能够进行有性生殖，而几乎所有的多细胞生物都采用有性生殖的方式来产生后代，这说明有性生殖一定有无性生殖所不具备的优点。归纳起来，有性生殖的优点主要有四个：

一是"拿现成的"。DNA 的突变速度是很慢的，比如人每传一代，DNA 中每个碱基对突变的概率只有一亿分之一，也就是大约 30 亿个碱基对中，只有 30 多个发生变异，而且这些变异还不一定能改变基因的功能。而来自两个不同生物体的生殖细胞的融合，有可能立即获得对方已经具有的有益变异形式。通过有性生殖，同一物种的不同个体之间可以实现遗传物质的资源共享。

二是"补缺陷的"。两份遗传物质结合，受精卵以及后来由这个受精卵发育成的生物体的细胞中，DNA 分子就有了双份。如果其中一份遗传物质中有一个缺陷基因，另一份遗传物质很可能在相应的 DNA 位置上有一个完整基因，就有可能弥补缺陷基因带来的不良后果。

三是"预备模板"。由于有两份 DNA，一个 DNA 分子上的损伤可以以另一个 DNA

分子为模板进行修复。

四是"基因洗牌"。在形成生殖细胞（精子和卵子）的过程中，来自父亲和母亲的染色体会随机分配到生殖细胞中去，而且来自父亲和母亲的 DNA 之间还会发生对应片段的交换，叫作同源重组（Homologous recombination，见下文），这样来自父亲和母亲的基因就能够随机结合，存在于同一个染色体中。这个过程有可能把有益的变异和有害的变异分开来，而且可以把两个生物体有益的变异结合在一起。"基因洗牌"可以增加下一代 DNA 的多样性，使得整个种群更好地适应环境，比如应对各种恶劣的生活条件。

有性生殖的这些优点使得多细胞生物从一开始，即在受精卵阶段，就能得到经过补充和修复、具有备份且基因组合具有多样性的遗传物质，而且随着受精卵的分裂和分化，这些遗传物质被带到身体的所有细胞里面去。这也许就是地球上的绝大多数真核生物都采用有性生殖方式的原因。也正是因为这个原因，绝大多数多细胞生物都是二倍体的，即拥有两份遗传物质（一份来自"父亲"，一份来自"母亲"），或者至少有含有两份遗传物质的阶段。

当然，有性生殖带来的结果也不都是好的，比如，有性生殖的后代在获得好的 DNA 时，也有可能获得坏的 DNA；有性生殖可能会打破基因之间原来好的组合，有益的变异形式也有可能和有害的变异形式组合在一起；精子和卵子的形成过程步骤复杂（见下文），出错的机会自然要比无性生殖多……但无论如何，地球上的多数生物，特别是复杂的高等生物，还是采取了有性生殖的方式，说明有性生殖带来的好处超过坏处。

有性生殖的主要好处，是使不同个体之间的遗传物质能够进行结合和交换，实现个体遗传物质的多样化。细菌和病毒虽然不能进行生殖细胞融合这样的有性生殖，但是也会采取一些手段达到类似的目的。

细菌交换遗传物质的一种方式很有趣，称为细菌结合（Bacterial conjugation）。一个细菌和另一个细菌之间先用菌毛建立联系，菌毛收缩，将两个细菌拉在一起，建立临时的 DNA 通道，把自己的质粒用单链 DNA 的形式传给另一个细菌，自己留下一条单链。两个细菌再以单链 DNA 为模板，合成双链的质粒。细菌结合可以发生在同种细菌之间，也可以发生在不同种的细菌之间。转移的基因常常是对接受基因的细菌有利的，比如抵抗各种抗生素的基因、利用某些化合物的基因等，所以这是细菌之间分享对它们有益的基因的有效方式。某种细菌一旦拥有了对抗某种抗生素的基因，就可以用这种方式迅速传给其他细菌，让其他细菌也能抵抗这种抗生素，如图 14-1 所示。

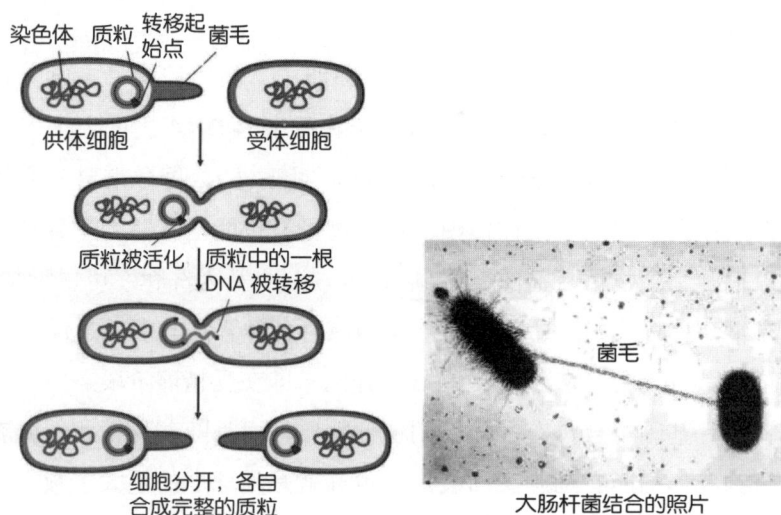

图 14-1　细菌结合

　　在细菌结合中，遗传物质是单向传播的，细胞之间只有短暂的通道，而没有细胞融合，所以不是典型的有性生殖。但是其结果也和多细胞生物有性生殖中遗传物质的重新组合一样有效（相比之下，细菌遗传物质的重组甚至更加高效）。有人把给出遗传物质的细菌看成雄性细菌，把接受遗传物质的细菌看成雌性细菌，这样的说法更多是比喻式的，因为细菌在用这种方式获得遗传物质后，又能提供给其他细菌。

　　病毒基本上就是遗传物质外面包上蛋白质和一些脂类，没有细胞结构，靠自己是无法繁殖的。但是一旦进入细胞，它就可以"借用"细胞里面现成的原料和系统来复制自己。病毒在细胞内复制自己时，不同病毒颗粒的遗传物质可能相遇，也就有机会进行遗传物质的交换。不仅如此，病毒重组自己遗传物质的"本事"还更大。重组不但可以在相似的（同源的）遗传物质之间发生，还可以在不相似的遗传物质之间发生，甚至和被入侵细胞的遗传物质之间也可以进行交换。研究表明，病毒遗传物质的重组发生得非常频繁，这是病毒演化的主要方式。

　　许多病毒以 RNA 而不是 DNA 为遗传物质。病毒的 RNA 通常是单链的，如何在单链 RNA 分子之间交换信息是一个有趣的问题，为此有各种假说和猜想。一种假说是，病毒在复制自己的 RNA 时，有关的酶可以从一个 RNA 分子"跳"到另一个 RNA 分子上。这样用两个 RNA 分子作为模板复制出来的 RNA 分子自然是两种 RNA 分子的混合物。另一种遗传物质进行重组的方法是交换彼此的 RNA 片段。许多病毒的 RNA 不是一个分子，而是分成若干片段。在进行 RNA 重组时，来自不同颗粒的片段就可以进行交换。比如许多流感病毒的遗传物质是由 8 个 RNA 片段组成的，如果人的流感病毒和禽流感病毒同时感染给猪，它们的遗传物质在猪的细胞里相遇，就有可能形成两种病毒的混合体。1957 年流行的亚洲流感病毒（H2N2）的 8 个 RNA 片段中，有 5 个片段来自人的流感病毒，3 个片段来自鸭流感病毒。我国发生过的人感染 H7N9 流感的病例中，病毒的 RNA 片段有 6 个来自禽流感病毒，但是为凝集素（H）和神经氨酸酶（N）编码的 RNA 片段来源不明，说明这种病毒很可能也是通过 RNA 片段的交换而形成的。病毒的这些交换遗传物质的方式，虽然不是典型的有性生殖，但是也非常有效，并且可以对人类的健康造成重大威胁。把这些过程看成病毒的性活动，也未尝不可，只是没有细胞融合的过程，也没有明确的雌性和雄性之分。细菌和病毒的性行为说明，遗传物质的交换和重组对各种生物都有巨大的好处，因此所有的生命形式都用适合自己的手段来做到这一点。多细胞生物的有性生殖形式，不过是把其中的一种手段定型化而已。

二、有性生殖的基础——减数分裂

通过前面的描述我们知道，多细胞生物有性生殖的核心在于有性生殖细胞（配子）的融合，因此，弄清楚有性生殖细胞（配子）的产生过程应该是深入理解有性生殖的关键所在。接下来，我们就将主要精力放在有性生殖细胞（配子）如何产生这个问题上。回答这个问题说简单也简单，说难也难。说简单，用四个字就可以回答——减数分裂；说难，想要把减数分裂的前因后果以及具体过程说明白还真是不容易。

为了能够将减数分裂描述清楚，我们需要三个方面知识的铺垫：有丝分裂、同源染色体配对和 DNA 同源重组机制。

让我们从有丝分裂开始聊起吧……

有丝分裂是真核细胞产生体细胞时所普遍采用的分裂方式，其本质是一种一分为二的分裂过程，即遗传物质（以染色体的形式存在，染色体是由蛋白质和 DNA 构成的结构，位于细胞核中）先被复制，然后细胞分为两个，各带一份遗传物质，子代细胞和亲代细胞模样类似，结构相同。有丝分裂的最大特点就是能够保障亲、子代细胞遗传物质（染色体）数量、形态及其遗传特性是相同的。

有丝分裂的大略过程是这样的（见图 14-2）：以人类的细胞为例，有丝分裂时，已经被复制的 DNA 浓聚成为几十条染色体（如人有 46 条染色体），每个染色体含有两条染色单体（Chromatid），即细胞分裂前染色体被复制后形成的两条 DNA 序列完全一样的染色体。这两条完全相同的染色单体叫作姐妹染色单体（Sister chromatid），它们通过着丝点（Kinetochore）相连，形成一个 X 形状的结构。这个时候染色体在显微镜下最容易被看清楚，所以在临床上常在这个阶段来检查染色体，这也给人以染色体的结构都是 X 形状的印象。其实在细胞不分裂时，每条染色体都是单独的，也不是在浓聚状态，而是分散在细胞核中，不容易被看见。姐妹染色单体形成后，核膜消失，在原来细胞核的两端有两个发出微管的中心，叫作中心粒（Centrioles）。每个中心粒发出许多根微管（微管就是有丝分裂中"丝"的本质，其是真核细胞细胞骨架的重要组成成分），向对方中心粒的方向发散，形成一个纺锤形状的结构，叫作纺锤体（Spindle）。纺锤体中的微管有些像地球仪上的经线，只不过这些经线并不连接两极，而是在两个中心粒之间的某个位置终止。纺锤体中的部分微管通过着丝点和染色体相连，每一个 X 形状染色体上的两个姐妹染色单体都分别被来自不同中心粒的微管连接着。当所有的染色单体以这样的方式与微管相连后，就会排列到两个中心粒中间的一个平面上，这个平面有点像地球的赤道面，所以也被称为赤道面（Equatorial plane）。接着在微管和驱动蛋白以及动力蛋白的配合下，把每一个 X 形状染色体上的两个姐妹染色单体精准地分配到两个子细胞中去。最终实现由一个细胞分裂形成两个在染色体数量和形态上均完全一致的子代细胞的目标。

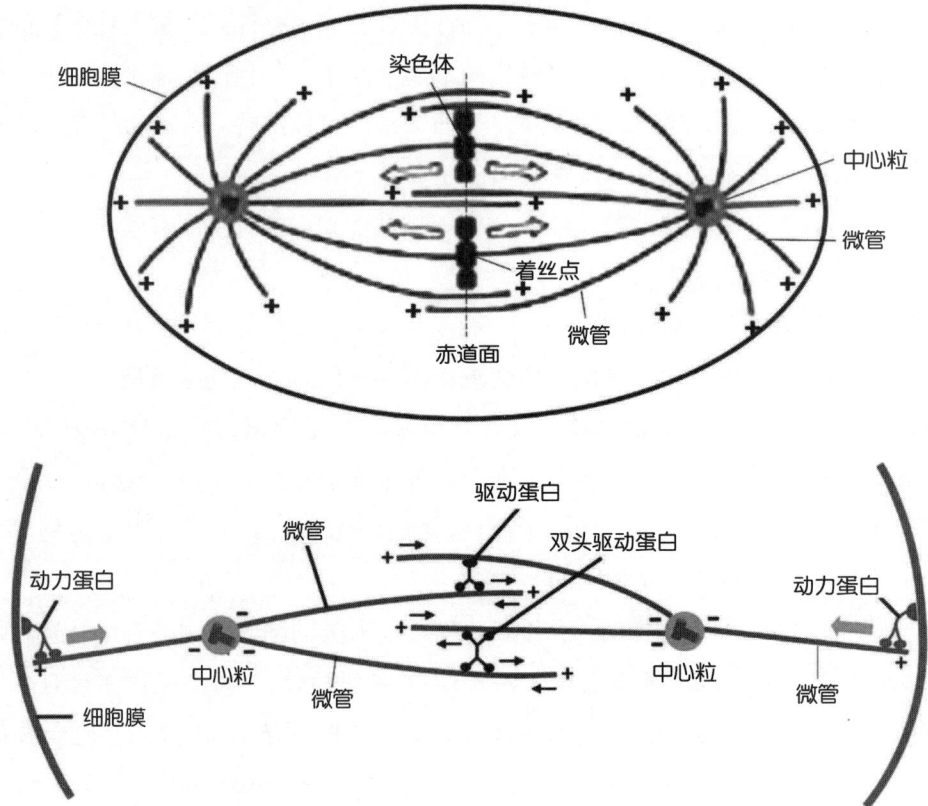

图 14-2 有丝分裂中"丝"的本质及其运动原理

减数分裂的过程虽然复杂，但是其中两次细胞分裂的机制仍然是有丝分裂，只是在有丝分裂的基础上进行了一些修改而已。

有了有丝分裂知识的铺垫后，下面我们来聊一聊有关同源染色体配对的问题。

在减数分裂的第一次细胞分裂中，每条染色体也已经被复制，形成由两条姐妹染色单体连在一起的 X 形状的染色体。但是这两条染色单体并不像在有丝分裂中那样彼此分开，进入两个细胞，而是仍然连在一起，进入同一个细胞。分配到两个细胞里面去的，是来自父亲和母亲的同源染色体。例如，来自父亲的 2 号染色体和来自母亲的 2 号染色体就是同源染色体，它们复制后的染色单体并不被分配到两个细胞中去，而是来自父亲的染色体（这时含有两条染色单体）进入一个细胞，来自母亲的染色体（这时也含有两条染色单体）进入另一个细胞。这样在第一次减数分裂之后，每个细胞就只有一套染色体，如图 14-3 所示。

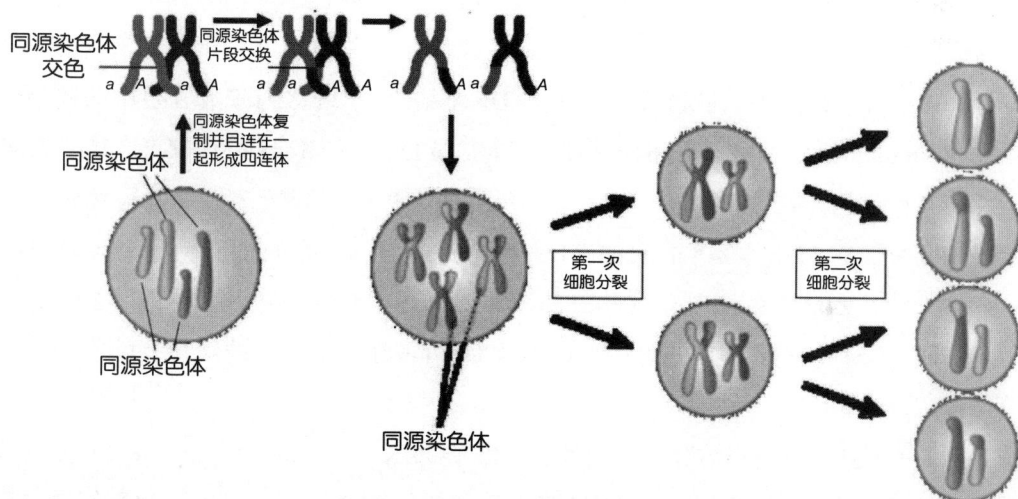

图 14-3　减数分裂

不过到这里困难就来了：细胞怎么能够知道哪两条染色体是 2 号染色体，又如何把它们分配到两个细胞中去，而不是把两条 2 号染色体都分配到一个子细胞中去，把另外两条同源染色体（例如 3 号染色体）都分配到另一个子细胞中去呢？在有丝分裂中，两条姐妹染色体是通过着丝点连在一起的，所以细胞能够识别它们是同号的染色体，通过每个染色单体的着丝点与微管相连，就可以准确地把这两条染色单体分配到两个细胞中去。但是来自父亲和母亲的同源染色体在细胞中是彼此分开的，即使在分别复制后还是相互分开的，细胞怎么能够识别它们呢？一个解决办法是把这两个同源染色体连在一起，这样细胞就知道连在一起的两个染色体一定是同源染色体，再想办法把它们分配到两个子细胞中去。这种把同源染色体连在一起的过程叫作染色体联会。这是一个高度保守的机制，从酵母、线虫、果蝇到哺乳动物，使用的都是同一套机制，说明这个机制在真核生物出现初期就已经形成了。

染色体联会是一个奇妙的过程，类似于多人舞变成双人舞。在减数分裂的第一次细胞分裂之前，DNA 已经被复制而核膜还没有消失时，同源染色体能够通过核膜上的蛋白复合物在核膜上运动而相遇和配对。这是因为在每个染色体的端粒处有一些特殊的识别信号，即由多个 12 个碱基对组成的 DNA 重复序列，它们能够让同源 DNA 互相识别，叫作配对中心（Pairing Center，PC）。没有配对中心的同源染色体不能够彼此配对，而含有同种配对中心，其余部分不同的染色体（即非同源染色体）却能够彼此配对，这就说明配对中心本身就足以使同源染色体彼此结合。不同的染色体配对中心的 DNA 序列不同，这就保证了只有同源染色体才能够彼此配对。

配对中心的 DNA 序列本身并不能直接让同源染色体互相识别和结合，而是通过蛋白质。有四种蛋白质可以结合到配对中心上，这四种蛋白质的结构中都含有锌指（Zinc finger，即能够结合锌离子的肽链环，用于与 DNA 结合），统称为减数分裂中的锌指蛋白（Zinc finger in meiosis，ZIM）。它们分别是 ZIM-1、ZIM-2、ZIM-3 和 HIM-8，其中 ZIM 1、ZIM-2 和 ZIM-3 结合于常染色体，HIM-8 结合于性染色体（即决定性别的染色体，如人类细胞中的 X、Y 染色体）。不同的 ZIM 蛋白结合于不同的染色体上，例如在线虫（C. elegans）中，ZIM-1 结合于染色体 II 和 III；ZIM-2 结合于染色体 V；ZIM-3 结合于染色体 I 和 IV，HIM-8 结合于 X 染色体。染色体对不同 ZIM 蛋白质的结合有助于同源染色体之间的识别和结合。

ZIM 蛋白与配对中心的结合使得一种蛋白激酶 PLK 2（Polo-Like Kinase 2）被招募到配对中心。PLK-2 能够使一种位于两层核膜之间、叫作 SUN-1（Sad1/unc-84）的蛋白氨基端的一个丝氨酸残基磷酸化。磷酸化的 SUN-1 蛋白除了和位于细胞核内染色体配对中心的 PLK-2 结合外，还和细胞核外一种叫作 ZYG-12 的蛋白质结合，ZYG-12 再和细胞核外的动力蛋白（Dynein）结合，而动力蛋白能够在细胞核外的微管上"行走"，这样就形成一条"染色体—ZIM—PLK2—SUN-1—ZYG-12—Dynein—微管"的蛋白链，它横穿两层核膜，把染色体连接到细胞核外的微管上。动力蛋白就可以"拉"着染色体的端粒部分，让染色体沿着核膜"行走"。通过细胞核外微管的导向，动力蛋白就可以通过蛋白链逐渐把染色体的端粒部分都集中到细胞核的一端，而让染色体的着丝点位于细胞核的另一端。这样，所有染色体的端粒都朝向同一方向，并通过蛋白链和核外的微管相连，染色体的其他部分则在细胞核内散开，形成一个花束（Bouquet）的形状。这使得染色体基本上呈平行排列状态，便于它们彼此配对，如图 14-4 所示。

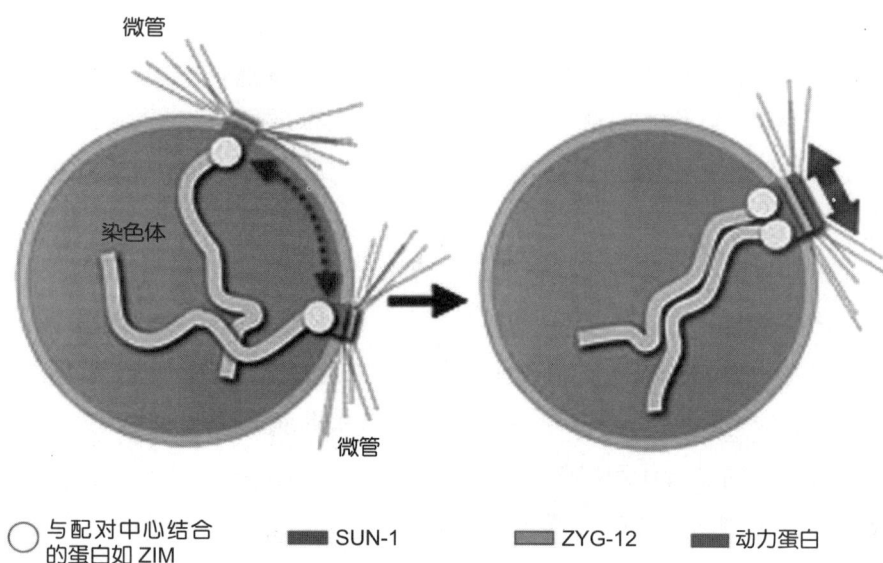

图 14-4　同源染色体联会

　　一开始不同的染色体之间随机地通过着丝点暂时相连，但是通过配对中心的识别，非同源染色体之间的联系解离，最后只剩下同源染色体之间的配对。这就像是一开始的群舞逐渐变成了许多双人舞，只有同源染色体能够彼此配对。这样由两个同源染色体形成的结构叫作四分体（Tetrads），因为它含有四条染色单体（每条染色体都含有两条姐妹染色单体，参见图 14-3）。

　　四分体形成后，来自同源染色体的染色单体平行排列。Spo11 蛋白在染色单体上造成双链断裂，并且进行 DNA 片段的交换，即同源重组（见下文）。同源重组完成后，四分体中的两条染色体并不分开，仍然通过着丝点联系在一起。每条染色体中两条姐妹染色单体的着丝点融合在一起，使得四分体只有两个着丝点，每条染色体一个，分别和来自纺锤体两极的微管相连。这样，在第一轮细胞分裂时，同源染色体就能够被准确地分配到两个子细胞中去了。

　　因此，同源染色体之间通过"双人舞"的配对，不仅导致了同源重组，即对来自父亲和母亲的基因进行"洗牌"，还把同源染色体联系在一起，使得它们能够为细胞所识别，被分开到两个子细胞中去。这就破解了细胞如何识别同源染色体，并且将它们分离到两个细胞中去的难题。

　　到目前为止，我们已经有了有丝分裂的相关知识，也知道了减数分裂过程中同源染色体配对的发生原因及其机制，还大概了解到在同源染色体配对过程中会发生一种被称为 DNA 同源重组的现象，那么 DNA 同源重组是如何发生的？其机制怎样？对于有性生殖而言具有什么意义和价值？带着这一系列问题，让我们一起走进 DNA 同源重组吧……

其实，染色体联会不仅解决了同源染色体识别和分配的问题，还由于来自父亲和母亲的染色体被连在一起，它们之间就可以进行 DNA 片段的交换，即同源重组，使得来自父亲和母亲的基因能够存在于同一条 DNA 链上，从而使后代的基因组成更加多样化，提高它们的生存能力。而在 DNA 链之间交换片段的机制，却是原核生物为了修复 DNA 损伤而发明的。原核生物也许自己都没有想到，它们的这项发明，后来却被真核生物继承，成了减数分裂的重要内容。

原核生物基本上是单细胞生物，个头很小，只有 1 微米左右，DNA 又是高度复杂而且脆弱的分子，高能射线（如紫外线）的照射就能使其断裂。在地球大气层中还没有氧的时候（如在释放氧气的光合作用出现之前），大气层的外部没有臭氧层来阻挡大部分的紫外线，来自太阳的紫外辐射比现在强烈得多，原核生物 1 微米大小的细胞根本挡不住紫外线。为了生存，原核生物演化出了修复 DNA 损伤的机制，其中一种就是修复 DNA 双螺旋中两条 DNA 链都断裂的损伤。原核生物是单倍体，正常情况下细胞里面只有一份遗传物质，但在细胞分裂前，DNA 会进行复制，于是原核生物就暂时拥有了两份遗传物质，基于遗传物质份数的情况，原核生物也发展出了两种修复 DNA 双链断裂的机制。第一种是在细胞只有一份遗传物质时，这时 DNA 的修复没有模板，只能把断端直接连接起来。原核生物使用两种蛋白来修复 DNA 双链断裂：蛋白质 Mu 和多功能酶 LigD。Mu 能够结合到 DNA 的断端，同时招募 LigD 到 DNA 的断裂处。LigD 蛋白同时有核酸酶（nuclease，除去 DNA 分子上的一些核苷酸单位）、DNA 聚合酶（Polymerase，以另一条 DNA 链为模板，合成新的 DNA 序列）和连接酶（Ligase，把 DNA 的断端连接起来）的活性，可以根据 DNA 双链断裂的情况，如两条 DNA 链是在相同的地方断裂还是在不同的地方断裂，对 DNA 的断端进行加工，再把断端连接起来。由于这种连接方法有时会造成一些 DNA 序列的变化（新增或失去一些序列），如果变化的 DNA 序列又正好在为蛋白质编码的区段内，就有可能造成蛋白质序列的改变，所以这种 DNA 的修复效果一般都不是很理想。而在 DNA 复制后，原核生物暂时拥有了双份遗传物质，也就是暂时变成了二倍体，受到损伤的 DNA 链就有可能用另一条 DNA 链为模板来修复自己，这种修复机制可以使断裂前的序列完全恢复，所以是更好的修复机制。原核生物在发生 DNA 双链断裂时，一个由 3 种蛋白质（RecB、RecC、RecD）组成的复合物 RecBCD 就会结合在断裂端上。复合物中的 RecC 和 RecD 会把 DNA 的两条链分开，RecB 则把其中的一条链（具有 5' 末端的链）切短，使得具有 3' 末端的链成为单链 DNA。接着另一种蛋白质 RecA 结合在单链上，开始在模板 DNA 上寻找相同的 DNA 序列。一旦这样的序列被找到，单链 DNA 就会和模板 DNA 中序列互补的链结合，置换出原来与互补链结合的 DNA 链。然后，DNA 聚合酶以互补链为模板，延长单链 DNA，并且进行到超出原先 DNA 断裂的位置，直到断裂处另一端被切短了的 5′ 末端。被置换的 DNA 链现在为单链，可以和断裂处另一端的 DNA 单链结合，并且作为模板，将断链从 3′ 端延长，直至原先被 RecB 切短了的 5′ 端。当这两根单链被延伸到原来同链的断端时，延伸停止，DNA 连接酶把延伸链和断端链连接在一起。如此一来，两条双链 DNA 就各有一条 DNA 链和对方的 DNA 链互换。如果把其中一个 DNA 双螺旋在交汇处旋转 180°，就会形成一个十字形的结构。这个结构在 1964 年由英国科学家霍利迪（Robin Holiday，1932—2014）提出，并得到电子显微镜图像的证实，称为霍利迪交叉（Holiday Junction）。这个交叉的结构可以看成是两个 DNA 双螺旋以"头对头"的方式靠近，然后两条链分开，各自与对方的单链连接，形成另外两个双螺旋，组成一个十字形结构，如图 14-5 所示。

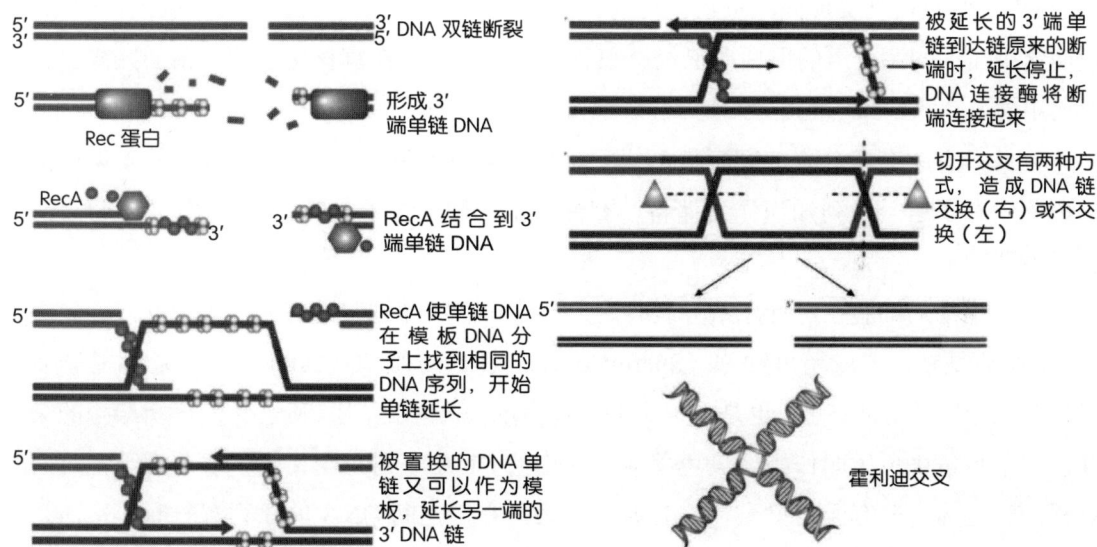

图 14-5　原核生物修复 DNA 的方式

到了这一步，就有两种方式使这个十字形结构的 DNA 链断开并换链重新连接，恢复为两个独立的 DNA 双螺旋。一种方式是把交叉的 DNA 链断开，重新与原来的 DNA 链连接，这样两个 DNA 双螺旋之间就没有片段交换。另一种方式是保留交叉的 DNA 链，将未交叉的 DNA 链断开，再与对方的 DNA 链相连，使两条 DNA 链都实现互换，使得原来的两个 DNA 双螺旋实现片段互换。在原核生物中，由于修复 DNA 的模板是原来 DNA 的复制品，这样的片段交换并不会造成 DNA 序列的改变。但是如果用于修复的模板来自另一个细胞，这样的 DNA 片段互换就能够让外来 DNA 取代自身的一些 DNA 片段，相当于采用了另一个原核细胞的部分 DNA，使自己的 DNA 形式多样化，这对于适应环境的变化是有利的。由于 DNA 片段的交换发生于相同（如 DNA 和它的复制品）或者同源（来自同一物种，但是不同个体的）的 DNA 之间，这种 DNA 之间的片段交换叫作同源重组（Homologous recombination）。

真核生物的细胞是二倍体，即含有来自父亲和母亲的两份遗传物质，两条对应的染色体虽然含有同样的基因，但是基因的 DNA 序列并不完全相同。在这种情况下，来自父亲和母亲的 DNA 片段互换就可以形成新的基因组合，使后代的基因更具多样性，可以更好地适应环境的变化，原核生物的 DNA 修复机制也就被真核生物继承下来，用来进行基因交换，即同源重组。为了增加重组的频率，真核生物不再被动地等待 DNA 的自然原因断裂，而是主动地创造这种断裂，这就是一种叫作 Spo11 的酶的功能，该酶能够在 DNA 分子上造成双链断裂，以模仿射线造成的 DNA 断裂。DNA 断裂形成后，再用和原核生物同样的 DNA 修复机制实现同源重组。动物、植物、真菌、古菌都含有 Spo11 类型的蛋白质，说明这个启动同源重组的蛋白质已经有很长的演化历史，在真核生物和古菌的共同祖先中就已出现。

至此，有关有丝分裂、同源染色体配对和 DNA 同源重组机制三个方面的知识铺垫告一段落，有了这一系列知识作为储备，有性生殖细胞（配子）的产生过程，即减数分裂，就容易理解了。

真核生物的细胞在进行减数分裂时，一开始和形成体细胞的有丝分裂相同，首先要进行 DNA 的复制，形成精母细胞（Spermatocyte）和卵母细胞（Oocyte）。染色体复制后形成的两条相同的 DNA 分子也是在一个叫着丝点的地方相连，形成一个 X 形状结构的染色体，其中每条染色体叫作姐妹染色单体，它们的 DNA 序列完全相同。每个细胞含有两套这样的染色体，一套源自父亲，一套源自母亲，它们之间 DNA 的序列有一些差别，且彼此独立。

但是在进行第一次细胞分裂时，情形就不同了。在形成体细胞的有丝分裂中，每个 X 形染色体中的姐妹染色单体分别与来自纺锤体两端的微管通过着丝点结合，再被运送到两个子细胞中，来自父亲的染色体和来自母亲的染色体彼此互不相关，因此在形成的子细胞中，来自父亲的染色体和来自母亲的染色体仍然和当初受精卵中的情形一样，彼此独立。而在减数分裂中，DNA 复制加倍后，来自父亲的染色体和来自母亲的同源染色体却通过"双人舞"彼此结合。两个同源染色体的染色单体相邻排列，通过 Spo11 蛋白的作用在 DNA 链上形成双链断裂，在染色单体之间形成霍利迪交叉，把两个同源染色体连在一起。由于每条染色体含有两条染色单体，这样形成的结构叫作四分体。在四分体中，同源染色单体互相交叉，进行 DNA 片段交换，即同源重组，参见图 14-3。

在同源重组后，连接两条姐妹染色单体的着丝点彼此融合，这样每条染色体就只有一个着丝点能够与来自纺锤体的微管相连，相当于普通有丝分裂中的染色单体，只能与来自纺锤体中不同中心粒的微管相连。在细胞分裂时，两个同源染色体就被转运到两个子细胞中去。因此在减数分裂中的第一次细胞分裂中，分开的是同源染色体，每个同源染色体仍然含有两条染色单体，染色单体只是已经发生了 DNA 片段交换。第一次细胞分裂的结果就是染色体的数量减半。

在第二次细胞分裂中，每条染色体中的姐妹染色单体彼此分离，进入不同的子细胞。这个过程也和体细胞的有丝分裂一样，只不过要分离的染色体数目少一半，而且每条染色单体有可能已经发生了片段交换。这样，最后形成的生殖细胞只含有一份遗传物质，是单倍体细胞。这样的单倍体生殖细胞（精子和卵子）结合后，就正好恢复为上一代生物的二倍体状态，有性生殖就可以一直进行下去了，参见图 14-3。

细胞在进行减数分裂前要进行 DNA 复制，需要两轮有丝分裂才能变成单倍体，最后形成的单倍体细胞也因此是四个，而不是普通有丝分裂的两个。对于精母细胞来说，最后形成的四个单倍体细胞都发育成精子，但是卵母细胞最后形成的四个单倍体细胞中，只有一个发育成卵子，其余三个细胞都变成极体细胞（Polar cells）而退化。由于生殖细胞得到的遗传物质经过了同源重组，也就是进行了基因的"洗牌"，因此在每条染色单体中，有可能既含有来自父亲的基因，也含有来自母亲的基因，生殖细胞基因的组成就既不同于父亲，也不同于母亲，彼此也不相同。生殖细胞结合产生的后代中，每个都有自己独特的 DNA 组成。由于基因重组的可能性几乎无穷无尽，后代的这种 DNA 组成只能出现在具体的个体身上，这就使得每个生物个体都是独一无二的。这种个体之间遗传物质组成的差异，给进行有性生殖的生物更高的适应环境变化的能力，对于物种的繁衍是有利的。

三、有性生殖中需要确保选择的异性不是近亲

既然有性生殖的主要优点是结合同一物种中不同个体的遗传物质，以使后代的基因呈现多样性，从而更好地适应环境的变化，那么就需要避免近亲交配（Inbreeding），即遗传物质相近的个体之间的交配，例如，在兄弟姐妹之间（同父母）、表兄弟姐妹之间以及堂兄弟姐妹之间。换句话说就是，为了保持有性生殖的突出优势，需要让结合的两个生物个体的遗传物质尽可能地不同。如果交配的两个个体来自同一家庭或家族，由于

他们的基因来自共同的祖先，遗传物质相似的程度相对较高，有性生殖的好处就有可能大打折扣。

如果兄妹都从父亲或母亲那里继承了同样的缺陷基因，这个缺陷基因就可能进入精子和卵子。如果带有这个缺陷基因的精子和卵子结合，产生的后代就会有两份基因是缺陷型的，将造成严重的后果。在人类中，表兄妹结婚生下有缺陷孩子的例子并不少见。用近亲交配得到的纯种动物（如纯种狗）也常常带有遗传病。当动物种群中个体数量太少时，近亲交配就容易发生，产生质量较差的后代，从而威胁到物种的生存。

动物如此，植物也一样。小麦和大豆的自花传粉相当于是自己和自己"结婚"，是"同亲结婚"。如果长期没有来自其他个体的遗传物质，它们就会逐渐退化。例如小麦连续自花传粉30～40年，大豆连续自花传粉10～15年后，就会逐渐衰退而失去栽培价值。所以从植物、动物到人，都要极力避免近亲交配（同代近亲）或者乱伦（异代近亲）。人类社会早就从实践中认识到近亲结婚的坏处，形成了规定和习俗来加以防范。除了亲姐弟或亲兄妹不能结婚外，三代以内旁系血亲也是禁止结婚的。

但是，植物和动物又不能像人类那样认识到近亲交配的坏处，它们是如何避免近亲交配的呢？

高等植物的有性繁殖是通过花来进行的，花就是高等植物的繁殖器官。花的结构分为营养部分和繁殖部分。营养部分称为花被，包括花萼瓣和花冠。繁殖部分包括雄性和雌性的器官。雄性器官为雄蕊，雄蕊上有花药，里面的花粉含有雄配子，相当于动物的精子。雌性器官为雌蕊，雌蕊上有子房，子房里面有胚珠，胚珠里面有雌配子，相当于动物的卵子。子房前端有花柱，最前端有柱头。花粉落在柱头上，会向胚珠长出花粉管。雄配子沿着花粉管到达雌配子处，与雌配子结合，然后发育成为种子，如图14-6所示。

许多植物是雌雄同花的，即在同一朵花上既有雄蕊，又有雌蕊。由于植物不能像动物那样移动去寻找配偶，在植株密度很低时，自花传粉也能够产生有性生殖的后代。虽然这些后代的基因全部来自上一代植物，但是由于生殖细胞在形成的过程中进行了DNA的同源重组，来自雄性亲本和雌雄亲本的基因进行了"重新洗牌"，自花传粉的后代并不是上一代的克隆，而且后代之间也彼此不同。虽然这种方式不如异花传粉（相当于不同动物个体之间的交配）效果好，但是也部分实现了有性生殖的初衷，使其遗传物质多样化。这对于无法移动的植物来说是有好处的。即便如此，自花传粉的后代并不能获得新的基因形式，而只是上代基因的重新排列。如果能够实行异花传粉，有性生殖的优越性才有可能充分体现，因此植物也发展出了各种机制来避免自花传粉。

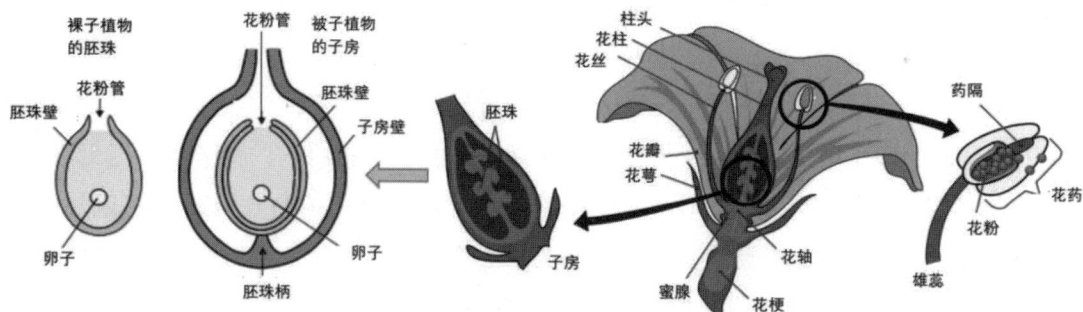

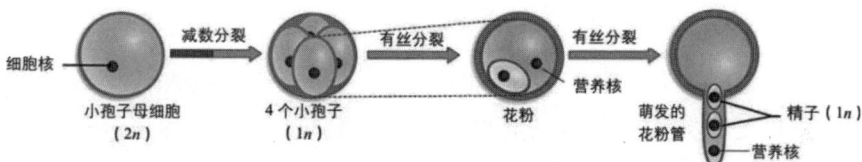

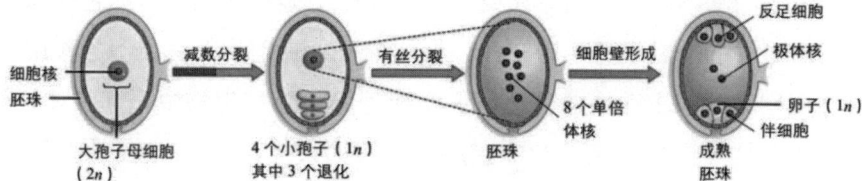

图 14-6　被子植物的繁殖过程

　　一种办法是把雄蕊和雌蕊分开，不让它们在同一朵花中。这样就有了雄花和雌花。雄花产生的花粉必须离开花朵才能到达雌花，这就使得不同植株之间的花粉交换成为可能。雄花和雌花长在同一株植物上叫雌雄同株，如玉米，它的雄花长在植株的顶端，雌花长在叶腋。雄花和雌花长在不同的植株上叫雌雄异株，如杨树和柳树。对于雌雄同花的植物，避免自花传粉也有一种办法，就是让雄蕊和雌蕊成熟的时间错开，使得自花传粉不能有效进行，如莴苣就是雄蕊先成熟，雌蕊后成熟；甜菜则是雌蕊先成熟，雄蕊后成熟。另一种方式是雄蕊和雌蕊的位置使得自花传粉不可能，如报春花。第三种办法是让同株植物的花粉落在柱头上后不能萌发，或者无法使雌配子受精，如荞麦。科学家还发现，为了避免自花传粉，有些植物还采取了"高科技"的方式。例如，矮牵牛（Petunia inflat）能够在花中表达一种核酸酶（S-RNase，其中的 S 指 Self），它能够杀死同株植物的花粉，使得自花传粉不可能有效进行。植物采取的这些措施也表明，有性生殖对于物种的繁衍是有好处的，而避免近亲交配，也是植物充分发挥有性生殖优点而发展出来的做法。

　　与植物不同，动物是能够活动的，所以动物避免近亲交配的办法要比植物多。一种方法是让子女彼此分开，到不同的地方去生活，例如狐狸妈妈就会把基本长成的子女驱赶走，不让它们一直和原来的家庭在一起。这固然是为了避免家庭成员之间对资源的竞争，同时也减少近亲交配的机会。有的动物是雌性出走，雄性留下，如黑猩猩。有的是雄性出走，雌性留下，如狮子。大猩猩是雌性和雄性都外迁。鸟类由于能够飞翔，迁徙的距离更远，近亲交配的概率更低。第二种方法叫稀释法，动物生活在极大的群体中，遇见家庭成员的概率非常小，自然也不容易发生近亲交配，如非洲的角马（Wildebeest）可以几十万，甚至上百万只生活在一起，要遇见兄弟姐妹的机会微乎其微。第三种方法是雌性动物和多个雄性动物交配，这样总会有一些雄性不是家庭成员，如骆驼、狨（Marmosets）、鲸鱼、蜜蜂、海龙（Pipefish）。从小一起长大的兄弟姐妹会熟悉彼此的叫声和身体特征，这些信息存入大脑中，会抑制对家庭中的异性成员产生性要求，如让来自不同家庭的雄性和雌性小鼠在一起长大，它们的生殖期就会推迟，似乎已经把彼此认为是兄妹，而激发不起交配的愿望。不过这些方法都不能完全避免近亲交配，如出走的家庭成员有可能再彼此遇见，生活在群体中的动物也可以遇见兄弟姐妹，和多个雄性交配也可能包括家庭成员，对于从小"离家出走"的家庭成员，用叫声和身体特征来辨别的办法就不起作用。更好的办法是动物能够识别近亲，主动地避免与它们交配。可是同种生物中不同个体之间DNA的组成极为相似，怎样才能区别亲属和非亲属呢？例如人类，即使非家庭成员之间，DNA序列的差别也还不到0.1%。因此基因的主要产物蛋白质也只有微小的差别，一般只有个别氨基酸单位不同。这样微小的差别是难以区分亲属和非亲属的。有没有个体之间差异非常大的基因，可以用来鉴别个体之间关系的亲疏呢？初看起来，这样的情形是很难发生的，因为在不同的个体中，绝大多数蛋白质执行的功能是相同的，它们的氨基酸组成就不会差别太大。例如，人血红蛋白中一个氨基酸单位的差别就可以使血红蛋白的形状改变，使人患镰刀型细胞贫血症。有什么蛋白质能够有非常不一样的氨基酸组成，又能够执行它的正常功能呢？

这样的蛋白质还真被科学家找到了，这就是主要组织相容性复合体（Major Histocompatibility Complex，MHC）。它的作用不是执行人体内通常的生理功能，而是"举报"外来微生物（包括细菌和病毒）。由于细菌和病毒的种类极其繁多，就需要多种这样的分子来结合和识别它们，使得人之间MHC分子的差异非常大。MHC有两种：MHC Ⅰ和MHC Ⅱ，其中MHC Ⅰ报告细胞有没有被病毒入侵，MHC Ⅱ报告身体有没有被细菌入侵（多在细胞外）。MHC是怎样向身体报告"敌情"的呢？任何生物（包括病毒）都需要一些自己特有的蛋白质才能生存，所以检查有没有外来微生物的蛋白质，就是发现这些微生物的有效手段。动物身体里面几乎所有的细胞（红细胞除外）都含有MHC Ⅰ，这些细胞把细胞里面的各种蛋白质进行取样，即把它们切成约9个氨基酸长短的小片段，把这些小片段结合到 MHC Ⅰ 上，再和 MHC Ⅰ 一起被转运到细胞表面。MHC Ⅰ 分子就像是"举报员"，用两只"手"举着蛋白质片段，向身体说，"看，这个细胞里有这种蛋白质。"如果举报的是细胞自己的蛋白质片段，身体就会置之不理。但是如果细胞被病毒入侵，产生的病毒蛋白质就会这样被 MHC Ⅰ "揭发"，身体就知道这些细胞被病毒感染了，就会把这些细胞连同里面的病毒一起消灭。对于细胞外面的细菌，人体有专门的细胞，例如巨噬细胞（macrophage）来吞噬它们。被吞噬的细菌在细胞内被杀死，它们的蛋白质也被切成小片段，不过这些小片段不是结合于 MHC Ⅰ 上，而是结合于 MHC Ⅱ 上并和 MHC Ⅱ 一起被转运到细胞表面，向身体报告："瞧，我们的身体里有细菌入侵啦。"身体接到信号后，就会生产专门针对这种细菌蛋白质的抗体（antibody，一种能够特异地结合外来分子的蛋白质分子），给这些细菌做上标记，再由其他细胞将其消灭。

无论是人体自身的蛋白质，还是微生物的蛋白质，都有千千万万种，它们产生的片段也多种多样。为了结合这些蛋白质片段，只靠一种 MHC 是不够的，所以人体含有多个MHC，各由不同的基因编码。例如，人的 MHC Ⅰ 主要有 A、B、C 三个基因，它们的蛋白质产物和另一个基因的产物（β- 微球蛋白）一起，共同组成 MHC Ⅰ。其中 A、B、C蛋白都可以结合蛋白质小片段。由于人的细胞是双倍体，即有来自父亲和母亲的各一套基因，每个细胞都有两个 A 基因、两个 B 基因和两个 C 基因，因此每个细胞都有 6 个主要的 MHC Ⅰ 基因。不仅如此，A、B、C 基因还有 1000 多个不同的形式。由于变种的数量如此之大，每个人得到这些基因中的某一个变种的情形又是随机的（要看父亲和母亲具有的是哪一个变种），光是 MHC Ⅰ 的 A、B、C 基因的组合方式就至少有 10^{18} 种，也就是 100 亿亿种组合方式！这已经远远超出地球上人口的总数。MHC Ⅱ 分子也主要有三大类基因，分别是 DP、DQ 和 DR，每个基因也有多种形式，所以 MHC Ⅱ 基因的组合方式数量也极其庞大。因此 MHC 基因的组合方式多得难以想象，但是每个动物个体只拥有其中少数几种，这就造成动物之间 MHC 分子形式的差异非常大，在人身上就成为组织排斥的主要原因。既然动物个体之间拥有的 MHC 基因形式差别很大，它们结合的蛋白质小片段就会不同，这些被结合的蛋白质小片段的差异就会使每个动物个体有不同的气味，能够被同种动物的其他个体闻到，作为判断是否是近亲的根据。近亲由于拥有共同的祖先，MHC 形式会比较相近，而非近亲的动物个体由于来自不同的祖先，它们的气味会有显著差异。可是由 9 个氨基酸组成的蛋白质小片段是不具挥发性的，它们是如何被求偶动物的嗅觉器官感知到的呢？小鼠实验表明，这些蛋白质小片段可以在动物直接接触（比如用鼻尖去接触对方的身体）时被转移到求偶动物的鼻子上。用化学合成的蛋白质小片段进行实验表明，小鼠的鼻子能嗅到极低浓度（0.1 纳摩尔，即 10^{-10} 摩尔）的这些小片段，而不需要 MHC 的部分。这些片段连同结合它们的 MHC 也出现在动物的尿液中和皮肤上，既可以直接被求偶动物感知，也可以被微生物代谢成具有气味的分子而被感知，从而能够让动物辨别另一个个体是否是近亲而避免与之交配。

人身上也有同样的情形。在一项研究中，科学家让若干男性大学生连穿两天（包括睡觉）汗衫，这样这些男性的气味就被吸收在汗衫上。然后让若干女性大学生去闻这些汗衫，挑选出她们所喜欢的气味来。结果具有女性大学生喜欢的气味的男性，他们的 MHC 类型和这些女性的差异最大。这样的结果在一些人群中已婚夫妇的 MHC 类型上也可以看到。比如研究发现，欧洲血缘的配偶和美国的 Hutterite 群体（也来自欧洲，但是在婚姻上与外界隔绝）的已婚夫妇中，MHC 不相似的程度远比整个基因组的不相似程度高。当然，人是有丰富精神生活的社会动物，人在求偶时要考虑的因素很多，社会和文化背景也有很大的影响。许多男女结了婚又离婚，说明 MHC 的差异性并不是决定人类择偶的唯一因素。但是 MHC 类型的差异程度确实在人们不经意间起作用。MHC 差异大肯定不是建立和维持一个婚姻的充足条件，却很可能是必要条件。

四、"性别反转人"的研究告诉我们真正决定性别的是基因

有性生殖的出现导致了同一物种中雄性和雌性的分化，表面上看决定性别的方式多种多样，如人的性别依靠性染色体（X、Y）决定、鸡的性别依靠另外类型的性染色体（Z、W）决定、蜜蜂的性别依靠遗传物质的份数（雌蜂为双倍体，雄蜂为单倍体）决定等，但深入研究后我们会发现，真正决定性别的、更本质的原因其实还是来自基因。

以人类为例，决定人性别的基因的线索来自所谓的"性别反转人"：有些人的性染色体明明是 XY，却是女性，而一些 XX 型的人却是男性。研究发现，一个 XY 型女性的 Y 染色体上有些地方缺失，其中一个缺失的区域含有一个基因，如果这个基因发生了突变，XY 型的人也会变成女性。而如果含有这个基因的 Y 染色体片段被转移到了 X 染色体上，XX 型的人就会成为男性。这些现象说明，这个基因就是决定受精卵是否发育为男性的基因。Y 染色体上含有这个基因的区域叫作 Y 染色体性别决定区（Sex-determining Region on the Y chromosome，SRY），这个基因也就叫作 SRY 基因。近一步的研究发现，许多哺乳动物（包括有胎盘哺乳动物和有袋类哺乳动物）都有 SRY 基因，所以 SRY 基因是许多哺乳动物的雄性决定基因。SRY 基因不是直接导致雄性特征发育的，而是通过由多个基因组成的性别控制链起作用。SRY 基因的产物先活化 Sox9 基因，Sox9 基因的产物又活化 Fgf9 基因，然后再活化 Dmrt1 基因。这个性别控制链上的基因，如 Sox9 和 Fgf9 表达的

产物，会抑制卵巢发育所需要的基因（如 Rspo1 和 Wnt4）的活性，使得受精卵向雄性方向发展。如果没有 SRY 基因（即没有 Y 染色体），受精卵中其他的一些基因（如前面提到的 Rspo1 和 Wnt4）就会活跃起来，其产物促使卵巢的生成，而抑制 Sox9 和 Fgf9 基因的活性，使睾丸的形成过程受到抑制。所以，男女性别的分化是两组基因相互斗争的结果，如图 14-7 所示。

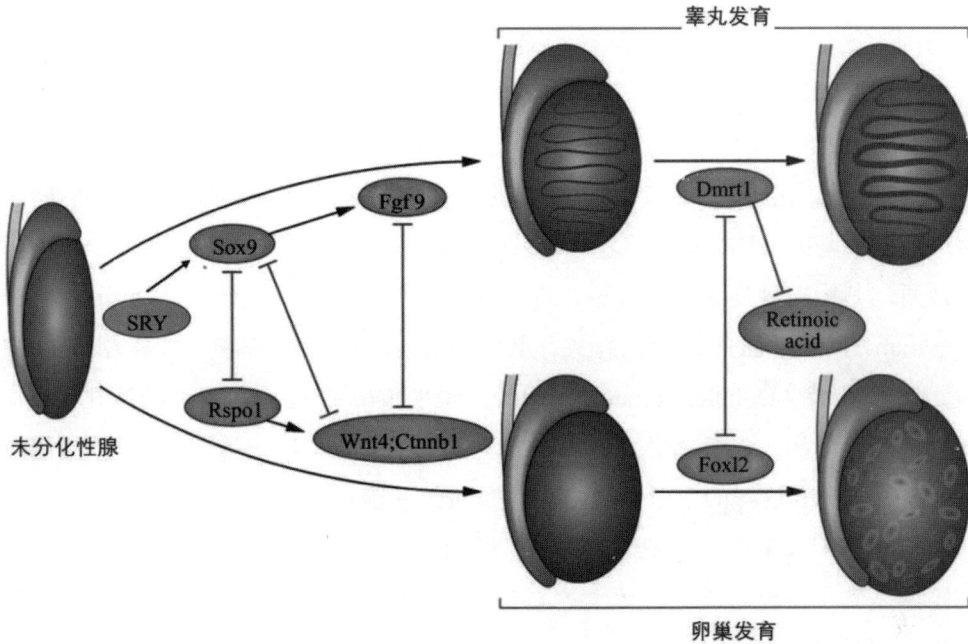

图 14-7　控制性别分化的基因

Dmrt1（Doublesex and mab-related transcription factor 1）基因位于哺乳动物中性别控制链的下游。人和老鼠 Dmrt1 基因的突变都会影响睾丸的形成，说明 Dmrt1 基因的确和雄性动物的发育直接有关。不仅如此，它还是鸟类的雄性决定基因，而且位于鸟类性别分化调控链的上游（它的前面没有 SRY 这样的基因）。Dmrt1 基因位于鸟类的 Z 性染色体上，不过和人 Y 染色体上的一个 SRY 基因就足以决定雄性性别不同，一个 Z 染色体上的 Dmrt1 基因还不足以使鸟的受精卵发育成雄性，而是需要两个 Z 染色体上的 Dmrt1 基因。所以拥有一个 Dmrt1 基因的鸟类（ZW 型）是雌性。Dmrt1 基因虽然是决定动物性别的核心基因，但是在一些哺乳动物中，其地位却受到排挤，不仅被挤到了性别决定链的下游，而且被挤出了性染色体。例如人的 Dmrt1 基因位于第 9 号染色体上，老鼠的 Dmrt1 基因在第 19 号染色体上。这就可以解释为什么哺乳动物的 XY 和鸟类的 ZW 都是性别决定基因，它们之间却没有共同的基因，因为它们所含的性别主控基因是不同的，在哺乳动物中是 SRY，而在鸟类中则是 Dmrt1。

Dmrt1 也是决定一些鱼类雄性发育的基因。比如日本青鳉鱼（Japanese medaka fish）和哺乳动物一样，也使用 XY 性别决定系统。不过这种鱼的 Y 染色体并不含 SRY 基因，而是含有 Dmrt1 基因的一个类似物，叫作 DMY。DMY 和哺乳动物 Y 染色体上的 SRY 一样，单个 DMY 基因就足以使鱼向雄性方向发展，而不像鸟类 Z 染色体上的 Dmrt1 基因那样，需要两个基因（即 ZZ 型）才具有雄性决定能力。Dmrt1 基因变身后，还能成为雌性决定基因。比如使用 ZW 性别决定系统的爪蟾，在其 W 染色体上含有一个被截短了的 Dmrt1 基因，叫作 DM-W。因为其产生的蛋白质是不完全的，所以没有 Dmrt1 的雄性决定功能，但 DM-W 能干扰正常 Dmrt1 基因的功能，使雄性发育失败。所以带有 DM-W 基因的 W 染色体的爪蟾是雌性的。Dmrt1 基因的类似物甚至能决定低等动物的性别。比如果蝇含有一个双性基因（Doublesex），它转录的 mRNA 可以被剪接成两种形式，产生两种不同的蛋白质，其中一种使果蝇发育成雄性，另一种使果蝇发育成雌性。Dmrt1 的另一个类似物——mab-3，和线虫的性分化有关。其实所有这些蛋白质都含有非常相似的 DNA 结合区段，叫 DM 域（Doublesex/mab domain），说明 Dmrt1 基因有很长的演化历史，是从低等动物到高等动物（包括鸟类和哺乳类）反复使用的性别决定基因。哺乳动物不过是发展出了 Soy9 和 SRY 这样的上游基因来驱动 Dmrt1 基因。

因此，在基因水平上，动物性别决定的机制也是高度一致的。性染色体在表面上显现出来的困惑，其实不过是性染色体上控制 Dmrt1 基因的主控基因在不同的生物中不一样，而 Dmrt1 基因又不一定在性染色体上而已。

性的发展历史告诉我们，亿万年来，生命变换着各种方式去让自身的基因变得多样化，并希望通过这样的努力确保自己及后代能够不断地适应环境的变化，能够不断地成为自然选择中的优胜者……但细细品味，我们不难发现，在这一系列努力的背后，其实还是地球生命无法割舍的那些最基本的物质、能量与信息，如此看来，地球的各种生命可谓是"不忘初心"啊。

接下来，让我们一起来关注一下"人"。人类是到目前为止地球生命进化的集大成者，对于其演化过程的研究又有哪些值得我们期待的呢？请看下一章……

第十五章 从"人"的发展通史看进化

人类，是一种以"万物之灵"自居的智慧生命。

"她从哪里来？又会到哪里去？"这个简简单单的提问像魔咒一样吸引着每一个人。带着对这个问题刻骨铭心的永恒好奇，人类始终没有停下探索的脚步：找化石、剖结构、做比较、建树图、测基因……每当有新的理念、新的方法、新的技术产生时，人类总是不会放弃运用这些创新的手段对这个问题探索一番。

虽然时至今日"人类从哪里来？又会到哪里去？"的问题也还没有一个确切的结论，但随着人类锲而不舍的努力，我们正在层层剥去掩盖在人类演化历程上的面纱，真相正在慢慢露出端倪……

一、化石中讲述的人类发展通史

从数量角度观察人类：目前全世界有 70 多亿人；根据人的形态特征（如肤色、毛发颜色和形状、鼻的形状、眼部形态特征及眼色等）分析人类：德国学者布鲁门巴赫（J. F. Blumenbach）将人类分为 5 个种族，分别是白种人（高加索人）、黄种人（蒙古人）、黑种人（尼格罗人）、红种人（亚美利加人）和棕种人（马来人）；按照人分布的地理、地域思考人：1961 年加恩（S.M.Garn）将人类划分为 9 个地理族（相当于亚种）和 34 个地方族，9 个地理族分别为美洲印第安人（Amerindians）、波利尼西亚人（Polynesian）、密克罗尼西亚人（Micronesian）、美拉尼西亚－巴布亚人（Melanesian-Papuan）、澳大利亚人（原住民）（Australoids）、亚洲人、印度人、欧洲人及非洲人……这一切看上去都让人们感觉到人类在地球上简直就是一种热闹非凡的生物。但从分类学的角度，人类可能是这个星球上最孤独的生命类型之一：现代人属于智人种，是世界上现存的唯一人种，在生物学上，世界上的人种只有一种，属于哺乳动物纲—灵长目—人科（Hominidae）—人属（Homo）—智人种（Homo sapiens）。

从进化的角度，人类肯定不是凭空产生的，而是经历了漫长的演化发展而来的，研究表明，现代人与现代类人猿（黑猩猩、猩猩、大猩猩）拥有最原始的共同祖先，只不过在演化过程中分异，最终形成了今天的现代人和现代类人猿而已。那么，现代人与现代类人猿的祖先是何时走上不同进化道路的？从最早的祖先到现代的智人，经历了哪些中间的进化阶段，包含哪些中间类型？人类还有哪些直系和旁系的祖先？现代智人的若干人种起源于何时、何地和怎样形成的？……面对这一系列人类生物学进化的重要问题，最直接的办法应该就是寻求化石的帮助了。

在分类学上，现代的人类（即智人）与若干似人的化石祖先构成了灵长目下的人科。因此，在寻找人类祖先、探索人类发展历程的研究中，最重要的工作就是寻找人科的化石，利用这些化石，我们就有机会勾勒出一部完整的人类进化通史。

先来看一张根据化石发现和研究而推断的人科谱系图，如图 15-1 所示。后续内容将围绕该图展开。

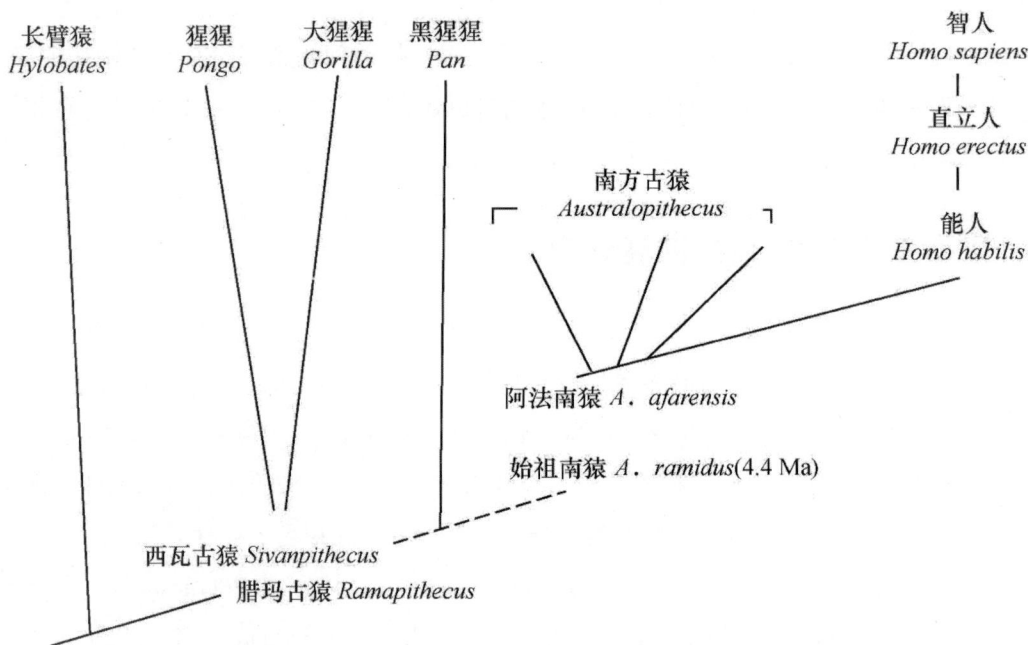

图 15-1　根据化石发现和研究而推断的人科谱系图

1. 人科最早的化石代表

曾经，人类学家认为最早发现于印度的腊玛古猿（Ramapithecus）和西瓦古猿（Sivapithecus）是人科的最早祖先（现在分类上腊玛古猿被归并到西瓦古猿属）。它们生存于中新世 1 400 万～ 900 万年前。西瓦古猿颌骨较粗大，因而有些学者认为它可能不是人科动物，而是猩猩的祖先。而腊玛古猿具有一些人科动物的形态特征，如犬齿退化。腊玛古猿化石在亚洲西南部（中国、巴基斯坦）、中亚（土耳其）以及欧洲（匈牙利）、非洲（肯尼亚）皆有发现。禄丰古猿（Lufengpithecus lufengensis）是发现于我国云南禄丰县的古猿化石，具有较多的人科动物特征，而不同于巴基斯坦和土耳其的腊玛古猿（后者似乎更接近猿）。如果中新世的腊玛古猿和禄丰古猿是人科最早的化石代表，则可以推论人与猿的最早分异发生在 1 400 万年前。但根据某些同源蛋白质分子一级结构的比较及在此基础上建立的分子钟（分子钟是将分子系统学研究与古生物学资料相结合而建立的用于推论生命史上进化事件发生的时间表，其原理详见下一章）的推论，人与猿的分异时间在 600 万～400 万年前。化石及地层年代数据与分子钟数据相差甚远。蛋白质分子进化速率是否恒定尚有问题，我们暂且存疑。最近对于腊玛古猿是否属于人科的最早祖先也有争论，有的学者认为腊玛古猿是人与大猩猩及黑猩猩的共同祖先，因此腊玛古猿和西瓦古猿在人猿超科谱系图上的位置尚难确定。

2. 南方古猿 → 能人 → 直立人 → 智人

比较肯定的人科的早期化石代表是发现于非洲南部与东部的南方古猿（Australopithecus）化石。从 20 世纪 20 年代在非洲南部发现的第一个南方古猿头骨化石到最近在埃塞俄比亚发现的最早的南方古猿化石，前前后后发掘出相当于数百个个体（代表男女老少）的骨骼化石，生存时间从 440 万年前持续到大约 100 万年前。出土的南方古猿化石之丰富堪称人科化石之最，南方古猿生存时间之长也堪称人科中之最。目前所知的南方古猿化石都发现于非洲，最早在非洲南部发现的南方古猿，因形态上的显著差异而被区分为两个种，即非洲南猿（A. africanus）和粗壮南猿（A. robustus），后者比前者粗壮。后来在东非发现的南方古猿被命名为鲍氏南猿（A. boisei），但有的专家认为它实际上也是粗壮南猿。它们生存的时间大约在 300 万年前至 100 万年前。20 世纪 70 年代在埃塞俄比亚的阿法（Afar）地区发现的较老的（约 350 万年前）南方古猿化石被命名为阿法南猿（A. afarensis），其中最完整的骨骼是被称为"露西"（Lucy）的，其具有直立的特征，可能是已确证的最早的直立的人科化石。但 20 世纪 90 年代，在距"露西"出土地不远的地方（埃塞俄比亚的亚的斯亚贝巴市东北 200 km 附近）发现了更老的南方古猿化石，被命名为始祖南猿（A. ramidus），生存年代在 440 万年前或更早。1995 年，古人类学家认为始祖南猿不同于其他南猿，另立新属，叫作始祖阿德猿（Ardipithecus ramidus）。后来还在肯尼亚发现了年龄为 400 万年的古老的人科化石，被命名为阿纳姆南猿（A. anamensis）。始祖阿德猿除了生存年代更早以外，还发现化石埋藏处有大量的树木种子及猴类化石，证明这些人类祖先可能生存于森林环境。始祖阿德猿是否直立，还有待更多的化石发现和研究后才能确定。从形态上说，南方古猿是猿与人特征的混合，其身材与体重大致与现代的黑猩猩相近：头小，脑量为 400 ～ 500 毫升；但从颅内膜形态来看，其脑皮层结构比猿类复杂，与人脑皮层结构相似；颅底结构及枕骨大孔的位置显示头部大体能平衡地保持在脊柱上方，表明其身体已能直立；颜面骨发达且外突，保留着猿的特点；臼齿发达，但犬齿并不高出齿列。阿法南猿的膝部骨骼结构显示出适应直立的特征，但臂与肩胛的结构似黑猩猩，适应于攀缘，可见还未能完全离开树。专家们对进化谱系的分析得出的一般结论是：始祖南猿或阿德猿是目前已知的古猿化石种类最早的共同祖先，由它进化为阿法南猿。非洲南猿、粗壮南猿及鲍氏南猿都来自阿法南猿，但粗壮南猿及鲍氏南猿是人科谱系中的盲枝（已绝灭的线系），也就是人类线系之外的旁系。

　　20 世纪 30 年代在东非坦桑尼亚奥杜威峡谷发现了简单的石器，1959 年在石器出土地点发现了鲍氏南猿头骨化石（当时称东非人）。但一些专家怀疑小脑袋的鲍氏南猿能否制造石器。20 世纪 60 年代在同一地点又发现了颅骨较发达、脑量较大的头骨化石，被定名为能人（Homo habilis）。其后不久，又在其他地点（肯尼亚、埃塞俄比亚）发现了能人化石。能人是最早的人属成员，生存时间大致在 250 万～ 100 万年前，与南方古猿的生存时代重叠。能人的脑量平均为 700 毫升（雌性 500 ～ 600 毫升，雄性 700 ～ 800 毫升），能直立，群居，能制造工具（专家们认为奥杜威峡谷的石器可能是能人制造的）。能人可能是由阿法南猿进化产生的。

　　19 世纪末，荷兰人杜布瓦（E. Dubois）在印尼爪哇发现的头骨和股骨化石被命名为直立猿人（Pithecanthropus erectus）。20 世纪初至 20 世纪末，在印尼几个地点发现了代表男女老少 30 多个个体的化石骨骼，并归于人属，即直立人（Homo erecctus），或称爪哇直立人，其生存时间因同位素年龄测定的误差大，不能精确确定，大致在 200 万～ 50 万年前。1921—1927 年，安特生（瑞典地质学家）和斯坦斯基（奥地利人）在北京周口店洞穴沉积中发现了两颗牙齿，经当时的协和医院医生步达生（加拿大人）鉴定，认为是属于一种介于人与猿的灵长类，定名为北京中国猿人（Sinanthropus pekinensis）。1928—1935 年，裴文中等继续在周口店发掘，1929 年找到了第一块头盖骨。1949—1960 年，又进行了大规模发掘，获得头盖骨 5 个，头骨碎片 15 块，下颌骨 14 块，牙齿 147 枚，代表 40 多个个体。现已将其归入直立人，或称北京直立人（Beijing Homo erectus），其脑量为 915 ～ 1 200 毫升，平均 1 089 毫升（5 个头盖骨统计）。北京直立人的年龄测量数据有多个，大致为 20 万～ 50 万年。20 世纪 60 年代，在陕西蓝田发现了直立人头盖骨，被称为蓝田直立人（Lantian Homo erectus），脑量 780 毫升，生存时间大约为 100 万年前。在云南元谋县发现的牙齿经研究也被归于直立人，称元谋直立人（Yuanmou Homo erectus），在安徽和县发现的头盖骨及牙齿经鉴定也属直立人，称和县直立人（Hexian Homo erectus），它们的生存时间都在 100 万年以上。在非洲、欧洲，也有直立人化石的发现。直立人的脑量比南方古猿和能人有较大的增长，头也相应增大。但头盖骨的结构仍保留较多的猿的特征，如额骨低平、眉嵴发达、颅顶有矢状嵴、颜面突出等，但肢骨很接近现代人。北京直立人能制造较精致的石器，能用火。直立人有原始的社会组织，创造了原始的文化（旧石器文化）。

　　智人（Homo sapiens）是人科中唯一现时生存着的物种。形态上与现代人几乎完全相同的人类化石大致可追溯到 5 万年前，它们被称为晚期智人或现代智人。例如，在中国发现的柳江人（1958 年发现于广西柳江）、资阳人（1951 年发现于四川资阳）、山顶洞人（1930 年发现于北京周口店）等，它们具有黄种人的形态特征。在欧洲发现的晚期智人有姆拉德克（Mladek）人、克罗马农（Cro-Magnon）人、库姆卡佩尔（Combe-Capelle）人，它们多少具有白种人或非洲黑人的一些特征。在非洲也有一些晚期智人化石的发现，如弗洛里斯巴（Florisbad）人、边界洞（Border Cave）人，具有黑人的一些特征。由此可见，晚期智人已经有分异，现代人的人种分异应早于 5 万年前。形态上智人比直立人更接近现代人，但与现代人（或晚期智人）有明显差异的人类化石在亚洲、欧洲、非洲都有发现，年龄最老的接近 30 万年，它们可以被统称为早期智人，是直立人与现代人之间的进化过渡类型。1984 年，北京大学考古系师生在辽宁省营口市附近西田屯的金牛山洞穴沉积物中发现一具人类化石头盖骨及一些脊椎骨、肋骨和肢骨，头骨的形态特征比较接近现代人，颅骨较发达（脑量为 1 390 毫升），枕骨大孔位置较北京直立人更接近颅底。经电子自旋共振法和铀系法测定，其头盖骨化石及同地层埋藏的动物化石的年龄为 20 万～28 万年。这是迄今所知的最老的智人化石。如果年龄测定无大误差，则金牛山人生存年代与北京直立人有重叠。换句话说，较原始的北京直立人在金牛山早期智人出现之时尚未绝灭，从直立人到智人的进化并非单线系，而涉及种形成或线系分支。此外，金牛山早期智人也和北京直立人一样，具有某些蒙古人种的特征，如铲形门齿、颧骨较突出、鼻骨低而宽。在中国发现的早期智人化石还有大荔人（1978 年发现于陕西大荔县）、马坝人（1958 年发现于广东曲江县马坝村）、许家窑人（1976 年发现于山西阳高县许家窑村）、长阳人（1956 年发现于湖北长阳县）以及丁村人（1954 年发现于山西襄汾县丁村）。大荔人头骨化石为成年男性，脑量 1 120 毫升，眉嵴发达，额顶较低矮，似乎更近似直立人。马坝人头盖骨也具有明显的直立人的特征。在欧洲发现的早期智人化石是尼安德特（Neanderthal）人（简称尼人），因最早发现于德国尼安德特河谷而得名。尼人化石分布广泛，但中心在欧洲，往东到亚洲西部，在东亚和东南亚没有发现。生存时代为 20 万～4 万年前。尼人头骨还带有直立人的特征，但脑量达到现代人的水平（成人头骨脑量为 1300～1700 毫升，平均 1500 毫升）。早先认为尼人是白种人的祖先，在晚更新世武木冰期时代居住于欧洲。

但最晚的尼人化石发现于 4 万年前的地层，与欧洲的晚期智人克罗马农人的年代相当。而尼人与克罗马农人形态上显著不同，这说明欧洲的晚期智人并非由尼人线系进化[①]而来。有人认为尼人是智人下面的一个亚种，称之为 Homo sapiens neanderthalensis，是适应于武木冰期（最近的一个冰期）严寒气候的一个特殊的地方亚种，冰期之后绝灭，被晚期智人取代。克罗马农人可能是从另一条线系进化而来。

3. 化石中关于现代智人种的起源及人科谱系

同属于智人种的现代人的不同种族究竟形成于何时、何地，起源于哪一支线系，从化石证据中仍然很难弄清楚。由于涉及早期人类进化谱系的多数化石证据来自非洲，因而早先学者们多倾向于这样的观点，即认为现代智人种的起源地在非洲。现代智人种在非洲进化到某个阶段后扩散到世界各地。但最近的一些研究结果对上述观点提出了疑问。早先未能确定在印尼发现的爪哇直立人的年龄，最近应用改进的技术重新测定了 20 世纪六七十年代在印尼桑吉兰地区发现的直立人化石的年龄，确定为 166 万年左右；重新测定 30 年代在印尼莫佐克托发现的直立人（小孩）头骨化石的年龄，确定为 180 万年左右。这个数值与非洲最早的直立人的同位素年龄值相近，中国最早的直立人，如蓝田直立人，其年龄也在 100 万年以上。这说明 180 万年前直立人的分布已不限于非洲了，或者说人类祖先早在 180 万年前就离开非洲。中国金牛山早期智人的年龄达到 28 万年，而且金牛山人具有黄种人（蒙古人种）的形态特征，这说明现代智人的不同种族可能是在不同地区因地理隔离而分别进化产生的。

按照单线系观点，同一时期不可能有多个人科物种存在；按照多线系观点，多个物种可能同时存在。新近的研究结果支持后一种观点。例如，南方古猿中有多个物种同时存在，南猿与能人生存期重叠，早期直立人与能人甚至南猿的生存期重叠，北京直立人与金牛山早期智人的生存期可能有部分重叠。这表明，在人科谱系中，一个新种产生以后，某些老的种并未立即绝灭，如图 15-2 所示。

关于化石为我们讲述的人类发展通史，可以从两方面分析：一是垂直进化分析，即从直立程度、脑量及其他形态特征判断从人科最早的化石祖先到现代智人的进化过程经历了哪些中间阶段；二是水平进化分析，即研究人科谱系是一个单线系，还是包含若干分支的线系丛。换句话说，人类起源的研究中，一个重要的争论问题就是关于人科谱系的结构与

---

① 线系进化：如果以时间（通常是地质时间，以 Ma 为单位）为纵坐标，以进化的表型改变（如形态变化）的量为横坐标，在这个坐标系中，某一瞬时存在的物种相当于坐标中的一个点；这个物种随时间世代延续，则在坐标系中构成一个由该点向上延伸的线，这条线就叫作线系。线系是物种在空间和时间两个向度上的存在。如果该物种随着时间推移而发生表型的进化改变，那么代表该物种的线系在坐标中发生倾斜（朝某个方向），在一个线系之内发生的表型进化改变叫作线系进化，线系倾斜度代表该线系的线系进化速率。

组成问题。一些学者侧重于垂直进化研究，并且主张人科谱系是单线系，人类起源和进化是线系进化过程。而实际上，从人科最早祖先到现代智人的进化过程中涉及了一些种形成（分支）和绝灭事件，因而人科谱系不是一条简单的线索，而是有分支、有盲支的复杂的谱系。从人科化石资料来看，南方古猿以前的化石资料不足，一些问题远未弄清，南方古猿以后的化石资料相对丰富一些，我们大体上了解了现代智人进化起源可能经历的几个中间阶段，如表5-1所示。

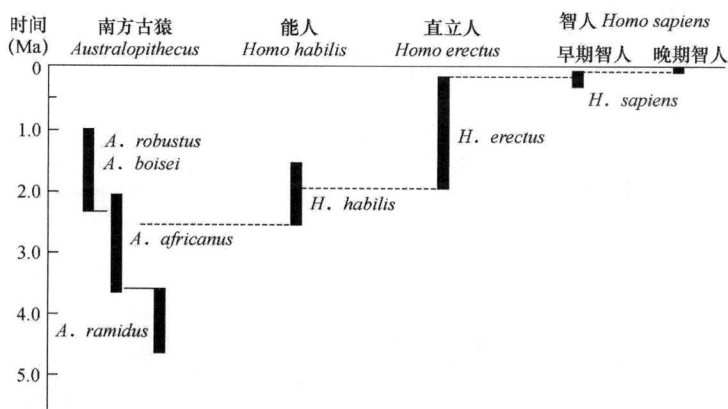

图 15-2　人科化石的生存时间分布

表 15-1　人类谱系各成员的形态测量值

种	生 存 时 代	估计体重（成年）	脑　　量	身高（成年）
南方古猿 *Australopithecus*				
始祖南猿 *A.ramidus*	440 万～ 100 万年前	20 ～ 25 千克	430 ～ 485 毫升	110 ～ 140 厘米
非洲南猿 *A.africanus*				
阿法南猿 *A.afarensis*				
能人 *Homo habilis*	250 万～ 100 万年前	？	$\begin{cases} ♀: 500 \sim 600 \text{ 毫升} \\ ♂: 700 \sim 800 \text{ 毫升} \end{cases}$	？
直立人 *Homo erectus*	180 万～ 20 万年前	约 60 千克	700 ～ 1 100 毫升	约 160 厘米
智人 *Homo sapiens* 早期智人	28 万～ 4 万年前	约 60 千克	1 300 ～ 1 500 毫升	约 165 厘米
晚期智人	4 万年前至今			

二、"基因组"中讲述的人类发展通史

化石的发现和研究为人类的演化发展提供了最有说服力的依据。可是化石能给我们讲的，还只是故事的第一段。它的发生年份，还只能借助发现那个化石的地质年份和物理参数（放射线的定时衰减）等非生物学的推论。那么，怎么让化石开口给我们讲更多、更动

听的真实故事呢？当前，关于人类演化发展的最直接且最可靠的研究是基于"全基因组古DNA测序"的考古组学（Paliaomics）。通过对化石中残存的痕量DNA进行基因组测序（痕量往往以纳克甚至皮克为单位进行计量），获得DNA序列所蕴藏的人类进化过程的生命奥秘。

同样，也先来看一张通过人类基因组研究而获得的人类发展通史图谱，如图15-3所示。

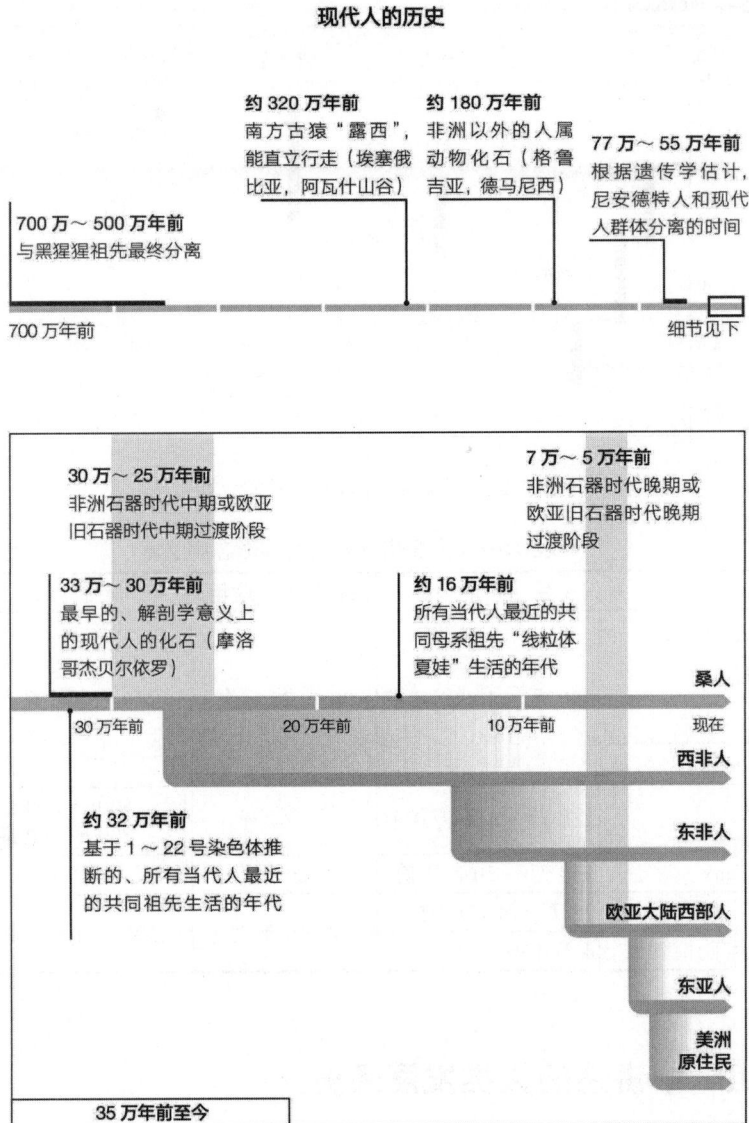

图 15-3　通过人类基因组研究而获得的人类发展通史图谱

1. 全基因组古DNA测序为人类进化研究带来的新发展

要理解遗传学为什么能够揭示人类的过去，就先要了解基因组是怎样记录信息的。所谓基因组，就是我们每个人从父母那里继承而来的所有遗传密码的集合。我们知道，细胞中大部分的生理活动都需要蛋白质来执行，基因（Gene）就是组装这些蛋白质的模板。我们所说的基因指的是 DNA 分子上的微小片段，通常每一段包含大约 1 000 个字母（即碱基对）。在 DNA 分子上，基因与基因之间是未经编码的、没有意义的片段，有时也被称作"垃圾 DNA"。通过使用某些仪器，我们可以启动 DNA 片段上的化学反应，当这种化学反应沿着 DNA 序列发生时，会依次发出特定的光亮，每个字母 A、C、G 和 T 发光的颜色都是不一样的，如此一来，再加上一个相机，我们就可以将字母的顺序扫描到计算机了。

虽然绝大多数科学家关注的主要是每一个基因中包含的生物学信息，但需要注意的是，DNA 序列之间也偶尔会存在一些差异。这些差异是由于过去某个时刻在基因组复制的过程中发生的随机错误所导致的，这种随机错误就是突变，如图 5-4 所示。

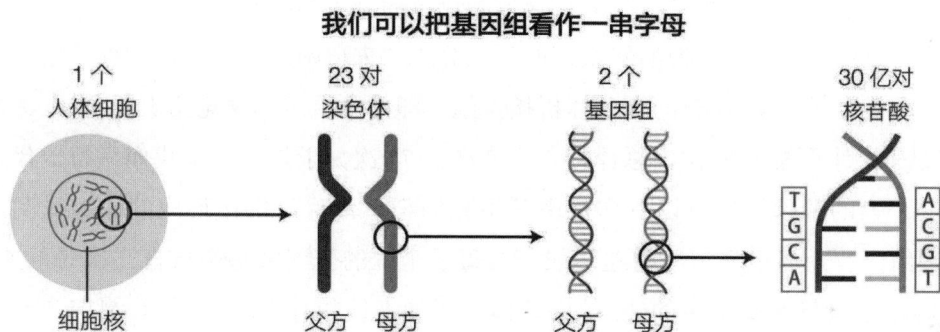

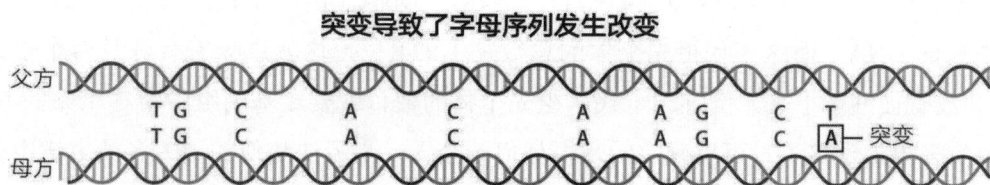

图 15-4　基因组和突变

这些差异发生的概率大约是每 1 000 个字母发生一次，在基因和"垃圾"序列中同样存在。正是这些差异使得遗传学家可以去探索过去的事件。不相干的基因组之间在总共大约 30 亿个字母中通常会存在 300 万个不同之处。由于遗传突变累积的速率或多或少是恒定的，两个基因组之间在任一片段上的差异密度越大，说明这两个片段距离最近共同祖先的时间就越长。所以，差异密度就是一个生物计时器，记录了历史上的某一个关键事件是在多久以前发生的。

人类基因组包含大约 30 亿对核苷酸，均可以利用字母来表达：A（腺嘌呤）、C（胞嘧啶）、G（鸟嘌呤）和T（胸腺嘧啶）。两条对齐的字母序列中大约99.9%是相同的，但最后剩下的0.1%是不同的，从这些不同中可以反映出突变累积所花的时间。通过这些突变，人们可以辨识出两个人之间亲缘关系的远近。同时，这种突变也精确地记录了历史上的信息。

在人类的基因组中，包含许多不同的人类祖先的来龙去脉一事关成千上万的、独立演化的支系。对人类基因组的研究让我们认识到，基因组并不是来自某一个祖先的连续序列，而是由多个不同祖先的基因组经过重新组合而形成的。人体细胞内的46条染色体各自携带着独立的DNA长链，它们就像46块瓷砖一样拼接在一起。一个基因组内包括23条染色体，每个人从父母那里各自继承了一个基因组，所以染色体数目总计46个。但是，染色体本身也是由更小的单元拼接组成的。例如，一位女性的一个卵细胞在卵巢里的发育过程中发生了染色体的拼接重组，将来自父方和母方的染色体副本混合在一起，结果是卵子中染色体的前三分之一来自她的父亲，而后三分之二来自她的母亲。在女性产生卵子的过程中，平均会出现约45次新的染色体拼接重组（即同源重组，详见第十四章），男性产生精子的过程中则平均有26次，总计每一代会产生71次。于是，如果我们从每一代人开始回溯，一个人的基因组就可以看作是由其祖先的染色体片段拼接形成的。这说明，在我们的基因组内有众多祖先留下的遗传成分。每一个人的基因组都来自自己携带的47段DNA，也就是来自母亲和父亲的46条染色体，再加上线粒体DNA。向前倒推一代，这个数字成了从父母那里遗传得到的约118段（47+71=118）DNA。倒推两代，就变成了从4个祖父母那里得来的约189段（47+71+71=189）DNA。倒推十代，就是约757段从祖先那里来的DNA，而这一代祖先个体的总数是1 024位，这就意味着有好几百个祖先的DNA并没有被继承下来。倒推二十代，祖先个体的数目就要比基因组中留存下来的DNA片段数量多出上千倍了。可以确定的是，任何一个人，都无法从他的绝大多数家谱中的祖先那里继承哪怕是一点点的DNA，如图15-5所示。

每回溯一代人，祖先的数目就加倍。然而，能对你产生遗传贡献的DNA片段在每一代中只增加大约71个。这意味着，如果追溯到八代或者更多代以上，几乎可以肯定有一些祖先的DNA没有遗传给你。追溯到十五代，某个祖先能直接对你的DNA做出贡献的比例就微乎其微了。

这样的计算结果表明，如果要给一个人建立家谱，从历史记录中得到的结果和从实际基因组传承中得到的结果是不一样的。回溯的时间越长，一个人的基因组就被分散到越来越多的祖先DNA片段中，涉及的祖先人数也会越来越多。如果追溯到5万年前，我们的基因组将会分散到超过10万个祖先的DNA片段上去，这个数字可比当时任何一个人群的人口数量都要多。所以，对于那些生活在遥远过去的个体，只要他们的后代数目足够多，我们都几乎可以肯定，现在的每一个人都从他们那里继承了部分 DNA。

全基因组中的故事更加丰富多彩

Y 染色体和线粒体 DNA 只能反映完全由父系或母系传承的信息（图中虚线所示）。
全基因组则携带大量其他祖先的信息。

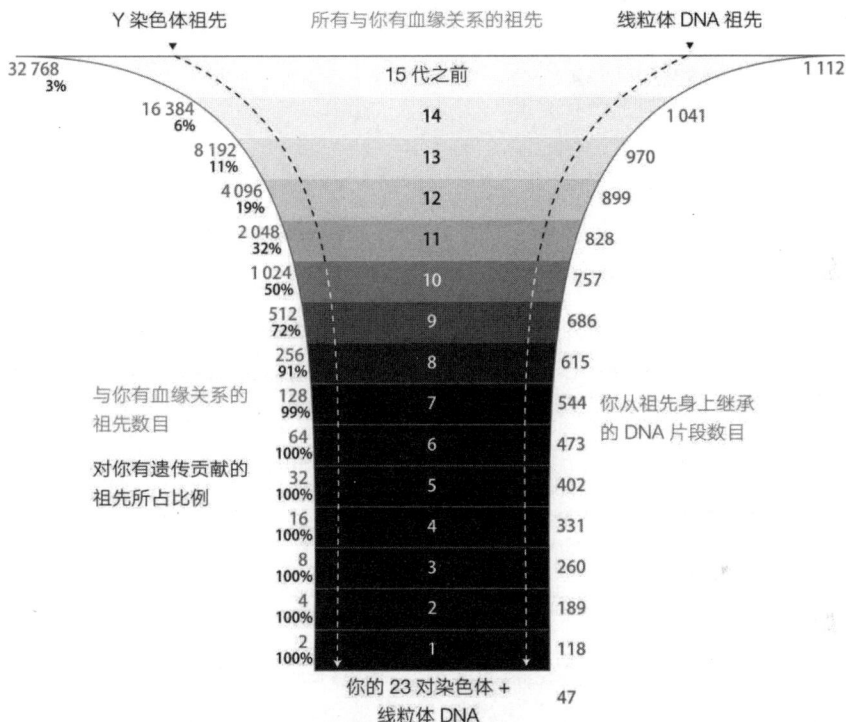

Y 染色体祖先	所有与你有血缘关系的祖先	线粒体 DNA 祖先

与你有血缘关系的祖先数目 / 对你有遗传贡献的祖先所占比例	代数	你从祖先身上继承的 DNA 片段数目
32 768 / 3%	15 代之前	1 112
16 384 / 6%	14	1 041
8 192 / 11%	13	970
4 096 / 19%	12	899
2 048 / 32%	11	828
1 024 / 50%	10	757
512 / 72%	9	686
256 / 91%	8	615
128 / 99%	7	544
64 / 100%	6	473
32 / 100%	5	402
16 / 100%	4	331
8 / 100%	3	260
4 / 100%	2	189
2 / 100%	1	118
你的 23 对染色体 + 线粒体 DNA		47

图 15-5　绝大多数祖先没有直接对你的 DNA 做出贡献

在众多的遗传支系中追踪历史、寻幽探微，这种做法威力无穷。我们可以将人类的基因组看作一幅挂毯，上面的每一丝都代表着某一个遗传谱系，每一缕都记录着人类从古至今、代代相传的 DNA。通过条分缕析，我们能追溯到遥远的过去，越来越多的祖先会现身说法，向我们诉说每一代人类群体的规模和组成结构。

2011 年，李恒和理查德·德宾（Richard Durbin）发表了一篇论文，他们表明，从一个人的基因组中的确可以挖掘出众多祖先的信息，如图 15-6 所示。为了从 DNA 中解码出一个人群的发展历史，李恒和德宾利用了这样一个事实：任何一个人类个体携带的基因组都不是一个，而是两个，一个来自父亲，一个来自母亲。所以，通过计算一个人的两个基因组之间差异的密度，就可以推断这两个基因组在不同位置上的共同祖先所存在的时间。把基因组内成千上万的共同祖先按照他们所存在的时间划分，李恒和德宾就推导出不同时代的祖先人群的大小。在一个规模较小的人群中，两个随机选择的基因组序列来自相同的亲本基因组序列的概率还是很可观的，只要携带这对基因组序列的两个个体正好有同样的父母就可以。然而，如果人群规模比较大，那这种概率就微乎其微了。所以，只要能找到基因组很多位置的共同祖先集中分布的时间段，就说明那个时候人类的群体规模较小。李恒和德宾的努力，说明一个人的基因组内能记录众多祖先的历史，一个人身上能承载一个人群的过去。

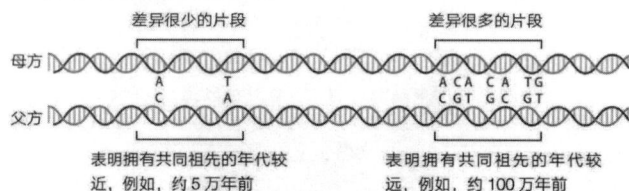

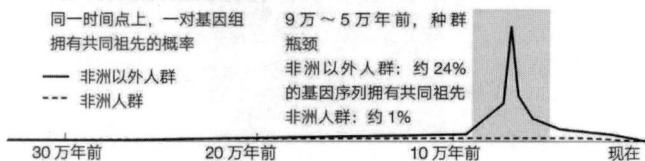

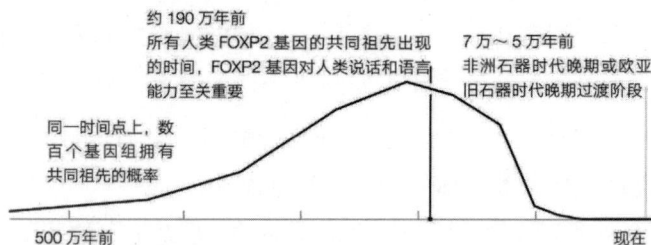

图 15-6　确定人类遗传学共同祖先出现的时间

　　李恒和德宾的研究还有一个意想不到的发现——在非洲以外人群和非洲人群分离之后，非洲以外人群的规模曾经在较长的一个时期内变得很小，其证据是在这个长达几万年的时间段内存在着许多共同祖先。这个发现本身并不新鲜，以前的化石证据就已经告诉我们非洲以外人群历史上发生过一次人群瓶颈事件（Bottleneck event），也就是历史上人口突然减少的事件，当时的少数个体衍生出今天大量的后代。但是，在李恒和德宾的研究之前，我们对这一事件的跨度只有一个很模糊的认识，而且之前认为该阶段也就是持续了几代人的时间而已，比如说，一小群人越过撒哈拉大沙漠进入了北非，或者从非洲进入了亚洲。人们原来曾设想，大约 5 万年前以后，现代人就开始势如破竹地在非洲内外迅猛扩张，而李恒和德宾发现的证据则与此不符，我们祖先的人口规模在很长的一段时间里都很小。现代人的历史也许没有这么简单，并不是一伙占据优势地位的现代人群体无往而不利的故事。

全基因组古 DNA 测序研究使我们得以重新审视人类生物学，并且更加细致地重建人类历史。2016 年，大卫·赖克（David Reich）和他的同事改进了李恒和德宾的方法，并将世界各地的人群和现代人系谱图中最早的一个分支进行了比较。这个分支对现存的一个人群有着很大的遗传贡献：非洲南部桑人采猎者的血统中最大的那部分就来自该分支。这项研究告诉我们，桑人和非桑人的分离在大约 20 万年前开始，并在不晚于 10 万年前的时候完成。其中的证据在于，将桑人和非桑人区分开来的遗传突变的密度自始至终都很高，暗示着在过去的 10 万年里，桑人和非桑人的共同祖先数目非常少。类似地，他们的研究同样可以证明，来自中非森林的"袖珍人"（Pygmy，俾格米人）群体的血统也非常独特。也就是说，这些独特的人群都是从极其久远的时代就开始与世隔绝了。之前的假说认为，在欧亚旧石器时代晚期和非洲石器时代晚期之前的很短时间内爆发的独特的现代人行为（如掌握概念性语言）是由个别的遗传突变导致的，但大卫团队的研究说明这个假说与事实是矛盾的。假如在这个时间段内真有一个关键性的遗传突变出现了，那么如今，这个遗传突变的频率在某些人群里，也就是在那个突变发生的人群的后代人群里应该非常高，而在其余的人群中应该没有或者占比很低，但这显然与现实情况有悖，毕竟当今所有的现代人都能够掌握概念性语言，也都在按照现代人的方式创新着自己的文化。

通过全基因组古 DNA 测序的方法研究人类的进化史还处于初级阶段的水平，其中还有很多问题有待我们进一步解决。比如，通过比较基因组序列的方法来获取古代历史信息具有一定的局限性，对于基因组里的每一个位置，只要我们往回追溯的时间足够悠久，那么一定能碰到一个节点，这个节点就是当今所有个体的共同祖先，超过了这个节点我们就无法再获得更久远的信息了。从这个角度来看，基因组中每个位置上的共同祖先就仿佛是天体物理学中的黑洞，一旦到了这个节点就没有信息可以从中逃逸了。从目前的研究发现，人类基因组中绝大多数的"黑洞"发生在 500 万～100 万年前。但是如果要往更前看，那就只有漆黑一片了。也是因为这个原因，基因组研究迄今为止取得的巨大成就主要集中在帮助我们了解人类迁徙的历史（主要是 100 万年内的），而更远时间的人类进化我们还只能依靠传统的化石研究进行推测。即便如此，全基因组古 DNA 测序的研究还是为我们开创出了一片全新的天地，也获得了不少丰硕的成果，接下来要和大家交流的"一根指骨里找出来的丹尼索瓦人"和"东亚人的基因组起源"就是基于基因组研究所获得的重要成果。

2. 一根指骨里找出来的丹尼索瓦人

2008 年，俄罗斯考古学家在西伯利亚南部阿尔泰山脉的丹尼索瓦洞穴（Denisova Cave）中挖出了一小块指骨。骨头上的生长板尚未闭合，说明它来自一个儿童。后来通过从骨头上提取出的线粒体 DNA 判断出这根指骨可能属于一个我们从未记录过的古老型人类群体，并且这个群体的身份扑朔迷离，没有骸骨，也没有工具制作的风格可供参考。幸运的是，这根来自丹尼索瓦洞穴的指骨居然是当时保存得最为完好的古 DNA 样本之一，其上携带灵长类 DNA 的比例高达 70%，从这块骨头上可以获得大量的全基因组数据（而不仅仅是线粒体 DNA）。

德国的斯万特·帕博（Svante Pääbo）和美国的大卫·赖克共同分析了这些数据，结果发现，尼安德特人和丹尼索瓦岩洞中出土的新人类种群之间关系不同一般，其亲近程度超过了他们两者中任何一个与现代人之间的关系。研究者估计尼安德特人和丹尼索瓦洞穴所发现的人的祖先种群分离的时间是 47 万～ 38 万年前，而这两种古老型人类的共同祖先种群和现代人的分离时间则是 77 万～ 55 万年前。这样的研究结果表明，虽然丹尼索瓦洞穴所发现的人是尼安德特人的近亲，但两者还是有着千差万别的，丹尼索瓦洞穴中的人确实是一个新的种群。这个新的种群最终被命名为 Denisovans，即丹尼索瓦人，这是以首次发现他们的岩洞来命名的。

长期以来，人们一直在为尼安德特人是否构成了一个与现代人相分离的物种而争论不休。有些专家将尼安德特人认定为人属（Genus Homo）下的一个单独的物种，并将其命名为 Homo neanderthalensis。而另外一些专家则将其归类为现代人（智人）下的一个亚种，并将其命名为 Homo sapiens neanderthalensis。如果要把两个群体划分为不同的物种，往往是基于以下假设：这两个群体之间没有发生过杂交混血。但通过基因组的比较分析我们已经知道，尼安德特人曾经与现代人类成功地发生过杂交混血，而且还发生过多次，这样一来，尼安德特人是一个单独的物种的论点就被削弱了。那么，数据表明丹尼索瓦人是尼安德特人的近亲，既然我们不确定尼安德特人是否该被定义为一个单独的物种，丹尼索瓦人也应该存在同样的问题。对那些已经灭绝的种群，判断其是否足够独特到可以给出一个独一无二的物种名称，传统上我们是看骨骼形状，而丹尼索瓦人的遗骸恰恰很少，因此，我们只能借助全基因组序列了。借助全基因组序列，大卫团队检验了丹尼索瓦人是否与某些当代人群的亲缘关系更近，结果让人如获至宝。从遗传学上来看，丹尼索瓦人与新几内亚人的关系比与其他欧亚大陆的人群要稍微近一些，这表明新几内亚人的祖先曾经与丹尼索瓦人发生过混血，如图 15-7 所示。

图 15-7 尼安德特人和丹尼索瓦人的血统所占比率

从丹尼索瓦洞穴到新几内亚的距离足足有 9 000 千米，而且新几内亚和亚洲大陆之间还隔着大海。新几内亚的气候条件很大程度上属于热带，跟西伯利亚的严冬比起来，简直就是天上地下。很难想象，一种适应了某一个环境的古老型人类能够在另一个截然不同的环境里蓬勃发展。那么，面对如此的反差，又应该如何解释遗传学上已经证明的"混血"呢？更多的研究证据表明，丹尼索瓦人存在非凡的多样性，他们内部之间的差异远超现代人类群体之间的差异，因此，我们可以这样设想：丹尼索瓦人是一个广义的人类类别，其中一支演化成了与新几内亚人混血的古老型人类的祖先（我们可以给他取个临时的名字——南方丹尼索瓦人），另一支则演化成了西伯利亚丹尼索瓦人。鉴于这两个种群之间的关系比较远，他们可能有不同的适应环境的性状，这也就可以解释他们如何在不同的气候条件下蓬勃发展。很可能还有其他的丹尼索瓦人分支有待我们进一步发现。

1907 年，在德国海德堡发现了一具大脑袋的骸骨，大概有 60 万年历史，他有可能就是现代人和尼安德特人的共同祖先，这实际上意味着他也是丹尼索瓦人的祖先。通常，海德堡人（Homo heidelbergensis）既被视为欧亚西部人种，也被看作一个非洲人种，但一般不会把他看作欧亚东部人种。然而，来自丹尼索瓦人的遗传学证据表明，或许在欧亚大陆东部，海德堡人的支系也有着非常悠久的历史。发现丹尼索瓦人的重要意义之一，就是将欧亚大陆东部推到了人类演化的舞台中央的位置。

在更好的数据和更精密的技术支持下，科学家们发现在亚洲大陆上也能找到一些丹尼索瓦人相关的血统，在东亚人中，丹尼索瓦人相关的血统比例大约是新几内亚人的1/25——总计占东亚人基因组的0.2%。在南亚人中，这个比例上升到了0.3%～0.6%。基于最新基因组数据的发现中，最为引人注目的发现之一就是调节人体红细胞的一个遗传突变，这个突变可以帮助居住在高海拔地区的人更好地适应缺氧的环境。拉斯马斯·尼尔森（Rasmus Nielsen）及其同事已经证明，发生这个突变的DNA片段与西伯利亚丹尼索瓦人的基因组匹配得最好。这表明，亚洲大陆上的某些与丹尼索瓦人有血缘关系的人群已经产生了对高海拔的遗传适应，而这个具有适应性的遗传突变通过混血被西藏人的祖先继承了。考古学的证据表明，青藏高原的第一批居民在4万年前以后就季节性地生活在这里了，而以农业为基础的永久性定居则是从大约3 600年前开始的。该遗传突变的频率很有可能是在这两个时间点之后才迅速增加的，也就是说，现代人与丹尼索瓦人的混血帮助了现代人适应新的环境。

遗传学的证据显示，现代人的祖先有可能曾经在欧亚大陆上度过一段相当长的演化时光。这与玛丽亚·马蒂农－托里斯（María Martinón-Torres）和罗宾·丹尼尔（Robin Dennell）提出的理论是一致的。他们的观点在考古学和人类学领域里属于少数派，但同样值得重视。他们认为，在西班牙阿塔普尔卡（Atapuerca）发现的有着100万年历史的先驱人（Homo antecessor）身上存在一系列的混合特征，表明他们来自一支现代人和尼安德特人的共同祖先种群。他们主张，从至少140万年前起到80万年前现代人和尼安德特人的最近共同祖先的出现，欧亚大陆上可能存在着持续性的人类定居活动，而就在80万年前以后的某个时间点，有一个支系迁徙回了非洲，并演化成现代人。

2019年，张野和黄石根据古DNA基因组的研究，提出了现代人东亚起源的可能。越来越多的基因组研究成果告诉我们，欧亚大陆很有可能也是一片人类演化的中心地带。

3. 东亚人的基因组起源

东亚这片涵盖了中国、日本、东南亚等各地的巨大地理区域，是人类演化的重要舞台之一。它拥有这个世界上超过三分之一的人口和差不多同样比例的语言种类。它是至少19 000年前陶器诞生的地方。它也是至少15 000年前人类迁徙进入美洲的起点。它更是大约9 000年前一个独立的农业发源地。化石证据告诉我们，东亚作为人类的家园至少有着170万年的历史，这是中国已知的最古老的直立人遗骸的年龄。 在印度尼西亚发掘出来的最古老的人类化石也有着同样悠久的历史。古老型人类从那个时候起就一直生活在东亚。

关于东亚人群的古 DNA 基因组研究刚刚起步，但即使如此，相关研究还是给了我们不少惊喜。关于当今东亚人群的第一个大规模基因组调查结果是在 2009 年发表的，这个调查涵盖了来自大约 75 个群体的近 2 000 人。其中的一个调查结果得到了研究人员的特别关注：东南亚的人类遗传多态性比东北亚的要更高一些。

如何解释这一多态性的不同呢？

2015 年，王传超与大卫团队合作分析了一份数据：来自大约 40 个中国人群的、大约 400 个现代个体的全基因组数据。经过综合比较分析后，他们发现当下的绝大多数东亚人的血统可以用三个群组来描述。第一个群组的核心人群来自黑龙江流域，也就是当今中国东北部与俄罗斯的国界线区域。这个群组包含了从黑龙江流域获得的古 DNA。所以，这个区域的居民在过去超过 8 000 年的时间里，都保持着遗传上的相似性。第二个群组的主要人群来自青藏高原，也就是喜马拉雅山以北的大片区域。这片区域的大多数地方的海拔都比欧洲的最高峰阿尔卑斯山还要高。第三个群组的主要人群来自东南亚，而且最具代表性的人群是中国大陆沿岸岛屿，如海南和台湾地区的原住民。在经过更进一步的研究比对后，他们提出了一个人群历史模型：当今绝大多数东亚人的现代人血统基本上来自很久之前便分离开的两个支系的混血，只是不同人群的融合比例不同而已。这两个支系的成员往各个方向扩张，他们相互之间，以及他们与其他遇见的人群间的混血，铸造了当今东亚的人群结构。

那么两个支系的古老型人类又来自于哪里呢？答案就是：中国。中国是世界上为数不多的独立的农业起源地之一。考古证据表明，从大约 9 000 年起，农民便开始在中国北部黄河流域的风沙沉积物里种植谷子以及其他作物了。大约在同一时期，在南边的长江流域，另一群农民也开始种植包括水稻在内的农作物。长江流域的农业文明沿着两条路线往外扩张：一条大陆路线，在大约 5 000 年前到达了越南和泰国；一条海洋路线，在差不多同样的时间到达了中国台湾。在印度和中亚，中国农业文明和近东起源的农业文明发生了第一次碰撞。当今的语言分布也暗示了历史上可能的人群迁徙。当今东亚大陆上的语言至少可以分成 11 个语系：汉藏语系、傣－卡岱语系（Tai-Kadai，也称侗傣语系）、南岛语系、南亚语系、苗瑶语系（Hmong-Mien）、日本语系（Japonic）、印欧语系、蒙古语系（Mongolic）、突厥语系（Turkic）、通古斯语系（Tungusic，也称满－通古斯语系），以及朝鲜语系（Koreanic，也称韩国语系或者高丽语系）。考古学家彼得·贝尔伍德（Peter Bellwood）主张前 6 个语系是东亚农业文明往外扩张、传播他们的语言的结果。虽然当下从遗传学角度获得的关于东亚久远人群历史的知识非常有限，但王传超和大卫团队还是从现有的少数古 DNA 数据和当下人群的遗传多态性数据里得到了新的认识。

他们发现在东南亚和中国台湾，许多人群的全部或者绝大多数祖源都来自一个同质化的祖先群体。因为这些人群的地理分布恰好跟长江流域水稻种植文化往外扩张的区域重合，据此他们提出一个假说，认为这些人群就是历史上开创了水稻种植文化的人的后代。虽然还没有来自长江流域首批农民的古 DNA，但是他们猜测，人类进化史上应该存在有一个"长江流域幽灵群体"，这个"幽灵群体"便是为当下东南亚人群贡献了绝大多数血统的祖先群体。

汉族人是世界上人口最多的群体，拥有超过 12 亿人口。但是研究发现，他们并不是"长江流域幽灵群体"的直接后代。相反，汉族人有很大一部分血统来自另外一支——很久远以前就分化出去的东亚支系。北方汉族人有更多的血统来自该支系。这个发现也跟2009 年以来的另外一个发现相吻合，即汉族人内部有一个微小的从北到南的梯度性差异。如果历史上汉族人的祖先从北往南扩张，并沿途与当地人发生混血，那么以上发现的那些模式就可以得到解释。当王传超建立起关于东亚久远人群的历史模型时，他发现汉族人和藏族人都有很大一部分血统来自同一个祖先群体。这个群体独立的、纯种的血统已经不复存在，而且这个群体对许多东南亚人群并没有遗传贡献。基于考古学、语言学和遗传学的综合证据，王传超和大卫团队把这个祖先群体叫作"黄河流域幽灵群体"。他们的假说认为，这个群体在黄河流域开始了农业文明并传播了汉藏语系的语言。

东亚的人群历史有着一层又一层的人群迁徙和混血事件，现代人群的遗传多态性模式就是这些复杂历史事件综合的结果。一旦中国平原上的核心农业群体，也就是长江与黄河流域的"幽灵群体"形成，他们便开始往各个方向扩张，跟此前几千年里先到达的当地群体发生混血，如图 15-8 所示。

青藏高原上的人群便是这种扩张的例子之一。他们大约三分之二的血统来自"黄河流域幽灵群体"，很有可能就是该群体首次把农业带到了该地区。他们另外三分之一的血统来自另外一支久远的东亚支系，很有可能就对应着青藏高原上的原住民采猎者。另外一个混血的例子是日本人。在上万年的历史时间里，采猎者都占据着日本群岛。但是在大约2 300 年前，日本群岛开始出现了东亚大陆衍生出来的农业文化，这种文化跟同时代朝鲜半岛上的文化有着非常明显的相似性。据遗传学数据确认，农业文化到达日本群岛是人群迁徙的结果。斋藤成也（Naruya Saitou）及其同事建立了一个人群历史模型，把当下的日本人群模拟成两个古老的、分化程度很高的东亚群体的融合体。其中一个古老群体跟当下的朝鲜半岛上的人紧密关联，而另外一个古老群体跟今天的阿伊努（Ainu）人紧密关联。阿伊努人现在仅分布在日本最北边的岛屿上，他们的 DNA 与农业文明到来以前的采猎者的 DNA 非常相似。通过斋藤成也的人群历史模型，可以推断出当下日本人的血统有大约

80% 来自农民祖先群体，而剩下的 20% 来自采猎者祖先群体。根据现在日本人基因组里的来自农民祖先群体的 DNA 片段的大小，斋藤成也推断，农民祖先群体和采猎者祖先群体发生混血的平均时间是在大约 1 600 年前。该时间远远晚于农民群体首次到达日本的时间，意味着在农民群体到达后，两个群体之间的隔离持续了几百年。该时间也对应着日本的古坟时代，正是在这个时代，许多日本岛屿第一次被纳入统一的中央政权之下，也许就是从那个时候开始，不同人群开始了普遍的混血，并最终形成了我们今天所观察到的相对同质化的日本人群。

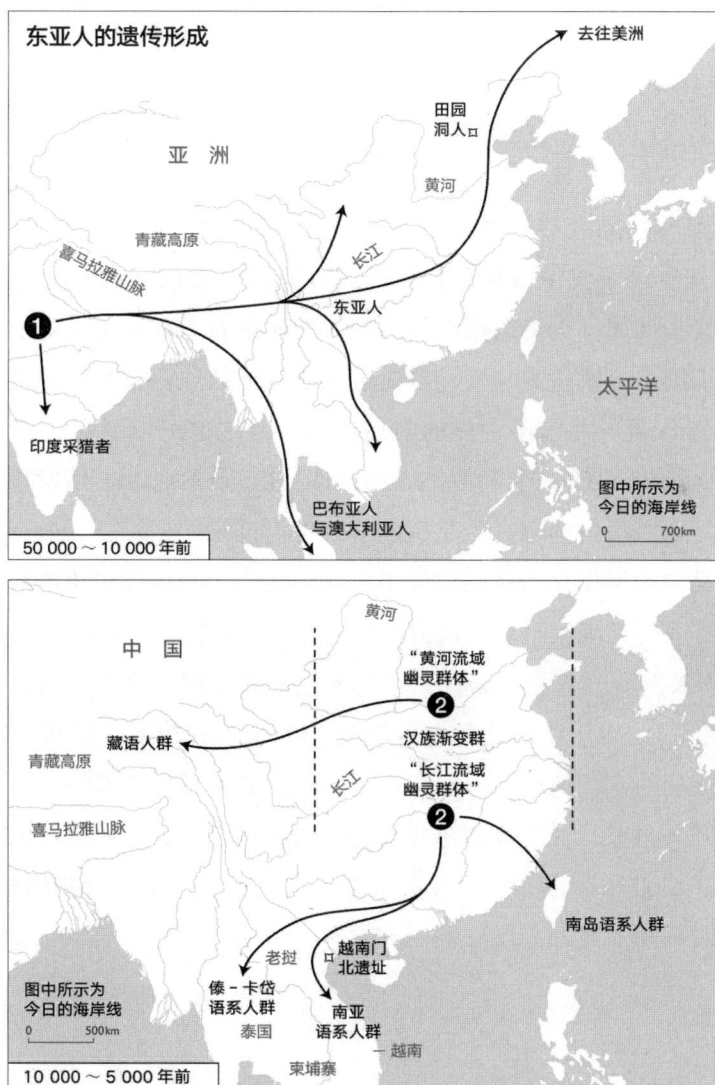

图 15-8　东亚人的遗传形成

古 DNA 也揭示了东南亚大陆上久远的人类历史。2017 年，大卫的实验室从来自越南门北（Man Bac）遗址的古人类遗骸中提取了DNA。在这个有着近4 000年历史的遗址中，具有不同形态学特点的遗骸紧挨着埋葬在一起，有些遗骸的特点与长江流域的古代农民群体以及当下的东亚人很相似，有些遗骸则更接近于该地此前历史时期里的采猎者。大卫实验室的研究人员马克·利普森（Mark Lipson）发现，他们收集到的所有古越南人样本都是一支很久远以前就分离出去的东亚支系与"长江流域幽灵群体"之间混血的结果，而且门北遗址里的部分农民明显拥有更多的来自"长江流域幽灵群体"的血统。另外，这两种血统的相对比例在门北农民群体里与在当下一些偏远地区的南亚语系群体里非常类似。这些发现都支持这样一个理论：当今南亚语系的分布，是来自中国南部的种植水稻的农民祖先群体往外扩张传播的结果，这些祖先群体在扩张的过程之中还与当地的采猎者群体发生了混血。一直到今天，柬埔寨和越南的许多南亚语系群体都还携带有少量但非常明显的采猎者血统。

带动南亚语系传播的人群扩张所留下来的遗传痕迹，不仅仅存在于当今使用南亚语系的地方。在另外一项研究中，利普森发现这种遗传痕迹也存在于印度尼西亚的西部地区。该地区的语言主要属于南岛语系，但当地人的血统有一部分跟大陆上的南亚语系人的来源一样。利普森的这一发现意味着，首先进入印度尼西亚西部地区的很有可能是南亚语系人，然后才是遗传组成非常不一样的南岛语系人。这也可以解释之前语言学家亚历山大·阿迪拉（Alexander Adelaar）和罗杰·博朗斯（Roger Blench）所发现的一个现象——在婆罗洲岛的南岛语系语言里存在着从南亚语系里借过来的词汇。另外一种解释利普森的发现的可能理论是，使用南岛语系的农民祖先群体在迁徙的过程中绕道经过亚洲大陆，在那里与使用南亚语系的当地人群发生混血，然后进一步迁徙到达印度尼西亚西部。

通过对古DNA的研究，科学家找到了越来越多的证据，这些证据说明农民祖先群体从东亚的核心地区往边缘地带扩张的过程不是一个简单的故事，而是一段非常复杂的历史，这也就是东南亚的人类遗传多态性比东北亚的要更高一些的原因。

人类的进化还在继续，关于人类进化历史的研究也在进行，相信在未来，随着更多化石被发现和更多先进技术手段的应用，关于"人类从哪里来？又会到哪里去？"的问题，会得到更多、更明确的答案。

第十六章 一直在进化的"进化论"

本章是本编的最后一章。在前面的章节中我们始终运用一条一以贯之的思想——进化（更确切地说是以自然选择学说为基础的进化理论）——进行串联。大家应该能够感受到，虽然我们运用进化的思想解释了很多生命的现象，但显然针对生命的话题需要探索的问题还远远没有穷尽，甚至可以说，有关生命发生、发展的问题我们能够解决和解释的连"九牛一毛"都没有。也因此，书写本章的第一目标是希望大家能够意识到关于生命进化的研究还远没有结束，希望大家为之努力。

其实，书写本章还有另外一个目标，就是希望大家认识到：即使是我们目前笃定的进化思想和理论，也并不是永恒不变的。随着科技水平的提高和人类认识水平的发展，有可能会有更合理、更具统领性的思想和理论解释生命的起源与发展问题，毕竟进化思想和理论的产生其实就是在近代人类思想意识飞跃性提升后的产物，所以无论是研究者还是普通学习者，都应该抱持有一种"持续探索、持续更新"的理念对待科学研究与科学结论，尤其是当面对"生命起源与发展"这种问题的时候。

本章并不想长篇大论地将人类思考"生命起源与发展"问题的整个思想发展历史进行梳理（这样的书籍很多，有兴趣的读者可以自选阅读），而只是希望将在进化思想产生和发展过程中几个关键人物的理论介绍给大家，希望大家在阅读和品鉴这些思想者的思考之后，能够对进化产生新的、自己的认识，同时也对以上提及的两个本章写作目标加深一些认识。

一、布丰、老达尔文还有拉马克的"用进废退"

与地球的历史相比，人类的发展史简直就是一瞬间（如果把地球从诞生至今的时长比作一个月，目前探知的人类历史仅仅相当于这一个月中的 4 个小时），而在人类发展的历史长河中，直到 18 世纪后期到 19 世纪初期，进化思想才开始慢慢萌芽，进化学说才开始渐渐酝酿。

在达尔文的《物种起源》问世之前，至少有三个人曾经比较系统地阐述过生物进化观点，他们是乔治·布丰（George Buffon，1707—1788），艾拉斯姆·达尔文（Erasmus Darwin，1731—1802）和让-巴布提斯·拉马克（Jean-Baptiste Lamarck，1744—1829）。可以说他们是进化论的先驱者，其中拉马克的进化学说是在达尔文之前影响最大、最系统的进化理论。

布丰，法国人，是第一个提出广泛而具体的进化学说的博物学家。他和最后一个物种不变论的权威林奈（C. Linnaeus，1707—1778）是同时代的人。布丰认为物种是可变的，他特别强调环境对生物的直接影响，他认为物种生存环境的改变，特别是气候与食物性质的变化，可引起生物机体的改变。这是布丰进化学说的中心思想。布丰学说中也有一丝自然选择概念的闪现，例如，他认为某些物种的高繁殖率与它们大量死亡之间有关联。遗憾的是布丰经不起宗教势力的压迫而公开发表了放弃进化观点的声明，这使得他作为进化论先驱者的地位大为逊色。有趣的是，与布丰在进化论立场上的动摇相呼应的是林奈向相反方向的动摇。林奈看到了大量的事实与他所坚持的物种不变论相冲突，在晚年终于承认物种是可变的，并怀疑上帝创造万物的说法。他承认新物种可以通过杂交产生，在分类学上正确地把全部有乳腺的动物（甚至包括鸭嘴兽）都列在同一分类单元——哺乳纲。当他把人与猿、猴放在哺乳纲中同一个属时感叹道："这些丑恶下贱的畜生（猿、猴）是多么像我们呀！"一个博物学家的科学态度战胜了宗教偏见。布丰的动摇是屈服于教会与世俗传统，林奈的动摇是迫于事实，可见于人类而言，新思想的生发是多么艰难，旧观念的舍弃也并不容易。

艾拉斯姆·达尔文是查尔斯·达尔文的祖父（这也是在标题中用了一个"老"字的原因），是一位颇为坚定的进化论者。他在其著作中阐述过物种可变的观点和不同类型的生物可能起源于共同祖先的"传衍"的概念。例如，他在其《动物生物学或生命法则》（*Zoonomia；or，the Laws of Organic Life*，1794 年于伦敦出版）一书中写道："当我们反复思考动物的变态，如从蝌蚪到青蛙；其次再思考人工培育，如饲养马、狗、羊所引起的这些动物的改变；其三，思考气候条件和季节变换引起的动物改变……进一步观察由习性引起的结构改变，如不同地区的人的差异，或由于人工繁殖及胚胎发育期受到影响而引起的改变，种间杂交和怪异生物的出现；其次，当我们观察到所有的温血动物的构造的基本的统一形式时，促使我们得出这样一个结论，它们似乎都是从一种活的丝体产生出来的……所有的温血动物起源于一种活的丝体。"老达尔文这段话既指出了物种的可变性，又表达了不同生物有共同祖先的"传衍"的概念，虽然所谓"活的丝体"纯粹是猜想。老达尔文还在他的那本著作中阐述过"获得性遗传"的见解。他写道："所有的动物都曾经历转变，这种转变一部分是由于自身的努力，对快乐和痛苦的回应。许多这样获得的形态及行为倾向于遗传给它们的后代。"这可以说是在拉马克之前或与拉马克几乎同时提出的拉马克主义原理。

拉马克是法国伟大的博物学家，早年当过兵，参加过资产阶级革命，后来从事植物学、动物学和古生物学研究。1809 年发表了《动物哲学》（*Philosophie Zoologique*），先于达尔文 50 年提出了一个系统的进化学说。赫克尔（E. Haeckel，德国生物学家）称拉马克这本书是对传衍理论的第一个连贯的、彻底的、逻辑性的阐述。拉马克学说中包含有布丰的观点和老达尔文的观点，但比二者的阐述更系统、更完整。拉马克学说的基本内容和主要观点可以归纳如下：

（1）传衍理论。他列举大量事实说明生物物种是可变的，所有现存的物种，包括人类都是从其他物种变化、传衍而来。他相信物种的变异是连续的渐变过程，并且相信生命的"自然发生"（由非生命物质直接产生生命）。

（2）进化等级说。他认为自然界中的生物存在着由低级到高级，由简单到复杂的一系列等级（阶梯）。生物本身存在着一种由低级向高级发展的力量。他把动物分成 6 个等级，并认为自然界中的生物连续不断地、缓慢地由一种类型向另一种类型，由一个等级向更高等级发展变化。拉马克描述的进化过程是一个由简单、不完善的较低等级向较复杂、较完善的较高等级转变的进步性过程。恩斯特·瓦尔特·迈尔（Ernst Walter Mayr，1904 — 2005，德国生物学家）把这种进化称为垂直进化（Vertical Evolution），因为这种进化是在时间向度上展开的，没有物种形成（横向分支），也没有物种绝灭的单向过程。拉马克实际上不承认物种的真实存在，认为自然界只存在连续变异的个体，也不承认有真正的物种绝灭。他认为生物的显著改变使得它与先前的生物之间的联系不能辨认了，这样的情况是有的。

（3）进化原因——强调生物内部因素。与布丰不同，拉马克不太强调环境对生物的直接作用，他只承认在植物进化中外部环境可直接引起植物变异。他认为环境对于有神经系统的动物只起间接作用。拉马克认为环境的改变可能引起动物内在要求的改变，如果新的要求是稳定的、持久的，就会使动物产生新的习性，新的习性会导致器官的使用不同，进而造成器官的改变，拉马克所说的动物内在要求似乎是动物的欲望。拉马克又进一步把他的关于动物进化原因的解释概括为如下两条法则：①　不超过发育限度的任何动物，其所有使用的器官都得到加强、发展、增大，加强的程度与使用的时间长短呈正比。反之，某些不经常使用的器官就削弱、退化，以至于丧失机能，甚至完全消失。这就是所谓的"器官使用法则"或"用进废退"法则。②　某种动物在环境长期影响下，频繁使用甲器官，而不使用乙器官，结果使一部分器官发达，而另一部分器官退化，由此产生的变异如果是能生育的雌、雄双亲所共有，则这个变异能够通过遗传而保存。这就是被后人称为"获得性遗传"的法则。关于器官使用法则，拉马克在其著作中列举了许多例子。例如，脊椎动物的牙齿与食性的关系：草食兽咀嚼植物纤维经常使用臼齿，因而臼齿发达；食蚁兽、鲸鱼不常用牙齿咀嚼，因而牙齿退化。又如，鼹鼠因生活于地下不需要使用眼睛，因而眼睛退化；不常飞翔的昆虫及家禽，其翅膀退化；水鸟由于用足掌划水时经常用力张开足趾，使足间皮肤扩张而形成蹼；长颈鹿因经常引伸颈部取食高树枝叶而发展出长颈；比目鱼在水底总是努力使双目向上看而使双目位置移向一侧，等等。这些例子表面看来是符合他的用进废退法则的，但解释是肤浅的，经不起深究。获得性遗传法则自 19 世纪末到现在仍是争论的问题。

总的说来，拉马克的进化学说中主观推测较多，引起的争议也多。但他的学说比布丰及老达尔文的更系统、更完整、内容更丰富，因而对后世的影响更大。多数学者认为拉马克学说是达尔文以前的最重要的进化学说。布丰、老达尔文和拉马克都是向当时占统治地位的"创世说"及"种不变论"的传统自然观的挑战者，其学说的共同中心思想是：物种是可变的；每个物种都是从先前存在的别的物种传衍而来；物种的特征不是上帝赋予的，而是由遗传决定的。

二、达尔文的"自然选择"与其开创的时代

科学史上没有哪一个理论学说像达尔文的进化理论那样面对着那么多的反对者，遭到那么多的攻击、误解和歪曲，经历了那么长久而激烈的争论，受到如此悬殊的褒贬，造成如此深广的影响。它最初被宣布为"亵渎上帝的邪说"，后来又被别有用心者利用，被法西斯种族主义者歪曲；它曾多次被宣判"死亡"或"崩溃"，也被说成是"过时的理论"或"非科学的信仰"；许多人、许多次宣称它已被某新理论"驳倒"或"打倒"。无怪乎在达尔文的《物种起源》问世 100 周年之际（1959 年），卓越的遗传学家缪勒（H. J. Muller）和杰出的古生物学家辛普生（G. G. Simpson）不约而同地用同样的标题分别写了纪念文章——"没有达尔文的 100 年是到头了！"（One hundred years without Darwin are enough!）

达尔文的进化理论似乎是摒除不掉的东西，它总是在被抛弃之后又被捡了回来。达尔文究竟给我们带来了什么？要正确地评价达尔文的进化理论，必须用历史的眼光不存偏见地对待它。从科学史、人类思想史的角度来说，达尔文给我们带来了一个新世界观，一个锐利的思想武器。在达尔文以前，从普通的老百姓到著名的学者都相信创世说描绘的世

界：上帝有目的地设计和创造的世界，谐调、有序、合理安排、完善、美妙、永恒不变的世界。而达尔文为我们描绘了另一个世界：没有造物主，没有上帝，没有预先的目的和设计，变化无穷的，充满竞争的，不断产生和消亡的，有过去的漫长和曲折的演变历史，有不能预测的、未来的、丰富多彩的世界，令科学家兴奋不已并愿为探索它的奥秘而献身的世界。在达尔文生活的那个时代，甚至最有声望的学者都相信上帝创造世界，相信人的特殊地位。达尔文在《物种起源》一书中暗示"人类的起源和历史也将由此得到启示"。1871 年，《人类的由来》（*The Descent of Man*）一书的问世，宣告人类从超然的地位回归到自然界。不是哲学家也不是思想家的达尔文却完成了千百年来唯物主义哲学家和思想家未能完成的一场思想革命，毫不留情地把上帝从科学领域驱逐出去。"一个半世纪以前，查尔斯·达尔文可能没有意识到他所给予科学的是一件从未有过的强大武器，即他的进化理论。科学家用这把坚利之剑斩断了无知、迷信和傲慢这些束缚人类对亿万年来生命的了解的镣铐。"（引自美国自然历史博物馆成立 125 周年纪念专刊的前言）

18 世纪至 19 世纪的自然科学领域的思想革命不是从物理科学开始的，而是从生物学领域发起的。布丰和拉马克在传统思想大厦上撞开了一个大洞，达尔文则摧毁了这座大厦的根基，并使它崩溃。由达尔文最后完成的这场自然科学中的思想革命最终使科学与神学分离，自然科学由此彻底摆脱神学的束缚而真正独立。因此，一些自然科学史家把 1859 年达尔文的《物种起源》出版之日视为自然科学独立日。迈尔是这样评价达尔文的："他的几乎所有的革新都成为西方思想的组成部分，只有历史才能估价达尔文的先锋作用。"

19 世纪进化理论的产生与发展过程是自然科学史研究的热点之一，其中对达尔文思想发展和理论形成过程的研究更引起学者们的重视。自然科学史学家奥斯帕瓦（Dov Ospovat）的专著《达尔文理论的发展》（*The Development of Darwin's Theory*）对达尔文理论的发展过程有很精辟的见解。奥斯帕瓦把达尔文进化理论的形成和发展看作是一个社会过程，因为一种科学思想是要通过社会来建立的。他把达尔文放在 19 世纪的欧洲社会及政治、经济、思想文化的背景中来考察。这样，他就得出了一些不同于别的达尔文研究者的观点。例如，一般学者都认为达尔文早在 1838 年完成环球考察后不久就已经形成了他的进化理论，他之所以推迟 20 年之久才发表关于进化理论的著作是由于他在学术上的谨慎，力求其理论更完善；而某些学者则认为达尔文因深知其理论对宗教、哲学和政治的影响之大，他自己又是政治上的温和派，所以才推迟发表其著作，并以削弱的形式表达其观点。但奥斯帕瓦却不以为然，他认为达尔文并非超人，一下子就超越了其同时代的人而彻底摆脱了传统思想。他认为达尔文直到 1850 年才真正完成了他自己头脑里的思想革命，真正摆脱了自然神学，真正形成了进化理论。我们认为，这个观点是正确的。

达尔文的全名是查尔斯·罗伯特·达尔文（Charles Robert Darwin），1809 年 2 月 12 日诞生于英国什鲁斯伯里（Shrewsbury），1882 年 4 月 19 日去世（见图 16-1）。达尔文之所以能够发起一场自然科学的思想革命并取得胜利，可以归诸为如下几方面因素。

图 16-1　查尔斯·罗伯特·达尔文（1809—1882）

（1）16 世纪以来自然科学的发展使得人类对自然界的认识达到了一个新水平。

（2）18 世纪至 19 世纪英国工业和农业的大发展以及与之伴随的自然资源考察热和探险热，为达尔文创造了搜集和积累资料的条件。达尔文参加的历时五年之久的环球旅行考察和他对农、牧业育种实践经验的调查都为他的理论准备了充分的基础资料。

（3）任何新理论的产生都或多或少地吸收、借鉴前人及同代人的研究成果和思想观点。达尔文以前的进化论先驱者及与达尔文同时代的自然科学和社会科学中的新思想观点无疑给了达尔文很大影响和启示。对于达尔文在多大程度上受前辈和同代学者的影响这个问题，有两种极端相反的意见。一种意见认为达尔文学说完全是前人成果的总结，没有什么独创，是"拿现成的"。例如，一个叫巴特勒（S. Butler）的人说："布丰种树，艾拉斯姆·达尔文和拉马克浇水，而达尔文说'这果子熟了'，便将它摇下来装进自己的衣兜里。"这并不符合事实。另一种意见则完全相反，认为达尔文基本上是独立发展其理论的，只是由于谦虚才在其著作中大量引征别人的研究工作。例如，达尔文在《物种起源》一书中列举了三十多位或多或少有一些进化观点的学者，而实际上达尔文在构思其理论时还不知道他们。这种看法也失之偏颇。实际上，达尔文从其前辈和同辈学者中受益匪浅。在达尔文的回忆录中有这方面的记述。

（4）达尔文本人的品质是他成功的重要因素，即他的博学、广泛兴趣、强烈的求知欲、超人的观察力、工作的专心致志以及有效的工作方法和正确的思维方法。达尔文在其回忆录中承认自己"没有敏捷的理解力，也没有机智""记忆范围广博，但模糊不清"，说明达尔文没有超人的智力。但达尔文不同于一般人的地方是"具有一种比一般水平的人更高的本领，就是能看出那些容易被人忽略的事物，并且对它们做细致观察"。达尔文承认自己勤奋，他说："我在观察和收集事实方面的勤奋努力，真是无以复加。"还有一点更重要，就是"我热爱自然科学，始终坚定不移，旺盛不衰……我一生的乐趣和唯一的工作就是科学研究工作。"

最后，还有一个未必不重要的条件，那就是达尔文的经济状况：他的父亲留给他一笔遗产，使他"不急需去谋生觅食"，有充裕时间去考察研究。

达尔文的进化学说大体包含两部分内容：其一是达尔文未加改变地接受前人的进化学说中的部分内容（主要是布丰和拉马克的某些观点）；其二是达尔文自己创造的理论（主要是自然选择理论）及经过修改和发展的前人或同代人的某些概念（如性状分歧、种形成、绝灭和系统发育等）。

任何进化学说得以成立的前提是：第一，承认物种可变；第二，承认原有的和变异的特征都是通过遗传从亲代获得并传给后代；第三，必须能够在排除超自然原因的情况下解释生物进化的原因和适应的起源。达尔文以前的进化学说多强调单一的进化因素，如布丰强调环境直接诱发生物的遗传改变，拉马克强调生物内在的自我改进的力量。而达尔文在其《物种起源》一书中兼容并包，他采纳了布丰的环境对生物直接影响的说法（但他认为环境条件与生物内因比较起来还是次要的），也接受了拉马克的获得性遗传法则（他甚至还提出"泛生子"假说来解释获得性遗传），但他在解释适应的起源时强调自然选择的作用。达尔文进化学说可以说是一个综合学说，但自然选择理论是其核心。

达尔文在构思自然选择理论时受到两方面的启发：一是农、牧业品种选育的实践经验，二是马尔萨斯的著作。批评达尔文的人只强调后者，其实若仔细读一读达尔文的《物种起源》和《动植物在家养状态下的变异》这两本书，就不难看出农、牧业育种家们培育新品种的方法（人工选择）对达尔文构思的启发作用。

达尔文的进化学说的主要内容可以归纳如下：

（1）变异和遗传。一切生物都能发生变异，至少有一部分变异能够遗传给后代。达尔文在观察家养和野生动植物的过程中发现了大量的、确凿的生物变异事实。他从性状分析中看到可遗传的变异和不遗传的变异，他不知道为什么某些变异不遗传，但他认为变异的遗传是通例，不遗传是例外。达尔文把变异区分为一定变异和不定变异。所谓一定变异，"是指生长在某些条件下的个体的一切后代或差不多一切后代，能在若干世代以后都按同样方式发生变异"（《物种起源》第一章）；而所谓不定变异，就是在相同条件下个体发生不同方式的变异。关于变异原因，达尔文提到以下几方面：环境的直接影响，器官的使用与不使用产生的效果，相关变异等。关于变异与环境的关系，达尔文更强调生物内在因素，他说："生物本性似较条件尤其重要……对于决定变异的某一特殊类型来讲，条件性质的重要性若和有机体本性比较，仅属次要地位，也许并不比那引起可燃物料燃烧的火花的性质，对于决定所发火焰的性质来讲更重要。"（《物种起源》第一章）关于变异的规律，达尔文得出两点结论：① 在自然状态下显著的偶然变异是少见的，即使出现也会因杂交而消失；② 在自然界中从个体差异到轻微的变种，再到显著变种，再到亚种和种，其间是连续的过渡。因而否认自然界的不连续，否认种的真实性（认为种是人为的分类单位）。历来对达尔文的变异学说批评甚多，某些错误是由于达尔文那个时代的生物学水平的限制，如关于变异的遗传和不遗传问题、一定变异与不定变异问题、物种问题等。关于遗传规律，达尔文承认他"不明了"。但他所相信的融合遗传和他自己提出的"泛生子"假说都是错误的。

（2）自然选择。任何生物产生的生殖细胞或后代的数目要远远多于可能存活的个体数目（繁殖过剩），而在所产生的后代中，平均说来，那些具有最适应环境条件的有利变异的个体有较大的生存机会，并繁殖后代，从而使有利变异可以世代积累，不利变异被淘汰。在说明自然选择这个概念之前，达尔文引进了"生存斗争"的概念。什么是生存斗争呢？达尔文说："一切生物都有高速率增加的倾向，所以生存斗争是必然的结果。各种生物，在它的自然生活期中产生多数的卵或种子的，往往在生活的某时期内或者在某季节或某年内遭于灭亡。否则，依照几何比率增加的原理，它的个体数目将迅速地过度增大，以致无地可容。因此，由于产生的个体超过其可能生存的数目，所以不免到处有生存斗争，或者一个个体和同种其他个体斗争，或者和异种的个体斗争，或者和生活的物理条件斗争。"（《物种起源》第三章）简单地说就是生物都有高速地（按几何比率）增加个体数目的倾向，这样就和有限的生活条件（空间、食物等）发生矛盾，因而就发生大比率的死亡，这就是生存斗争，即从某种意义来说，好像是同种的个体之间或不同物种之间为获取生存机会而斗争。既然在自然状况下，生物由于生存斗争都有大比率的死亡，那么这种死亡是无区别地偶然死亡呢，还是有区别的有条件的淘汰呢？达尔文认为，由于在自然状况下，存在着大量的变异，同种个体之间存在着差异，因此在一定的环境条件下，它们的生存和繁殖的机会是不均等的。那些具有有利于生存繁殖的变异的个体就会有相对较大的生存繁殖机会。又由于变异遗传规律，这些微小的有利的变异就会遗传给后代而保存下来。这个过程与人工选择有利变异的过程非常相似，所以达尔文把这叫作自然选择。"选择"这个词的含义并不是说有一个超自然的、有意识的上帝在起作用，达尔文只是将其从人工选择引申过来，是一种比喻。达尔文还从自然选择引申出"性选择"概念，把自然选择原理应用到解释同种雌、雄两性个体间性状差异的起源。性成熟的个体往往有一些与性别相关的性状，如雄鸟美丽的羽毛，雄兽巨大的搏斗器官（角等），雄虫的发声器，雌蛾的能分泌性诱物质的腺体等。这些都称为副性征（或第二性征）。这些副性征是如何形成的呢？达尔文看到，正如人工选择斗鸡的情形一样，在自然界里经常发生的生殖竞争（通常是雄性之间为争夺雌性而发生斗争）是造成副性征的主要原因。在具有生存机会的个体之间还会有生殖机会的不同，那些具有有利于争取生殖机会的变异就会积累保存下来，这就是性选择。达尔文在《人类的由来》一书中有更详尽的叙述。但不是所有的副性征都可以用雄性之间的搏斗或雌性的"审美观"来解释的。雄蝉的鸣声诚然动听，但据说蝉根本听不见声音。而对于人类本身的副性征的解释则更须谨慎了。现在看来，某些副性征是自然选择直接作用的结果，如雌虫的性引诱器官对生存有利；某些雄兽（如鹿）的角虽然也用于性竞争，但也用于防卫；而大多数副性征都是与生殖腺和内分泌有关，因此这些副性征可能都是相关变异的结果。

（3）性状分歧、种形成、绝灭和系统树。达尔文从家养动植物中看到，由于按不同需要进行选择，从一个共同的原始祖先类型造成许许多多性状极端歧异的品种。例如，从岩鸽这个野生祖先驯化培育出上百种家鸽品种；身体轻巧的乘用赛马，与身体粗壮的马体型如此歧异，但都可以追溯到二者共同的祖先。类似的原理应用到自然界，在同一个种内，个体之间在结构习性上越是歧异，则在适应不同环境方面越是有利，因而将会繁育更多的个体，分布到更广的范围。这样随着差异的积累，歧异越来越大，于是由原来的一个种逐渐演变为若干个变种、亚种，乃至不同的新种。这就是性状分歧原理。达尔文还强调了地理隔离对性状分歧和新种形成的促进作用。例如，被大洋隔离的岛屿，如加拉帕戈斯群岛的龟和雀。由于生活条件（空间、食物等）是有限的，因此每一地域所能供养的生物数量和种的数目也是有一定限度的。自然选择与生存斗争的结果使优越类型个体数目增加，则较不优越的类型的个体数目减少。减少到一定程度就会绝灭，因为个体数目少的物种在环境剧烈变化时就有完全覆灭的危险，而且个体数目越少，则变异越少，改进机会越小，分布范围也越来越小。因此，"稀少是绝灭的前奏"。达尔文认为，在生存斗争中最密切接近的类型，如同种的不同变种、同属的不同种等，由于具有近似的构造、体质、习性和对生活条件的需要，往往彼此斗争更激烈，因此，在新变种或新种形成的同时，就会排挤乃至消灭旧的类型。在自然界和家养动植物中的确可以见到这样的情形。由于性状分歧和中间类型的绝灭，新种不断产生，旧种灭亡，种间差异逐渐扩大，因而相近的种归于一属，相近的属归于一科，相近的科归于一目，相近的目归于一纲。如果从时间和空间两方面来看，则这一过程正好像一棵树。达尔文是这样描述这棵树的："同一纲内一切生物的亲缘关系，常常可用一株大树来表示。……绿色的和出芽的枝，可以代表生存的物种；过去年代所生的枝桠，可以代表那长期的、先后继承的绝灭物种。在每个生长期内，一切在生长中的枝条，都要向各方发出新枝，覆盖了四周的枝条，使它们枯萎，正如许多物种和物种类群，在任何时期内，在生存的大搏斗中要征服其他物种的情形一样。树干分出大枝，大枝分出小枝，小枝再分出更小的枝，凡此大小树枝，在这树的幼年期，都曾一度是生芽的小枝；这些旧芽和新芽的分支关系，很可以表明一切绝灭和生存的物种，可以依大小类别互相隶属而成的分类系统一样。……从这树有生以来，许多枝干已经枯萎脱落了；这种脱落的大小枝干，可以代表现今已无后代遗留，而仅有化石可考的诸目、科、属等。我们有时在树的基部分叉处可以看到一条孤立的弱枝，因为特殊机会，得以生存至今；正如我们有时可以看到的像鸭嘴兽和肺鱼那样的动物，通过它们的亲缘关系把两条生命大枝联系起来，它们显然是由于居住在有庇护的场所，才能在生死的斗争中得以幸免。芽枝在生长后再发新芽，强壮的新芽向四周发出新枝，笼罩在许多弱枝之上。依我想，这巨大的'生命之树'的传代亦是如此，它的许多已毁灭而脱落的枝条，充塞了地壳，它的不断的美丽分枝，遮盖了大地。"（《物种起源》第四章）这是达尔文以他的自然选择原理对生物进化的过程最生动形象的描绘。系统树这个概念沿用至今。

达尔文学说自诞生以来就不断地被修正、改造和更新。达尔文学说形成于生物科学尚处在较低水平的19世纪中期，那时遗传学尚未建立，生态学正在萌芽，细胞刚被发现。作为生物科学最高综合的进化论，它随着生物科学的发展而不断显露出矛盾、问题、错误和缺陷，理论本身就不断被修正和改造。达尔文学说经历了两次大修正，并且正经历第三次大修正。

20世纪初，魏斯曼（A. Weismann）及其他学者对达尔文学说做了一次"过滤"，消除了达尔文进化论中除了自然选择以外的庞杂内容，如拉马克的获得性遗传说、布丰的环境直接作用说等，而把自然选择强调为进化的主因素，把自然选择原理强调为达尔文学说的核心。经过魏斯曼修正的达尔文学说被称为"新达尔文主义"。这是第一次大修正。

第二次大修正是由于遗传学的发展引起的对自然选择学说本身以及与其相关的概念（如适应概念、物种概念）所做的修正。20世纪初，由于孟德尔（G. Mendel）被埋没的研究成果的重新发现以及底弗里斯（De Vries）、摩尔根（T. Morgan）及其他遗传学家对遗传突变的研究，使得粒子遗传理论替代了融合遗传的传统概念。20世纪30年代，群体遗传学家又把粒子遗传理论与生物统计学结合，重新解释了自然选择，并且对有关的概念做了相应的修正，如对适应概念的修正。群体遗传学家用繁殖的相对优势来定义适应，适应程度则表现为个体或基因型对后代或后代基因库的相对贡献，即适应度（Fitness），用这样的新概念替代了达尔文原先的"生存斗争，适者生存"的老概念。适应与选择不再是生存与死亡这样的全或无的概念，而是繁殖或基因传递的相对差异的统计学概念。这是十分重要的修正，这一修正使得经常被用于社会政治目的的"生存斗争"口号失去了科学基础。此外，对达尔文的物种概念、遗传变异概念也做了修正。这个时期对进化理论做出重大贡献的有遗传学家、生物系统学家、古生物学家等，他们综合了生物学各学科的成就和多种进化因素，建立了现代的进化理论，赫胥黎（Huxley）称之为"现代综合论"（Modern synthesis）。

达尔文学说通过"过滤"（第一次修正）和"综合"（第二次修正）而获得了发展。当前，达尔文学说正面临第三次大修正。这一次修正可以说主要是由古生物学和分子生物学的发展引起的：古生物学家揭示出大进化的规律、进化速度、进化趋势、种形成和绝灭等，大大增加了我们对生物进化实际过程的了解；分子生物学的进展揭示了生物大分子的进化规律和基因内部的复杂结构。宏观和微观两个领域的研究结果导致了对达尔文学说的如下修正：

（1）古生物学证明大进化过程并非匀速、渐变的，而是快速进化与进化停滞相间的。

（2）大进化与分子进化都显示出相当大的随机性，自然选择并非总是进化的主因素。

（3）遗传学的深入研究揭示出遗传系统本身具有某种进化功能，进化过程中可能有内因的驱动和导向。

但是，关于进化速度，进化过程中随机因素和生物内因究竟起多大作用、起什么样的作用等问题尚在争论之中，这一次大修正尚未完成。

从达尔文学说的历史命运可以看出，科学理论的替代并不只是简单的新理论对旧理论的否定和排斥，修正和发展可能更为常见。某一学科的发展往往以某个中间层次为起点，向微观和宏观两个方向扩展和深入，而相关的科学理论也随着这种扩展和深入不断获得新的信息，并随之不断地被修正、更新和改造。这就是科学理论的发展式替代，旧理论被修正、改造为新理论。达尔文的自然选择学说是建立在对生物个体层次的认识基础上的，随着生物科学和古生物学向微观和宏观层次的深入和扩展，必然要对它做相应的修正和改造。基础学科的综合理论大体都有这样的经历，这类理论总是随着基础学科的发展而发展，争论不停息，理论本身的演变也不会停止。

一百多年来新、旧进化学说既有承袭，也有发展，既有补充、修正，也有对立、争论。关于进化论的争论，总结来看主要是围绕着下面三个主题。第一，进化的动力是什么？第二，进化是否有一定方向？第三，进化的速度是否恒定？按照上述三个方面的不同观点，我们可以将各派进化学说进行归纳，如图16-2所示。

$$
进化动力 \begin{cases} \text{外环境为主——布丰学说，莱伊尔学说，某些新拉马克主义，} \\ \qquad\quad \text{米邱林-李森科主义，新灾变论} \\ \text{内因为主——经典的拉马克主义，活力论，终极目的论，突变论，} \\ \qquad\quad \text{某些现代的分子进化学说} \\ \text{外环境与内因结合（遗传突变+选择作用）——达尔文学说，现代综合论} \end{cases}
$$

$$
进化方向 \begin{cases} \text{不定向的} \begin{cases} \text{循环的或随机的——莱伊尔学说，随机论，分子进化中性论} \\ \text{适应局部环境的——达尔文学说，现代综合论} \end{cases} \\ \text{定向的，进步的——拉马克主义和某些新拉马克主义，活力论，终极目的论，} \\ \qquad\quad \text{某些现代的"环境趋向变化论"} \end{cases}
$$

$$
进化速度 \begin{cases} \text{渐变的，基本上是匀速的——莱伊尔学说，达尔文学说，现代综合论} \\ \text{跳跃的，不匀速的——断续平衡论，新灾变论} \\ \text{恒定的——分子进化中性论} \end{cases}
$$

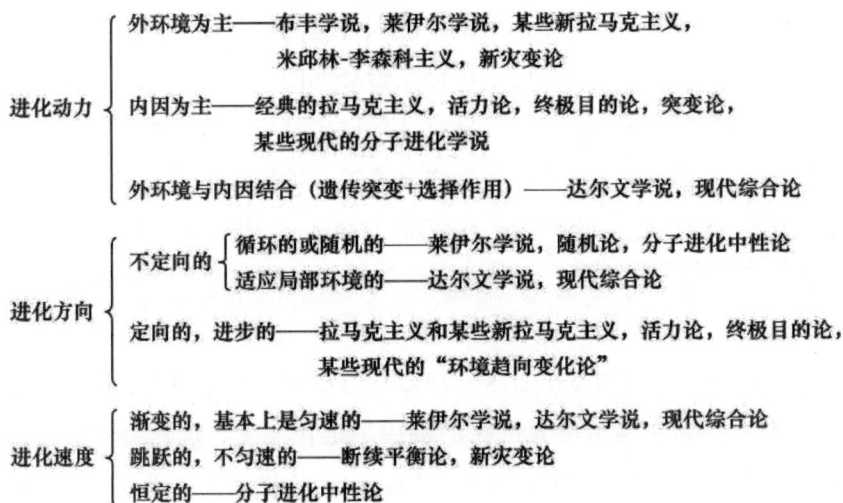

图 16-2　各派进化学说

三、自然选择时代的新声音——中性学说

20 世纪 60 年代末到 70 年代初，基于对蛋白质和核酸分子进化改变（表现为蛋白质分子中的氨基酸替换和 DNA 分子中的碱基替换）的比较研究，木村资生（Kimura Motoo）与太田明子（Tomoko Ohta），金（King）与朱克斯（Jukes）差不多同时提出了一个后来称作"分子进化中性论"（The neutral theory of molecular evolution，简称中性学说）的理论（木村在随后出版的一本专著中详细论述了这个理论），用以解释分子层次上的"非达尔文式的进化"（non-Darwinian evolution in molecular level）现象。

中性学说的基本论点是：在生物分子层次上的进化改变不是由自然选择作用于有利突变而引起的，而是在连续的突变压之下由选择中性或非常接近中性的突变的随机固定造成的（这里所谓选择中性的突变是指对当前适应度无影响的突变）。换句话说，中性论虽然承认自然选择在表型（形态、生理、行为的特征）进化中的作用，但否认自然选择在分子进化中的作用，认为生物大分子（蛋白质、核酸）的进化中主要影响因素是机会和突变压。

在多个证明中性学说的论据中有两个论据非常有说服力：

（1）分子层次上的大多数变异是选择中性的。

（2）蛋白质与核酸分子的进化速率高而且相对恒定。

为了便于大家理解上述论点和论据，下面我们用"点突变与选择中性"和"生物大分子进化速率相对恒定与进化的保守性"两个方面的研究对以上论据做一简要说明。

1. 关于"点突变与选择中性"

点突变是指 DNA 的一个碱基替换为其他碱基的变异。如我们所知，氨基酸序列承载着 DNA 的遗传信息，三个碱基的排列指定一种氨基酸，这就是所谓的"密码子"。DNA 序列中的碱基分为腺嘌呤（A）、胸腺嘧啶（T）、鸟嘌呤（G）、胞嘧啶（C）四种。所以三个碱基序列的种类共有 $4×4×4＝64$ 种。蛋白质所用到的氨基酸一共有 20 种，因此还有 44 种碱基序列是多余的。研究发现，密码子具有简并性，即决定氨基酸的密码子的碱基序列中包含两种情况：第三个碱基（四种中）无论是什么，氨基酸种类都不变；第三个碱基无论是 A、G 还是 C、T，氨基酸种类都不变，而且 64 种序列里还有指定翻译终止的终止密码子，这些指定的都是特定的氨基酸或者终止密码子。也就是说，有些碱基序列指定的氨基酸是相同的，即使碱基之间发生置换，指定的氨基酸也可能不会变化。氨基酸有变化的置换现象称为非同义突变，氨基酸不变的置换现象称为同义突变。从利弊的角度来讲，性状并不是通过碱基序列来显现的，而是以指定氨基酸序列（蛋白质）的表现型来体现的。那么，不会引起氨基酸置换的点突变对表现型是没有影响的（有很多引起氨基酸置换的点突变也有可能对表现型没有影响），因此，对生物的进化既没有利也没有弊。研究表明，在分子层面发生的突变，基本上都是无所谓有利还是不利的点突变（即中性突变），有利的突变其实非常少，简直可以忽略不计。自然选择的作用只针对和既有的东西相比有利或者不利的性状（表现型）。那么，上述无关利弊的中性突变在进化过程中又遵循了怎样的原理呢？我们知道，二倍体生物（即有两个染色体组的生物）在产生配子（精子或卵子）的时候，两个染色体组发生分裂，其中一组进入配子中（减数分裂），然后通过受精重新结合为有两个染色体组的二倍体。例如，含有 Aa 这两个等位基因的个体通过减数分裂形成配子。假设只形成一个配子，产生 A 的概率是 0.5，产生 a 的概率也是 0.5。这样的亲代孕育出一个子代，孩子的基因型就是 $AA：Aa：aa＝1：2：1＝0.25：0.5：0.25$。由于父母的基因型都是 Aa，父母那一代遗传基因的频率是 $A：a＝0.5：0.5$，但子代出现 AA 或者 aa 基因型的概率都是 0.25，有可能 A 或者 a 会消失。就这样，每一代之间的遗传基因频率都会产生变动，而亲代形成配子时，选择哪对等位基因是由概率决定的（而非自然选择）。被挑选的等位基因有时会出现"偏离"，使得下一代的遗传基因频率发生变化。这个过程与自然选择原理毫无关联，是一种让下一代基因频率发生变化的概率事件。木村把这种进化机制命名为"遗传漂变"，遗传漂变发生的基础是分子层次上绝大多数突变是选择中性的，而那些有显著表型效应的突变（包括会带来有害的突变和有利的突变）很少发生。

2. 关于"生物大分子进化速率相对恒定与进化的保守性"（分子钟的原理）

在生物大分子的层次上来观察进化改变时，我们看到的是一个不同于表型进化的过程。根据木村的总结，分子进化有两个显著特点，即进化速率相对恒定和进化的保守性。如果以核酸和蛋白质的一级结构的改变，即分子序列中的核苷酸或氨基酸的替换数作为进化改变量的测度，进化时间以年为单位，那么生物大分子随时间的改变（即分子进化速率）就像物理学的振荡现象一样，几乎是恒定的。通过比较不同物种同类（同源的）大分子的一级结构，可以计算出该类分子的进化速率。对于某类蛋白质分子或某个基因（或核酸序列）来说，其分子进化速率可表示为氨基酸或核苷酸的每个位点每年的替换数，即：

$$K = \frac{d}{2tN}$$

上式中的 K 是分子进化速率（每个氨基酸位点每年的替换数）；d 是氨基酸或核苷酸替换数目；N 是大分子结构单元（氨基酸或核苷酸）总数；t 是所比较的大分子发生分异的时间，$2t$ 代表进化时间（进化经历的时间是分异时间的 2 倍）。例如，比较现代的两个分类群 A 和 B 的同源大分子的差异，假定 A 与 B 的最近的共同祖先 C 生存于 2 000 万年（20 Ma）前，即 A 与 B 从 2 000 万年前开始发生分异（$t=20$ Ma），但 A 和 B 的同源大分子的差异是 A 和 B 各自独立地进化的结果，因此，实际上的进化时间是分异时间的 2 倍（$2t=40$ Ma），如图 16-3 所示。

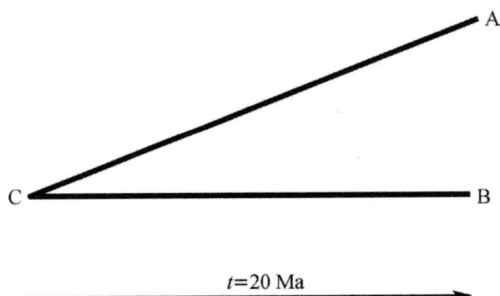

图 16-3　生物大分子进化经历时间图解

对于不同物种的同源大分子，其分子进化速率是大体相同的。例如，用不同动物中的血红蛋白分子的一级结构比较和计算，所得出的分子进化速率是每个氨基酸位点每年替换数为 10^{-9}（$K=10^{-9}/(aa \cdot a)$）。例如，用人和马的血红蛋白比较，其 α 链上有 18 个氨基酸位点替换了，计算得出的分子进化速率 $K=0.8 \times 10^{-9}/(aa \cdot a)$；用人和鲤鱼的血红蛋白比较，有 68 个氨基酸位点差异，计算出的分子进化速率 $K=0.6 \times 10^{-9}/(aa \cdot a)$。

即使是表型进化停滞的所谓"活化石"，如杰克逊港鲨，自石炭纪以来（大约 3.5 亿年前）表型几乎没有变化，但其血红蛋白的 α 与 β 链之间的氨基酸位点的差异量几乎和人的血红蛋白分子的 α 与 β 链之间的差异量相同（人为 147 个位点的差异，鲨为 150 个）。

这说明，分子进化速率（此处指的是大分子一级结构的改变速率）远比表型进化速率稳定。一些研究资料表明，生物大分子进化中的一级结构的改变（替换）只和进化经历的时间相关，而与表型进化速率不相关。为什么生物大分子进化改变的速率如此稳定呢？一种可能的解释是：大分子一级结构中组成单元的替换是一个没有特殊驱动和控制的随机过程。

分子进化的第二个特点是进化的保守性，这里所说的"保守性"是指功能上重要的大分子或大分子的局部在进化速率上明显低于那些功能上不重要的大分子或大分子局部。换句话说，那些引起现有表型发生显著改变的突变（替换）发生的频率较那些无明显表型效应的突变（替换）发生频率低。

例如，在已研究过的蛋白质分子中，进化最快的是血纤肽（Fibrinopeptides），它在血凝时从血纤蛋白原（Fibrinogen）分离出来，但却没有什么生理功能，其进化速率比血红蛋白快 7 倍（见表 16-1）。胰岛素原（Proinsulin）的中部部分 C 肽的进化速率是胰岛素的 6 倍，因为 C 肽在胰岛素形成时就被移除了，是没有生理功能的部分。血红蛋白分子的外区要比所谓的"血红素袋"（Heme pocket）的内区在功能上次要得多，前者进化速率是后者的 10 倍。核酸分子进化的保守性特征也很明显。例如，DNA 密码子中的同义替换比变义替换发生的频率高，因为前者不会引起对应的蛋白质分子氨基酸顺序的任何改变。又如，内含子（Intron，基因之内功能不明的插入序列）内的碱基替换速率也相当高，大致等同于或高于同义替换。简言之，"哑替换"发生的频率高于"非哑替换"。假基因（Pseudogene）是丧失功能的基因，其替换速率更高。例如，哺乳类球蛋白假基因的进化速率为 $5 \times 10^{-9}/(aa \cdot a)$，这个速率大约是正常球蛋白基因第三密码位的替换（大多为同义替换）速率的两倍。另一方面，功能上重要的基因或基因内的保守区，如大肠杆菌和高等生物基因中的启动区或转录起点内的保守区（对基因的启动和转录极为重要）很少发生替换。

表 16-1 不同生物大分子的进化速率

生物大分子类别	进化速率 /$\times 10^{-9}/(aa \cdot a)$
血纤肽	8.3
胰 RNA 酶	2.1
溶菌酶	2.0
血红蛋白 α	1.2
肌红蛋白	0.89
胰岛素	0.44
细胞色素 c	0.30
组蛋白 H$_4$	0.01

功能上重要的生物大分子和大分子的局部的进化保守性说明大分子进化并非是完全随机的，大分子的进化（表现为一级结构单元的替换）中存在某种制约因素或控制机制，这正是需要深入研究的。

中性学说是解释分子进化现象的一个理论，其并不是对达尔文自然选择学说的反叛，而是对自然选择学说的有利补充，是当今对达尔文学说第三次大修正的重要成果。还记得上一章全基因组古 DNA 测序对人类进化发展的研究成果吗？那正是达尔文自然选择学说与中性学说有机整合后的胜利果实。

回顾进化论的历史，相信大家已经意识到进化论本身也是在不断进化的。达尔文发现了自然选择学说，在不掺杂神的作用的前提下解释了生物的适应性和多样性，从自然选择学说的提出到现在已经过去了 160 多年，自然选择学说自身也在不断吸收最新的生物学知识，其面貌一直在改变。

展望进化论的未来，并不知道会有怎样的发展，但无论如何，人类的思想不会停滞，科学探索的步伐也会一直向前，我们期待着未来更加"进化"的"进化论"被发现和阐明，带领人类走向更加光明的未来……

主要引用参考文献

第一编参考资料

[1] 亚当·斯密. 国富论 [M]. 胡长明，译. 重庆：重庆出版社，2015.

[2] CHILDRES J J, FISHER C R. The biology of hydrothermal vent animals: Physiology, biochemistry, and autotrophic symbioses[J]. Oceanography & Marine Biology, 1992, 30: 337-441.

[3] BELLWOOD D R, HOEY A S, ACKERMAN J L. Coral bleaching, reef fish community phase shifts and the resilience of coral reefs[J]. Global Change Biology, 2006, 12(9): 1587-1594.

[4] B. 卢因，L. 卡西梅里斯，V.R. 林加帕，等. 细胞 [M]. 桑建利，连慕兰，译. 北京：科学出版社，2009.

[5] BERKELMANS R, GLENN D, KININMONTH S, et al. A comparison of the 1998 and 2002 coral bleaching events on the Great Barrier Reef: spatial correlation, patterns, and predictions[J]. Coral Reefs, 2004, 23(1): 74-83.

[6] BROTHERS N, BONE C. The response of burrow-nesting petrels and other vulnerable bird species to vertebrate pest management and climate change on sub-Antarctic Macquarie Island[J]. Papers and Proceedings of the Royal Society of Tasmania, 2008, 142: 123-148.

[7] BRÜCKNER K, PEREZ L, CLAUSEN H, et al. Glycosyltransferase activity of Fringe modulates Notch—Delta interactions[J]. Nature, 2000, 406(6794): 411-415.

[8] DURGA P M, VIKAS A, ARMEN Y G, et al. Rheumatologists'perspective on coronavirus disease 19 (COVID-19) and potential therapeutic targets[J]. Clinical Rheumatology, 2020, 39:2055-2062.

[9] FEHON R G, KOOH P J, REBAY I, et al. Molecular interactions between the protein products of the neurogenic loci Notch and Delta, two EGF-homologous genes in Drosophila[J]. Cell, 1990, 61(3): 523-534.

[10] GRAHAM N A J, CHONG-SENG K M, HUCHERY C, et al. Coral reef community

composition in the context of disturbance history on the Great Barrier Reef, Australia[J]. PLoS ONE, 2014, 9(7): e101204.

[11] 伊丹·本－巴拉克. 我们为什么还没有死掉？[M]. 傅贺，译. 重庆：重庆大学出版社，2019.

[12] ITOH M, KIM C H, PALARDY G, et al. Mind bomb is a ubiquitin ligase that is essential for efficient activation of Notch signaling by Delta[J]. Developmental Cell, 2003, 4(1): 67-82.

[13] 贾雷德·戴蒙德. 枪炮、病菌与钢铁 [M]. 谢延光，译. 上海：上海世纪出版集团，2006.

[14] JONES G P, MCCORMICK M I, SRINIVASAN M, et al. Coral decline threatens fish biodiversity in marine reserves[J]. PNAS, 2004, 101(21): 8251-8253.

[15] LARA M G, MARICRUZ F, TAHIRA F, et al. Extracellular invertase is an essential component of cytokinin-mediated delay of senescence[J]. The Plant Cell, 2004, 16(5): 1276-1287.

[16] Taiz L, Zeiger E. 植物生理学（第四版）[M]. 宋纯鹏，王学路，等，译. 北京：科学出版社，2009.

[17] LUTHER G W, ROZAN T F, TAILLEFERT M, et al. Chemical speciation drives hydrothermal vent ecology[J]. Nature, 2001, 410(6830): 813-816.

[18] MARTEAU P. Bacterial flora in inflammatory bowel disease[J]. Digestive Diseases, 2009, 27(1): 99-103.

[19] MCMULLIN E R, BERGQUIST D C, FISHER C R, et al. Metazoans in extreme environments: adaptations of hydrothermal vent and hydrocarbon fauna[J]. Gravit Space Biol Bull, 2000, 13(2): 13-23.

[20] MIETH A, BORK H R. Humans, climate or introduced rats-which is to blame for the woodland destruction on prehistoric Rapa Nui (Easter Island)?[J]. Journal of Archaeological Science, 2010, 37(2): 417-426.

[21] MITCHELL D R, DAVID R. Chlamydomonas flagella[J]. Journal of Phycology, 2000, 36(2): 261-273.

[22] PAZOUR G J, GREGORY S, OLEG W, et al. Mutational analysis of the phototransduction pathway of Chlamydomonas reinhardtii[J]. The Journal of cell biology, 1995, 131: 427-440.

[23] PAZOUR G J, SINESHCHEKOV O A, WITMAN G B, et al. Mutational analysis of the phototransduction pathway of Chlamydomonas reinhardtii[J]. The Journal of cell biology, 1995, 131(2): 427-440.

[24] RIESMEIER J W, WILLMITZER L, FROMMER W B. Evidence for an essential role of the sucrose transporter in phloem loading and assimilate partitioning[J]. Embo Journal, 1994, 13(1): 1-7.

[25] GASCOIGNE R. Fifty years after Pacem in Terri[J]. Australasian Catholic Record, 2013, 90(4): 387.

[26] SCHWARTZ W B, BENNETT W, CURELOP S, et al. A syndrome of renal sodium loss and hyponatremia probably resulting from inappropriate secretion of antidiuretic hormone[J]. The American Journal of Medicine, 1957, 23(4): 529-542.

[27] 肖恩·B·卡罗尔．生命的法则 [M]．贾晶晶，译．杭州：浙江教育出版社，2018.

[28] SKINNER M P, LEWIS R J, MORTON S. Ecology of the ciguatera causing dinoflagellates from the Northern Great Barrier Reef: Changes in community distribution and coastal eutrophication[J]. Marine Pollution Bulletin, 2013, 77(1-2): 210-219.

[29] S. A. 阿列克谢耶维奇．切尔诺贝利的悲鸣 [M]．方祖芳，郭成业，译．广州：花城出版社，2015.

[30] TAYLOR S S, BUECHLER J A, SLICE L W, et al. cAMP-dependent protein kinase: a framework for a diverse family of enzymes[J]. Cold Spring Harbor Symposia on Quantitative Biology, 1988, 53 (1): 121-130.

[31] 马尔萨斯．人口论 [M]．郭大力，译．北京：北京大学出版社，2008.

[32] WITMAN G B. Chlamydomonas phototaxis[J]. Trends in Cell Biology, 1993, 3(11): 403-408.

[33] JIN Y, NI D A, RUAN Y L. Posttranslational elevation of cell wall invertase activity by silencing its inhibitor in tomato delays leaf senescence and increases seed weight and fruit hexose level[J]. Plant Cell, 2009, 21(7): 2072-2089.

[34] 包科达．热学教程 [M]．北京：科学出版社，2007.

[35] 丁有瑚．广义麦克斯韦妖 [J]．现代物理知识，1995, 6(5): 12-13.

[36] 冯端，冯步云．熵与信息——麦克斯韦妖的启示 [J]．现代物理知识，1991, 6: 15-16.

[37] 潘瑞炽，王小菁，李娘辉．植物生理学 [M]．6 版．北京：高等教育出版社，2008.

[38] 钱善勤，王忠，莫亿伟，等．植物向光性反应的研究进展 [J]．植物学通报，2004, 21（3）：263-272.

[39] 施敏．玛雅文明消亡之谜 [J]．生命与灾害，1999, 6：27-28.

[40]　王玢，左明雪．动物生理学 [M]. 3 版．北京：高等教育出版社，2009.

[41]　王镜岩．生物化学 [M]. 北京：高等教育出版社，2002.

[42]　翟中和，王喜忠，丁明孝．细胞生物学 [M]. 4 版．北京：高等教育出版社，2011.

[43]　周光炎．免疫学原理 [M]. 上海：上海科学技术出版社，2007.

[44]　邹仲之．组织学与胚胎学 [M]. 5 版．北京：人民卫生出版社，2001.

第二编参考资料

[1]　爱德华·威尔逊．缤纷的生命 [M]. 金恒镳，译．北京：中信出集团有限公司，2016.

[2]　肖恩·卡罗尔．造就适者 [M]. 杨佳蓉，译．上海：上海科技教育出版社，2012.

[3]　安德烈亚斯·瓦格纳．适者降临 [M]. 祝锦杰，译．杭州：浙江人民出版社，2018.

[4]　沙龙·莫勒姆，乔纳森·普林斯．病者生存 [M]. 程纪莲，译．北京：中信出版集团，2018.

[5]　朱钦士．生命通史 [M]. 北京：北京大学出版社，2019.

[6]　以太·亚奈，马丁·莱凯尔．基因社会 [M]. 尹晓虹，黄秋菊，译．常州：江苏凤凰文艺出版社，2017.

[7]　内森·沃尔夫．病毒来袭 [M]. 沈捷，译．杭州：浙江人民出版社，2014.

[8]　尼克·莱恩．生命的跃升 [M]. 张博然，译．北京：科学出版社，2016.

[9]　约翰·布罗克曼．生命 [M]. 黄小骑，译．杭州：浙江人民出版社，2017.

[10]　乔希·米特尔多夫，多里昂·萨根.不自私的基因 [M]. 杨泓，孙红贵，缪明珠，译．广州：广东人民出版社，2018.

[11]　丹尼尔·利伯曼．人体的故事 [M]. 蔡晓峰，译．杭州：浙江人民出版社，2017.

[12]　史钧．疯狂人体进化史 [M]. 重庆：重庆出版社，2018.

[13]　加里·保罗·纳卜汉．写在基因里的食谱 [M]. 秋凉，译．上海：上海世纪出版集团，2015.

[14]　内莎·凯里．垃圾 DNA[M]. 贾乙，王亚菲，译．重庆：重庆出版社，2017.

[15]　悉达多·穆克吉．基因传 [M]. 马向涛，译．北京：中信出版社，2018.

[16]　内莎·凯里.遗传的革命 [M]. 贾乙，王亚菲，译．重庆：重庆出版社，2015.

[17]　颜忠诚．生物的竞争与适应 [J]. 生物学通报，2000，35（3）：4-7.

[18] 张文娟，何宇，王冰．极端环境下微生物的适应机制 [J]. 吉林农业，2019（16）：64-65.

[19] 罗峰，张劲硕．另类军备竞赛：蝙蝠 VS 昆虫 [J]. 科技潮，2005（7）：46-47.

[20] 叶熹骞，时敏，陈学新．寄生蜂携带的多 DNA 病毒的起源及其特性 [J]. 中国科学：生命科学，2014,44（4）：342-350.

[21] 刘静，李金钢，张迎春．动物的求偶行为及生物学意义 [J]. 中学生物学，2014，30（11）：3-5.

[22] 尚玉昌．动物的求偶喂食行为 [J]. 生物学通报，2006，41（3）：14-16.

[23] 高枫，蒋梅兰．动物繁殖方式多样性的适应意义 [J].生物学教学，2017（42）6：78-79.

[24] 王永辉．漫谈镰刀型细胞贫血症 [J]. 生物学教学，2012，37（6）：59.

[25] 易浩安，何永蜀．G6PD 缺乏症与疟疾的选择优势及抗性机制研究进展 [J]. 南昌大学学报：医学版，2018（6）：76-80.

[26] 李燕，司征，赵茜，等．"垃圾" DNA 及其生物学功能 [J]. 生物学教学，2013（3）：61-62.

[27] 陆绮．X 染色体失活现象与机制 [J]. 自然杂志，2017，39（1）：25-30.

[28] 王华峰，任铎锋，刘玲．蜂王的分化发育与表观遗传 [J]. 生物学通报，2018(11)：6-8.

第三编参考资料

[1] 朱钦士．生命通史 [M]. 北京：北京大学出版社，2019.

[2] 王立铭．生命是什么 [M]. 北京：人民邮电出版社，2018.

[3] 大卫·赖克．人类起源的故事 [M]. 叶凯雄，胡正飞，译．杭州：浙江人民出版社，2019.

[4] 张昀．生物进化（重排版）[M]. 北京：北京大学出版社，2019.

[5] 吴汝康．古人类学 [M]. 北京：文物出版社，1989.

[6] 周明镇，张弥曼，于小波，等．分支系统学译文集 [M]. 北京：科学出版社，1983.

[7] 达尔文．物种起源 [M]. 周建人，叶笃庄，方宗熙，译．北京：商务印书馆，1995.

[8] 张昀．进化论的新争论及其认识论问题 [J]. 北京大学学报：哲学社会科学版，

1991（2）：104-112.

[9] 张野，黄石 . 古 DNA 的新发现支持现代人东亚起源说 [J]. 人类学学报，2019，38（4）：491-496.

[10] BAROSS J A, HOFFMAN S. Submarine hydrothermal vents and associated gradient environments as sites for the origin and evolution of life[J]. Origins of Life,1985,15:327-345.

[11] BAROSS J A，DEMING J W. Growth of"black smoker"bacteria at temperatures of at least 250℃ [J]. Nature,1983,303:423-426.

[12] HOLM N G. Report on the Workshop of Chemical Evolution and Neo-abiogenesis in Marine Hydrothermal System[J]. Origins of Life,1990,20:93-98.

[13] SEAGREX A H, BURGGRAf S, FIALIA G, et al. Life in hot springs and hydrothermal vents[J]. Origins of Life,1993,23: 77-90.

[14] KVENVOLDEN K A, LAWLESS J, PERING K, et al. Evidence for extraterrestrial amino-acids and hydrocarbons in the Murchison meteorite[J]. Nature,1970, 228(5275):923-926.

[15] MILLER SL. A production of amino acids under possible primitive Earth conditions[J]. Science, 1953,117(3046):528-529.

[16] RING D, WOLMAN Y, FRIEDMANN N, et al. Prebiotic synthesis of hydrophobic and protein amino acids[J]. Proceedings of National Academy of Sciences U S A,1972,69(3):765-768.

[17] MARREIROS B C, CALISTO F, CASTRO P J, et al. Exploring membrane respiratory chains[J]. Biochimica et Biophysica Acta(BBA)- Bioenergetics, 2016, 1857(8):1039-1067.

[18] GUNNER M R, AMIN M, ZHU X Y, et al. Molecular mechanisms for generating transmembrane proton gradients[J]. Biochimica et Biophysica Acta(BBA)-Bioenergetics,2013,1827(8-9):892-913.

[19] FILLINGAME R H. Coupling H+ transport and ATP synthesis in F1F0-ATP synthases:glimpses of interacting parts in a dynamic molecular machine[J]. Journal of Experimental Biology, 1997, 200:217-224.

[20] KIRK D L. A twelve-step program for evolving multicellularity and a division of labor[J]. BioEssays, 2005, 27(3):299-310.

[21] KNOLL A H. The multiple origins of complex multicellularity[J]. Annual Review of Earth and Planetary Sciences, 2011,39 :217-239.

[22] NEVES S R, RAM P T, IYENGAR R. G protein pathways[J]. Science, 2002, 296 (5573):1636-1639.

[23] TRZASKOWSKI B, LATEK D, YUAN S, et al .Action of molecular switches in GPCRs—theoretical and experimental studies[J]. Current Medicinal Chemistry, 2012, 19(8):1090-1109.

[24] GENNERICH A, VALE R D. Walking the walk:How kinesin and dynein coordinatetheir steps[J]. Current Opinion in Cell Biology, 2009, 21(1):59-67.

[25] NANNINGA N. Cytokinesis in prokaryotes and eukaryotes:common principles and different solutions[J]. Microbiology and Molecular BiologyReviews, 2001, 65(2):319-333.

[26] WORDEMAN L. How kinesin motor proteins drive mitotic spindle function:Lessons from molecular assay[J]. Seminars in Cell and Developmental Biology, 2010, 21(3):260-268.

[27] SHARP D J, ROGERS G C, SCHOLEY J M. Microtubule motors in mitosis[J]. Nature, 2000, 407:41-47.

[28] DIMIJIAN G G. Evolution of sexuality:biology and behavior[J]. BUMC Proceedings(Baylor University Medical Center Proceedings), 2005, 18:244-258.

[29] MICHOD R E, BERNSTEIN H, NEDELCU A M. Adaptive value of sex in microbial pathogens[J]. Infection, Genetics and Evolution, 2008,8(3):267-285.

[30] SUN S, HEITMAN J. Should Y stay or should Y go:The evolution of non-recombining sex chromosomes[J]. Bioessays , 2012,34(11):938-942.

[31] BACHTRO D. Y chromosome evolution:emerging insights into processesof Y chromosome degeneration[J]. Nature Reviews Genetics, 2013,14(2):113-124.

[32] PAABO S. Molecular cloning of ancient Egyptian mummy DNA[J]. Nature, 1985, 314: 644-645.

[33] PAABO S，GIFFORD J A，WILSON A C. Mitochondrial DNA sequences from 7000 year old brain[J]. Nucleic Acids Research, 1988, 16: 9775-9787.

[34] GOULD S J. Darwinism and expansion of evolutionary theory[J]. Science, 1982, 216(4544): 380-387.

[35] KIMURA M. Evolutionary rate at the molecular level[J]. Nature, 1968, 217(5129): 624-626.

[36] KIMURA M. The neutral theory of molecular evolution and the world view of the neutralists[J]. Genome, 1989, 31(1): 24-31.